U0795539

高等院校旅游管理专业大专教材

旅游公共关系

（第二版）

张国洪　编著

南开大学出版社

天　津

图书在版编目(CIP)数据

旅游公共关系 / 张国洪编著. —2 版. —天津：南开大学出版社，（2015.6 重印）

（高等院校旅游管理专业大专教材）

ISBN 978-7-310-01148-3

Ⅰ.旅…　Ⅱ.张…　Ⅲ.旅游业—公共关系学—高等学校—教材　Ⅳ.F590

中国版本图书馆 CIP 数据核字(2003)第 101334 号

版权所有　侵权必究

南开大学出版社出版发行

出版人:孙克强

地址:天津市南开区卫津路 94 号　　邮政编码:300071

营销部电话:(022)23508339　23500755

营销部传真:(022)23508542　　邮购部电话:(022)23502200

*

天津泰宇印务有限公司印刷

全国各地新华书店经销

*

2004 年 3 月第 2 版　　2015 年 6 月第 16 次印刷

880×1230 毫米　32 开本　8.375 印张　2 插页　235 千字

定价:16.00 元

如遇图书印装质量问题,请与本社营销部联系调换,电话:(022)23507125

出版说明

旅游业作为21世纪的第一大产业和重要经济增长点，以其强劲的发展势头，受到世界各国和地区的广泛关注和积极扶持。由于我国改革开放和市场经济的发展，促使旅游业也取得了举世瞩目的辉煌成就，成为国民经济部门中颇具生机和活力的强劲产业。

随着我国旅游业的迅速发展，旅游教育事业也取得了很大的进步。目前全国已有300多所院校设立了旅游专业，旅游专业的学科建设有了较大的进步。我国旅游专业已具备了多层次的学历教育，教材建设也日益完备。我社是出版旅游教材最早的出版社，曾出版了一批适用于旅游教学的教材。之后，全国同类教材逐渐增多，但是，综览各类教材，可以看出相对成熟、多种版本的是本科教材，适用于旅游管理专业大专层次的教材还较少，且不够系统完整。因此，为了满足高等院校旅游管理专业大专层次的教学需要，我们特地组织全国众多长期从事旅游研究、旅游教学和管理的知名专家、学者，共同编著了这套具有时代气息、可读性强、可操作性强的"旅游管理专业大专教材"。

这套教材先出版10册，分别为：《旅游学概论》、《旅游经济学》、《旅游市场营销》、《旅游心理学》、《饭店管理概论》、《导游概论》、《中国旅游地理》、《旅游会计》、《旅游公共关系》、《旅游英语》。每册书约18万字～20万字。在原有教材基础上，这几年我们又组织出版了《饭店财务管理》、《饭店设备管理》、《旅游实用礼貌礼仪》、《旅游与中外民俗》等。这些教材选题面宽，涵盖了旅游基础理论、旅游经济、旅游管理、旅游服务等几个方面，比较系统、全面地反映了当代国内外旅游专业的基本理论、方法和最新成果，适应了旅游管理大专层次教育的需要。

教材注意了知识的系统性、创新性和实用性，包括了旅游专业主要的课程，使旅游管理专业大专层次的学生能够系统、全面地学习旅游专业知识；在编写内容上，既阐明了现代旅游学的基本理论和基本知识，又在此基础上有所创新和突破，具有较高的学术水平；同时充分考虑到教学的需要，既注重理论方法，又强调管理实务与技能培养，结合大专层次的教学要求和特点，具有很强的实用性和针对性。

这套教材由湖北大学旅游学院院长马勇教授担任主编，参与教材编写的单位有南开大学、西安交通大学、云南大学、山西大学、湖北大学、重庆师范学院、暨南大学等院校，是众多专家、学者集体智慧的结晶，出版后对我国旅游管理专业大专层次的教学具有十分积极的意义。

这些教材出版后，得到了众多旅游院校的好评，并且也提出了中肯的批评意见，因此我们又将其中部分教材进行修订，重新出版，以便更好地服务于教学，我们再次恳请广大专家、同行和读者批评指正。

南开大学出版社

2003年8月30日

第二版前言

公共关系学是当代管理学研究领域最活跃的实践性学科之一，旅游业是现代产业系统中增长最快的产业之一。旅游产业跨越式发展的需要和当代公共关系理论实践的结合，是旅游公共关系理论和实践研究发展的必然。

在中国公共关系实践领域，旅游业公共关系活动最早向职业化和国际化的方向发展。随着实践的发展，使旅游公共关系在理念上进一步成熟，在方法和技术层面呈现出多元化的格局。可以预见，在未来的发展中，旅游公共关系工作将为进一步提高旅游服务的质量，改善旅游环境，推进旅游产业的发展，发挥更为积极的作用。

高等学校旅游院系担负着为旅游产业培养人才的职责，加强旅游公共关系理念的教育，增进旅游公共关系工作的实践，对全面提高旅游产业从业人员的公共关系意识，增强旅游管理人员的公共关系工作能力，有着十分重要的意义。

本书从公共关系与公共关系学、旅游公共关系的兴起、旅游公共关系的主客体、旅游公共关系的原理和原则、旅游公共关系工作的模式和程序、旅游公共关系的工作方法、旅游公共关系策划、旅游危机公共关系、旅游公共关系礼仪和旅游公共关系人员的素质等方面较系统地介绍、阐述了旅游公共关系的理论及实践运用，力求突出基础性、实践性和指导性的教材原则。在编写体例方面，考虑到了课前预习和课堂教学安排的特点，各章正文前标明了学习目的和核心内容，章后附有思考题和案例供教学分析使用，较适合高等院校旅游管理类专业旅游公共关系课程的教学需要。

本书首版于1998年，迄今已逾5载。这期间，公共关系的理论和实践在不断发展，旅游公共关系的理念和实践也在不断进步，对全书予以系统修订，使高等旅游院校的旅游公共关系教学跟上旅游公共关系发展的步伐，显得尤为必要。这次修订，更加突出旅游公共关系的系统性和实践性，在旅游公共关系工作模式和方法方面作了较大的修改，替换了一些新的案例，新增了旅游危机公共关系章节。希望这样的修订，能进一步强化旅游公共关系教学的理论和实践结合的目标。

参加这次修订工作的还有龚平原、宁美红、刘新、赵为为、李继等人。

本书全面修订工作的完成，得助于南开大学出版社孙淑兰老师的督促和支持，得助于学界师友的支持，在此谨表示诚挚的谢意！

修订工作中参考、征引了国内外公共关系学、旅游学及相关学科和实践领域的诸多研究成果。这些成果在书后的“参考文献”中已经列出。在此，一并向有关作者表示感谢！

限于编者的学识水平，书中一定还存在着诸多的疏漏与不妥，恳请专家和读者教正。

编　者

2003年8月

目　录

第一章　公共关系与公共关系学

学习目的

●理解公共关系的概念和内涵
●理解公共关系的属性和功能
●了解公共关系学的学科特征

基本内容

公共关系

●概念内涵

社会关系、公众利益、行动过程

●构成要素

社会组织、公众、媒介

●基本属性

公共性、自组织性、稳定性与可变性、全开放性、非对称性、互利性、可控性

●主要功能

提供信息、宣传形象、完善服务、协调关系

●活动特质

计划性、客观性、主动性、利他性、协调性

公共关系学

●学科范畴

学科史、学科理论、公共关系实践

●学科性质

综合性、管理学科

●学科意义

经济促进、组织发展、观念更新

第一节 公共关系

一、公共关系的概念和内涵

“公共关系”译自英文“Public Relations”(缩写为“PR”),最早是1882年美国律师伊顿(S. Eaton)在向美国耶鲁大学毕业生发表演说时提到的,当时的词义理解是“大众利益”。实际上,英文public包含两层意思,一是“公共的”、“社会的”、“公众的”,二是“公众”、“大众”;而relations意为“关系”、“联系”。“公共关系”是从语义角度的一般性通称。

关于“公共关系”的内涵,在现代公共关系的实践和理论发展过程中,经历了“告知”、“说服”和“双向传播”三个主要的发展阶段。

20世纪初,一些商业利益集团为了自身的利益,运用公共关系抵御来自新闻界的不利报道和政府的各种政策障碍。他们的公共关系重点是向公众“告知”实情,以争取公众的理解和同情,防止政府公共政策向越来越多的商业管制发展。

在第一次世界大战中,美国政府创建了公共信息委员会,其公共关系目标是通过全国范围内的宣传运动,说服公众支持战争,形成有利于政府参战的舆论环境。公共信息委员会中的许多公共关系专家后来大多成立了公共关系公司,他们的“单向说服传播”的公共关系理念也因此在相当一段时期内影响了美国公共关系实践和理论的发展。

第二次世界大战后,公共关系的理念开始包括了“双向传播”和“相互利益”的成分。美国公共关系专家、《舆论学季刊》创始人哈伍德·L.蔡尔兹进一步认识到公共关系的基本职能是“按照公共利益协调或者调整在我们个人和企业行为中那些有着社会意义的方面”，是帮助组织适应环境。

需要明确的是，由于公共关系在实践上涉及市场营销、新闻宣传、广告、新闻业务代理、公共事务、问题管理、投资者关系、组织发展等诸多的功能职责，以上这些理念在不同实践领域都有其不同的指导意义，因而并不需要作出谁是谁非的简单抉择。

尽管如此，从实践和理论的规范角度考虑，众多公共关系研究者都试图给公共关系下一个较为完整的定义，但是由于理解的角度不同，所以表述的内容也各不相同。在学术界有一定影响的定义主要有以下几种：

(1)“公共关系是处理一个团体与公众(决定该团体活力的公众)之间的关系的职业。”——现代公共关系工作的先驱之一、美国著名的公共关系顾问爱德华·伯内斯提出。

(2)“公共关系是这样一种管理功能，它建立并维持一个组织和决定其成败的各类公众之间的互利互惠关系。”——美国著名公共关系研究权威斯科特·卡特利普等在《有效公共关系》(《公共关系教程》)中提出。

(3)“(公共关系)由一个组织和它的公众之间为了达到事关相互理解的特定目标，在组织外部和内部进行的全部信息传播方式所组成。”——英国著名公共关系学专家弗兰克·杰夫金斯所著《公共关系》中的观点。

(4)“公共关系的实施是一种积极的、有计划的以及持久的努力，以建立及维护一个机构与其公众之间的相互了解。”——英国公共关系学会所下的定义。

(5)“公共关系是一种独特的管理功能。它能帮助建立和维护一个组织与其各类公众之间传播、理解、接受和合作的相互联系；参与问题或事件的管理；帮助管理层及时了解舆论并作出反应；界定和强调管理层服务于公共利益的责任；帮助管理层及时了解和有效地利用变化，以便作为一个早期警报系统帮助预料发展趋势，并且利用研究和健全的、符合职业道德的传播作为其主要手段。”——1976 年美国公共关系专家雷克斯·F.哈洛博士在收集和分析了472种定义后进行的归纳。

(6)“公共关系的实施是分析趋势、预测后果，向组织领导人提供咨询意见，并履行一系列有计划的行为以服务于本组织和公众共同利益的艺术和社会科学。”——1978年在墨西哥城召开的各国公共关系协会世界第一次大会上通过的定义。这是一个比较全面的定义，它阐明了公共关系全部的作用、性质和职责。

(7)“公共关系是关于建立一个组织与其既定公众之间相互了解的活动。”——1980年版《美利坚百科全书》。

(8)“公共关系是一个组织管理中所进行的一种有计划、持久的活动；它处理的是一个组织与其各类公众之间的关系；它监测组织内外人们的意识、舆论、态度和行为；它分析组织所采取的政策、程序和行动对各类公众的影响；它调整那些与公众利益相冲突并影响组织生存和发展的政策、程序和行动；它向管理阶层的人员提供咨询，帮助制定新的政策、程序和行动方案，而这一切都是有益于组织与它的公众的；它建立和维持一个组织与其各类公众之间的双向交流；它使组织内外人们的意识、舆论、态度和行为产生某些具体的变化；最后，它使一个组织与它的各类公众产生新的、持久的关系。”——1982年第三十五届美国公共关系协会全国代表大会的定义。

(9)“公共关系是一种管理功能。它具有连续性和计划性。通过公共关系，公立的和私人的组织、机构试图赢得同他们有关的人们的理解、同情和支持——借助对舆论的估价，以尽可能地协调它自己的政策和做法，依靠有计划的、广泛的信息传播，赢得更有效的合作，更好地实现它们的共同利益。”——国际公共关系协会定义。

(10)“所谓公共关系，就是一个企业或组织，为了增进内部及社会的信任与支持，为自身事业发展创造最佳的社会环境，在处理自身面临的各种内部外部关系时，采取的一系列政策与行动；公共关系是社会组织为了赢得支持与合作、实现自身的生存和发展，通过一定的媒介与方式，同相关公众结成的一种社会关系。”——中国社会科学院新闻研究所公共关系课题组。

公共关系概念如此之多，除了研究者的观察角度和研究侧重点不同外，不同组织的公共关系目标、公共关系手段也有一定的区别，要提出一个适用于所有方面的集大成的概念是比较困难的。但以上这些定义集中反映了公共关系学界对公共关系的基本理解：

(1)公共关系是一种社会关系，组织通过不断的努力去加以建立和维护的活动，都是为了改善这种社会关系而自觉采取的行动。和人类历史上的社会关系相比，公共关系是一种随着现代文明而发展起来的新型社会关系，它揭示了现代社会中角色关系的团体性、横向利益关系的依存性等一系列全新的社会秩序机制。

(2)公共关系以公众利益为重，这是社会组织和公众之间利益和关系协调的根本。以公众利益为重的理念不仅有利于公众，也有利于社会。因为当社会组织致力于关心、服务或满足公众利益时，就在组织与公众的关系中输入了友好、合作、和谐的情愫，公众必然以同样的态度对待组织，从而实现社会组织、特定公众和社会利益的协调。

(3)公共关系是有计划、有步骤开展的一系列行动。公共关系是组织在既定的目标下实施的公共关系活动，是在一个系统的计划下通过公共关系行动实施的系统和科学的管理过程。作为公共关系主体的组织，应从长远的观点来看待组织与公众的关系，将公共关系建立在组织与公众相互信任的基础上，实现组织与公众之间的双向信息传播与沟通。

二、公共关系的构成要素与基本属性

(一)公共关系的构成要素

公共关系的构成要素是指构成公共关系的必要成分。美国公共关系协会曾经征询了两千多名公共关系专家的意见，从中精选的两则定义是：①公共关系是企业管理机构经过自我检查与改进后，将其态度公诸社会，借以获得顾客、员工及社会的好感和了解的一种连续的工作；②公共关系是一种技术，此种技术在于激发公众对于个人或组织的了解，进而对之产生信任。这也从系统和技术两个不同的层面概括了公共关系的构成要素。

从系统层面来说，公共关系的构成要素包括三个方面：

1.社会组织

社会组织在公共关系中处于主动地位。社会组织是人们为了有效地达到特定目标，按照一定的宗旨、制度、系统建立起来的共同活动集体。它有清楚的界限、明确的目标，内部实行明确的分工，并确立了旨在协调成员活动的正式关系结构，比如企业、学校、医院、政党、政府部门、社会团体等等。

2.公众

公众是指与社会组织相关的有共同利益需求的个人、群体、组织集合而成的整体。公众是公共关系的客体，它对社会组织产生制约和影响。公众构成了社会组织生存和发展的社会环境。比如饭店的客人、旅行社的游客、商店里的顾客、公共汽车里的乘客、报纸的读者、电视的观众等等。

3.媒介

公共关系媒介是指使社会组织与公众发生联系的人或事物。社会组织与公众之间的互动，一般都要通过媒介发生联系，公共关系的基本方式是通过传播媒介实现与社会公众的双向沟通。

从技术层面上来说，公共关系包含一系列技术和方法，其构成要素主要有：

(1)实施一项由组织进行管理的、有计划的而且持之以恒的方案。

(2)处理组织与其各类公众之间的相互关系，在组织的内部和外部激发起意识、意见和行动的具体变革。

(3)监测组织内部和外部的意识、意见、态度和行为，调整那些被发现与公共利益和组织生存有冲突的政策、程序和行动。

(4)分析政策、程序和行动对公众的影响，在确立组织及其公众互惠互利的新政策、新程序和新行动上向管理层提供咨询。

(5)建立和维护组织与各类公众之间的双向传播，在组织与其各类公众之间形成新的相互关系，并维护相互关系。

公共关系职能的发挥必须建立在公共关系诸要素的协调统一上。公共关系的基本过程是树立良好的组织形象，建立组织与公众之间开放、持久的互惠互利关系，而其首要条件就是通过各种媒介沟通信息、协调关系，扫除组织与公众之间的障碍，谋求合作与支持。

（二）公共关系的基本属性

公共关系是客观存在着的一种社会关系，它的基本属性首先是客观必然性、普遍性、利益相关性和社会制约性等一系列社会属性。公共关系是社会内在规定的不以人的意志为转移的客观存在，任何社会组织都客观存在着与各类公众的关系格局，无法超然于公共关系之外。公共关系体现为不同利益主体的社会关系，社会组织和公众因利益上的彼此依存而结成关系体，具有明显的利益相关性。公共关系是一种与经济关系、政治关系、文化关系、道德关系以及人际关系等诸多社会关系紧密交织的关系体，它必须适应生产关系的要求，受生产关系的制约。公共关系只有不断适应社会的制约，并相应地改变其行动样式，才能获得广阔的发展前景。

但和其他社会关系相比，公共关系仍有其本质属性。主要表现为：

1. 公共性

公共性是公共关系第一特征。公共关系活动的主体、作用对象都是集体，相互沟通的媒介主要是大众传播媒介，活动的目的是为组织和公众谋利益，是公众性和公益性的。

2. 自组织性

公共关系系统不是社会强制的组合，而是由社会组织与公众自愿、自觉、自动的组合，公共关系的主客体如何构建秩序主要取决于他们自己的选择。这种自组的社会秩序模式的主动性、自觉性大大高于其他社会关系秩序，一经建立便会持之以恒地去推进其良性发展。

3. 稳定性与可变性

社会组织与公众的关系是长期存在的，公共关系的建立、维持是一种连续、持久、有计划的努力。从宏观上看，社会组织与公众的互动是长久的；从微观上看，社会组织与公众对象建立起关系后，不会很快就解除这种关系，而要尽力维持下去。所以，公共关系具有一定的稳定性。但是，公共关系的性质可以发生变化，原先的合作互助关系可能因为利益冲突等因素影响而变为竞争或敌对关系；反过来，对立性的关系也可转化为合作性的关系。虽然建立起来的关系具有一定的稳定性，但主客体都可能进行置换，某个社会组织既可以作为公共关系活动的策划者和实施者；同时，又可能反过来被对方作为工作对象，接受对方的作用和影响。所以公共关系同时具有可变性。

4. 全开放性

公共关系是一个开放的系统。社会组织的生存和发展依赖与之相关的各类公众，为了协调与公众的关系，社会组织必须真诚地与公众相处，敞开心扉与公众交往，为满足公众利益而推进其政策和行为。公共关系的发展必须与环境保持和谐一致，必须向社会大环境开放，只有这样，社会大环境的各种因素才能不断为公共关系系统提供信息、物力、新公众以及对公共关系的要求，使公共关系得以与社会、时代同步或相适应。

5. 非对称性

公共关系中的社会组织和公众在地位和利益上呈现出不对称的状态。社会组织占据公共关系的主体地位；而公众居于客体地位，相对于社会组织来说缺乏主导权、主动权，不能被动地改变公共关系态势。社会组织作为公共关系主体，虽然以满足公众利益为导向，但并不以满足公众利益为目标。而公众则以利益要求者的角色与社会组织交往，总是要求从社会组织那里获取利益满足、获得重视和尊重。这便形成了公共关系特有的利益倾斜，即社会组织轻而公众重的不对称局面。

6. 互利性

满足各自的精神与物质需求是各种社会交往背后的普遍动机。社会组织与公众建立起明确的维系关系后，必然发生相互影响和制约。或者是社会群体的共同利益被社会组织的政策和行动所影响；或者是社会群体的舆论和行为反过来制约社会组织，甚至决定社会组织的成败、命运。社会组织和公众之间的交往，既以满足自己需求为前提，又以满足对方需要为必要条件。互补成为公共关系建立和发展的动力，而相互交往的基础是互利。

7. 可控性

尽管公共关系在类型和关系方面极为复杂，但在一定程度上具有可控性。因为任何社会群体的行为都受到社会规范、社会集团意志等力量的调控,社会对公共关系所进行的调控和管理正是以此为依据的。

三、公共关系的功能和活动特质

在现代社会组织的运行过程中,公共关系发挥着越来越强的功能,这些功能涉及组织外部和内部运行的各个方面,集中起来主要有:

(一)提供信息,辅助决策

公共关系部门利用它与各类公众之间的广泛联系,从各种不同的渠道收集信息,通过开发公众信息,检测社会环境的变化,收集调查民意,预测社会大众心理,预报外部政治、经济、时尚潮流和各种关系对象的变化,并将各种经过分析评价的社会情报提供给决策者和相关职能部门参考。

(二)宣传形象,控制舆论

公共关系部门通过各种传播媒介,将组织信息及时、准确、有效地传播出去,争取公众对组织的理解和支持,为组织创造良好的公众舆论环境。一方面提高组织的知名度和美誉度,扩大组织的社会影响;另一方面积极引导舆论,获得媒体及公众的同情和支持,矫正视听,预防和控制组织所面临的舆论危机。

(三)完善服务,利于行销

通过与公众沟通和满足公众利益需求的公共关系活动,为组织及其产品和服务提供充分的、有价值的市场信息,使公众树立起坚定的情感认同和偏爱,接受组织所倡导的"互惠"价值理念,从而增进组织及其产品和服务行销,完善组织服务。

(四)协调关系,加强团结

公共关系部门运用各种协调、沟通的手段,为组织疏通渠道、发展关系、减少摩擦、调解冲突,为组织的生存和发展创造"人和"的环境。通过以人为本的公共关系活动,为组织内部创造一个理解尊重、团结和谐的气氛,增强组织的凝聚力和向心力。

公共关系活动是公共关系理念和需求的实践过程,是公共关系功能的实现过程。由于公共关系需求的不断增长,其形式也越来越复杂多样,无论是日常交往、媒体传播、调查研究,还是活动策划、专题活动、危机处理等，都是服务于公共关系改善的需要。正因为如此，公共关系活动体现出公共关系的本质要求：

1. 公共关系活动的计划性

公共关系活动是公共关系计划实现的必要环节，公共关系活动是根据公共关系计划的要求而安排的统筹行动。公共关系行动本身应有严密的计划，这些计划涉及公共关系政策、策略决策、目标和战略构想、步骤和行程安排，也包括任务、职责落实等。公共关系活动的计划有着长远的目标，是建立在现状分析和对未来预见的基础上的深思熟虑。公共关系活动的计划性和长远性，是公共关系活动区别于其他组织活动的最独特的方面。

2. 公共关系活动的客观性

公共关系活动建立在公共关系改进的状态以及对公众利益的客观认识基础上，在公共关系活动的实施过程中，真诚地为公众利益着想，诚实地为公众利益服务。客观性是公共关系活动取得成功的关键。

3. 公共关系活动的主动性

公共关系活动没有明确的组织规定性，也不是监督、控制或行政命令的产物，因而可以自觉、主动和能动地计划自己的行为。社会组织计划和实施的公共关系活动，应该富于创造性和想像力，使活动产生出奇制胜的效果。

4. 公共关系活动的利他性

公共关系活动从根本上不同于其他相互交换关系的活动，公共关系活动的首要目标是与公众建立良好的关系，因而必须时刻为公众利益着想，有时甚至是一种牺牲组织利益而极大满足公众利益的活动。公共关系活动的利他性成为现代社会道德自律机制的重要组成部分。

5. 公共关系活动的协调性

公共关系活动实质上是为了实现社会组织与内外部公众之间关系的协调，公共关系活动正是为了服务于这些具体公众关系而组织起来的。

第二节　公共关系学

一、公共关系学的学科范畴

公共关系学是研究公共关系理论与实践的学科。公共关系学的研究对象包括宏观和微观两个部分。宏观部分主要考察公共关系在现代社会中的地位及其作用的发挥，尤其要研究政治和经济与公共关系的必然联系和相互促进作用。微观部分主要考察公共关系的主体——社会组织、客体——公众、媒体——传播活动这三个基本要素以及部门型、对象型和功能型这三种公共关系的基本类型。

公共关系学研究的一般范围由公共关系历史、公共关系理论和公共关系应用等三部分组成。对于实际工作部门的公共关系人员来说，除了要一般了解公共关系的发生、发展演变过程，更主要的是要了解公共关系与社会的进步、社会环境变化之间的关系，从而调整自己的工作内容、工作重心和工作策略。随着社会生活的发展，公共关系的实践和理论已经发生了许多带有根本性的变化。公共关系已由单向的宣传、灌输模式逐渐转变为双向沟通模式，单凭经验、直觉的做法也逐渐变为在现代科学理论的指导下进行。现代公共关系活动在注重自身利益的同时，也注重社会公众的利益。

公共关系学研究的重点按不同的研究范畴有所区别，主要分主客体研究和类型研究。公共关系主体研究的重点是社会组织的特点以及运行方式、组织与环境的关系、组织的目标与公共关系的目标等。公共关系客体研究的重点是公众的构成和分类、公众心理分析和公众行为预测等。公共关系媒体研究的重点是组织与公众之间的信息传播的规律。

部门型公共关系研究的重点是企业公共关系、行业公共关系、事业团体公共关系、政府公共关系等。对象型公共关系研究的重点是员工关系、消费者关系、媒介关系、政府关系、股东关系、社区关系和国际公共关系等各种分类公共关系。功能型公共关系研究的重点是宣传型公共关系、服务型公共关系、交际型公共关系、社会型公共关系、矫正型公共关系等。

公共关系学是一门应用性很强的学科，因而它的应用部分内容最为丰富。由于每个社会组织的性质和目标的不同，公共关系也呈现很大的差异。如政治性组织的公共关系目标往往是施加政治影响，以达到某种政治目的；而经济性组织的公共关系目标则以推销产品、提供服务以实现经济利益为宗旨。所以根据组织的总目标来确定一定时间内的公共关系目标，以及制定和实施具体的公共关系计划，是公共关系学应用部分的最重要的内容之一。

公共关系学综合了多学科知识，属应用性很强的边缘学科。公共关系学研究的理论部分一般包括基础理论和核心理论两大类。基础理论包括公共关系的主客体、基本原理和原则、一般学科方法等，核心理论则是围绕这门边缘交叉学科的核心而提出的理论。边缘交叉学科的内核部分尽管很小，但反映了该学科的质的规定性。

公共关系与组织传播学有着密切的关系。传播学中关于信息的理论、传播者和受传者的理论、传播过程和传播效果的理论、大众传播的理论、个人与个人之间信息沟通的理论，以及关于国际传播和跨文化传播的理论等等，都与公共关系学直接有关。从公共关系的实际工作过程来看，它强调通过信息的沟通来建立良好的社会关系环境，通过信息的传播来形成良好的社会舆论环境，是在现代信息条件下的一种组织传播行为。传播学研究各种传播媒介，是为了了解它们在各种人与团体关系中的作用与效果，进而推动传播媒介自身的进步；而公共关系学研究各种传播媒介，则是为了更好地运用它们去促进人们之间的沟通，从而实现相互了解和信任。因此，传播媒介在传播学中是最主要的研究课题，而在公共关系学中，它仅是一种手段和工具，重点在于如何运用。公共关系学研究的是社会组织引导公众舆论的学问，因此舆论学的理论不可忽视，舆论的产生、强化和弱化，舆论对社会行为的影响，舆论的控制，舆论调查的科学程序等问题在公共关系研究中占有重要地位。由于新闻媒介是公共关系最重要的外部“公众”，因此新闻学也是公共关系学中的一个重要研究内容。

此外，由于公共关系的主体是各种社会组织，客体是各类公众，因此社会学中关于社会组织、关于公众的理论对公共关系来说是必不可少的。当我们研究社会组织与公众的关系、公众群体与行为个性的关系时，还必须借助社会心理学的理论和方法。

其他诸如广告宣传、民俗学、社交礼仪等方面的知识也是公共关系人员的必备知识。

需要指出的是，公共关系虽然涉及组织广泛、复杂的内外关系，但不包括这些关系的一切方面，其他关系还需用其他的手段加以解决——经济关系要用经济手段来解决，法律关系要用法律手段来解决。虽然公共关系的研究对象与其他相关学科有着各种各样的交叉，但公共关系学仍有其学科规定性。

二、公共关系学的学科性质

目前学术界对公共关系学学科性质的理解主要有两种：综合性学科、管理科学。

将公共关系学看成是一门综合性的学科，是从这门学科的现状和特点这一角度而言的。公共关系学一开始就综合和借鉴社会科学有关学科领域的内容。公共关系工作人员在公共关系主体和客体关系出现问题时，要运用社会心理学和个体心理学的理论和方法。公共关系人员在进入一个新环境时，人类学和社会学就成了指导他们进行工作的重要学科。公共关系工作在信息交流方面基本上运用了大众传播学的各种技术，它在社会调查方面主要采纳了社会学的一些调查方法，它在机构设置方面大致按照组织学的原理进行工作，它在人员培训方面更多地是参照了人才学的基本观点等等。学科的交叉在公共关系学科中体现得十分明显，它给公共关系学带来了新的视野和新的生机。很少有一门学科像公共关系学那样，容纳着那么多其他学科的理论、观点和方法。随着学科的发展，它还在不断地吸收各门学科的最新成果，把它运用到公共关系工作实践中去。

公共关系学虽然是综合性的，但是它还是有一个基本的内核。这内核主要包括三门学科，即管理学、传播学和社会学。这三门学科的基本观念已经渗透到公共关系学的基本构架之中。以此为核心，公共关系学广泛吸收其他学科的理论方法，做到兼收并蓄、博而不乱。

将公共关系学视为一门管理科学，是因为从公共关系在组织中的地位来看，它确实具备独特的经营管理职能。现代管理理论从生产关系的角度来考虑管理，重视企业中人与人的关系对于企业运转效率的影响和制约作用。管理活动的重点，应该是创造工作场所中人与人之间的和谐关系，形成良好的企业人事环境，以发挥和协调人的内在动力。公共关系的出现和兴起，进一步将这种人际关系的管理从企业内部扩展到企业外部，追求企业外部环境和内部环境的和谐统一，将企业的外部营运和内部管理紧密地结合在一起。所以，从一定意义上说，公共关系学也是管理科学的一种，被认为是“管理哲学”或“经营管理艺术”。

美国《公共关系新闻》杂志曾给公共关系下的定义是：公共关系是一种管理职能，它估量公众的态度，使一个机构的政策程序和公众利益一致，并执行一连串有计划的行动，以赢得公众的了解和接受。这个定义开宗明义，认为公共关系担负着组织的多种管理职能中的一种。这种将公共关系学定性为管理科学的观点现在为越来越多的专家所认同。把公共关系学纳入管理工作，有利于管理各部门开拓视野，加强管理工作与外界环境的联系，使管理工作能够更迅速地适应公众需求的变化，也有利于公共关系学科的体系化、科学化。

公共关系是组织高层管理人员所承担的众多责任中的一个内容——他们有规划组织发展方向的责任，有确保组织人力、物力、财力资源以使其在竞争环境中实现自身目标的责任，还有确保组织所依赖的各种关系能得到很好的发展和维系的公共关系的责任。公共关系工作人员在实施其活动时事实上已参与到组织的各项管理工作中去。公共关系咨询人员大多被视作管理咨询者，公共关系工作部门及人员旨在协助解决组织的管理问题，积极有效地利用管理机构或帮助组织更好地工作。

此外，还有一些学者认为公共关系是艺术。因为许多公共关系活动难以用严格的数理工具来计算或表示，公共关系思维中形象思维所占的成分较大；公共关系在协调公众关系的时候，需要较高的创造性和技巧性。公共关系学的艺术特征认定，强调了公共关系事务的不确定性和具体工作的困难程度，因为对一门介于科学和艺术之间的学科来说，效外形易，而成功业难。

三、公共关系学的学科意义

公共关系学已开始在世界范围内进行传播，它的价值正在为越来越多的理论和实际工作者所认识。

公共关系学的兴起，为现代社会经济的发展创造了良好的条件。现代社会经济置身于一个复杂的社会系统之中，社会经济的发展，需要其他社会因素的协调配合。

现代经济的发展，不但要有人力、资金和设备的投入，而且还要有商标、信誉和声望等无形资产的介入。无形资产的形成要靠企业长期的努力才能够实现，而公共关系学通过形象塑造，积累了大量的无形资产，有助于现代社会经济的增长。

公共关系学通过信息传播，发掘出许多潜在需求，有助于现代社会经济的增长。公共关系学在市场调查、信息收集方面形成了一套较科学的工作模式。公共关系人员经过终年累月的收集、整理和归纳各种信息，逐步捕捉到一些有利于企业开发的产品信息，进而为企业的发展开拓了新的市场。

公共关系学通过加强社交来增进经济往来，有助于现代社会经济的增长。公共关系人员通过大量的经济和非经济交往活动，来寻找合作伙伴。大量事实证明，经济组织往往在参与一些有益于社会效益的交往活动中能发现许多有经济效益的信息。

公共关系学通过一系列中介活动，最终在产生了社会效益的同时也产生了经济效益。正因为公共关系学在推动现代经济增长方面的作用，它才会受到如此广泛的关注和普及。

在现代市场经济体系里，组织的创立、成长和消亡等活动异常地活跃。组织是社会的基本单位，组织的现代化是社会现代化的一个标志。组织的活跃和发展，在组织内部和组织与环境的关系方面产生了许多矛盾和冲突，公共关系学在帮助组织调整其自身的行为方面作出了一定的贡献。

公共关系学在促进现代社会组织的发展方面一直在持续不断地努力。在国外，政府部门、公司企业以及社会团体一般都设有公共关系部门或有专人处理公共关系事务。就企业来说，随着市场经济的迅猛发展和生产领域的技术进步，销售服务体系在整个企业行为系统中的作用越来越大，而销售服务人员的公共关系基本知识训练也成为一项持续性的工作。公共关系学在现代社会组织中不是一项可有可无的工作，而是现代社会组织完善的一个重要组成部分。

公共关系学对于实现组织目标、完善组织结构和协调组织环境等方面有着不可替代的功能。在组织目标方面，公共关系学将组织的各种目标统一到组织形象上来，避免了组织目标分散导致组织效率的降低。公共关系学将组织的利益和公众利益统一到组织的目标上来。在组织结构方面，公共关系学将组织内部各部门之间的沟通和协作作为基本原则，旨在克服组织内部机构设置上出现的相互推诿、相互封闭的状况。在组织环境方面，公共关系学强调环境对组织发展的重要影响，反对把环境投资当作组织负担的片面看法。公共关系学认为，组织要长久地发展下去，就要把环境因素考虑到组织的整体工作中。环境的改善既为组织发展创造了一个良好的外部条件，也为组织树立了一个良好的形象。

公共关系学的普及与宣传，将极大地有利于现代价值观念的形成。这种现代价值观念的形成依赖于社会经济体制的变革、新的社会规范的生成、优秀传统文化的弘扬以及先进的外来文化的吸纳等等。公共关系学的一些基本观念完全可以成为现代价值观念的一部分。

学习和研究公共关系学，可以增进人们在现代社会生活中所需要的诸如变革、互补、适应、协调等观念。公共关系学认为，现代社会发展突飞猛进，需要变革观念，要不断地研究公众的需求和心理，把握住社会变化的趋势，改进个人、组织和产品的形象，赢得社会的支持和理解。公共关系学在阐述个人或组织之间的关系时，强调互补观念，公共关系学在主体与社会的适应或调适方面建立了一些基本观念和技巧。此外公共关系学对个人与组织之间关系的理解也持客观和积极的态度，认为现实社会关系中的一致性状况是极少的，矛盾和冲突的存在是在所难免的，因而致力于协调各种关系并视其为公共关系人员的长期使命。

现代社会节奏快、效率高、关系复杂，它要求人们有一个良好的心理状态。公共关系学强调人对工作环境、工作对象的深入了解，强调人对环境和工作对象的相互适应性。公共关系学对于人的心理健康、精神气质和处理社会关系技能等方面素质的提高具有独到的作用。长期受公共关系学的熏陶，可以避免对事物形成过于偏激和偏窄的心理反应，充分认识事物的复杂性，形成从容对待各种复杂情况的健康心理。现代公共关系学还特别注重提高人在精神气质和形象方面的素质。

公共关系学也可以理解为公众关系学，即强调人与人之间的关系。在这种人际关系中人如何以良好的形象和精神气质来影响他人具有重要的意义。尤其在现代社会，一个组织的形象往往通过它的员工的精神气质和形象反映出来。公共关系学在训练人如何改进自身的形象(包括内在气质和外部形象)方面已积累了相当的经验，具有一套行之有效的方法。

此外，公共关系还有益于提高现代生活的质量。现代生活质量指标是综合性的，它除了收入、居住、教育、交通、医疗、社会福利和环境条件指标外，还涉及人际关系的和谐程度、文明教化的修养程度、服务体系的完善程度等指标。例如目前有大量的国外资本进入我国进行投资开发，我国入境旅游的人数也以较大的幅度逐年递增，在我国工作、生活或旅游的外国人士经常提出的问题中许多就是属于现代生活质量中的软指标。在社会现代化发展指标体系中，改进和提高这些软指标应该成为工作的重点之一。

思考题

1. 公共关系有哪些基本属性？
2. 公共关系学实践和应用研究的重点是什么？
3. 为何说公共关系学是一门管理科学？
4. 学习公共关系学有怎样的意义？

案例

英国航空公司的体制改革和“文化改革”

一、危 机

英国航空公司是根据英国民用航空法的有关条文，1971 年由英国政府将英国原有的英国欧洲航空公司和英国海外航空公司合并组建而成。1987 年 2 月之前，英国航空公司一直保持着国家所有制的公司管理体制。公司组建初期，由于原来的两家航空公司在基础、体制、经营管理方法等方面完全不同，新公司在组织管理、经营上遇到了一系列困难。英国垄断与兼并委员会认为，合并两家航空公司，组建英国航空公司的举动是不实际也是不成功的。直到 1977 年，英国航空公司被授权独立经营国内和世界各地航运业务，这种困难的局面才开始转变。

1978 年，英国航空公司的一份内部管理报告反映，与主要竞争对手相比，英国航空公司的组织机构与经营管理是松散、低效的，主要的问题是对人员的管理不得力。两个航空公司合并后，原有的人员严重超编。而公司主要管理者认为，航空公司急需发展和扩大，超编人员可以充分利用起来。当时英国航空公司制定的发展计划是：①运营的范围要扩大，运载的数量要增加、扩大，增加的速度要尽快超过主要竞争对手；②积极开拓市场，让更多的顾客认识英国航空公司，了解英国航空公司的飞机。实现这个发展计划的措施是：采取降低产品价格的政策，打开局面。

实践证明上述发展计划是不成功的。原因主要有两个：一是公司内部经营管理混乱。二是受到两个较大的外部事件的影响——一是当时石油输出国组织发起的大幅度提高石油价格的行动，使所有的航空公司燃料费用增长了一倍；二是世界性经济萧条对航空业产生不利影响。这内外两方面的因素妨碍了英国航空公司原计划的客源增长率，营业收入和利润额也随之大大低于计划的指标，1979 年经营利润比预计的减少了 25%。此外，由于需要更换陈旧的飞机和设备，英国航空公司不得不大量贷款，致使债台高筑。当时，英国航空公司飞往欧洲的航线被客人认为是“乡下人等级的航班，低水平、一般性的服务”，飞往世界各地的国际航班亏损严重。公司内部各管理部门极端专门化，上下左右沟通极差；员工的提拔、晋升只根据资历，缺乏激励。此外，合并前，英国欧洲航空公司一直采取陈旧的传统式服务，而英国海外航空公司采用廉价政策，合并后各自继续坚持自己原有的政策，从而使英国航空公司内部争端不断加深。到 1982 年 3 月，英国航空公司亏损严重，债务大大超过了其资产总额，已经到了破产的境地。

为了扭转困难的局面，英国航空公司急需进行大的调整和改革。调整的措施是：缩减现有的航线、航班和飞机数量；转让部分公司的财产和权益；关闭航空训练学院，将该院的建筑改为餐饮经营场所对外租赁、承包。改革的计划是：彻底改变公司的管理体制，尽快将公司出售给私营公司，实行对英国国家航空公司的私有化管理。这一大胆的改革是英国政府 1979 年就开始运筹计划、而到 1982 年面对英国航空公司的危机时才作出的决策。

此外，英国政府还对民航业实行了简政放权政策，给予航空公司一定的自主权，允许它们在国际航运中自行增加和调整航线、航班和运载量。这一政策推行后，美国政府紧跟效仿，致使世界航空业竞争加剧，航空公司之间的相互倾轧、兼并，垄断愈加严重，而客人对各航空公司的产品选择性也越来越强。20 世纪 80 年代初，航空业面临着飞行和机场设备设施的重大技术变革，各飞行目的地的机场已趋于饱和。面对如此严峻的环境和形势，每家航空公司都面临着风险和挑战，生存受到严重威胁。形势的发展迫使航空公司管理者不得不认真考虑自己所处的地位和筹划生存发展的战略，以适应新的市场环境，满足不断变化的顾客需求。1980 年 9 月，在英国航空公司处于内外交困的背景条件下，林德·肯特先生被任命为英国航空公司的总裁。他一到任，就开始了对英国航空公司的全面改革。

二、改 革

林德·肯特先生上任后，首先任命了科林·马瑟爵士为英国航空公司的总经理。科林·马瑟爵士有多年民航业的管理经历，他过去在管理中所取得的成功与业绩受到同行们的广泛承认和高度评价。科林·马瑟爵士的信条是：服务业成功的秘诀在于“顾客第一”。他走马上任后提出的第一个口号是“在困难中加倍努力，从而摆脱困境”。他要求各级管理人员离开办公室，到服务第一线去工作，时刻保持与顾客的密切联系。他在公司的各个服务场地设立了顾客专用监督电话，直接倾听客人的要求和意见。

1983年2月，英国航空公司在科林·马瑟爵士的主持下，推出了两项新决策，为公司今后的改革与发展奠定了基础：①建立公司的市场营销专门研究小组，对外聘请了专业咨询顾问；②推出公司的组织调整和人员安排方案。而后，英国航空公司根据这个方案进行了全面的组织机构改革。

（一）机构改革

1983年7月1日，英国航空公司总裁以签发两份内部文件的形式，宣布了公司新的组织机构正式形成。一份文件规定了公司所有高级管理职位的岗位职责，另一份文件规定了公司各部门的工作宗旨。文件下达后，仅用了一天的时间新组建机构的所有管理人员都到了位。原有100名高级管理人员中只留用了40名，提升了一批有能力的年轻管理人员到各个高级管理岗位任职。从而完成了公司管理机构的重大改革，结束了长期以来机构臃肿、人员复杂、办事效率低的状况。新上任的高级管理人员平均年龄为40岁，他们中的大多数人在本行业或本岗位已有20年的工作经历。从对他们的聘任面试中反映出，他们都具有企业家的素质和才能，愿与公司一起面对风险、接受挑战、共渡难关。英国航空公司新的组织机构和部门设置的情况是：

公司总裁

公司总经理

总经理秘书

市场销售部总监

营业部经理

财务总监

投资与市场调研部经理
工程维修部经理
安全服务部经理
人力资源开发部总监
公共关系部经理
调法部经理
信息管理部经理
医疗服务部主任
计划开发部总监
飞行机组人员管理部经理

（二）**文化改革**

英国航空公司组织机构调整后，为了更好地适应市场，满足顾客需求，决定开始另一项改革，即在员工中树立新型的公司文化。这一改革是通过推行下面这个对全公司的员工进行自下而上的服务观念和顾客意识的培训而实现的：

1983 年 9 月，公司对 37 000 名各级员工开始进行以“顾客第一”为主题的循环式全方位培训。培训的宗旨是让员工首先树立“一切从顾客需求出发”的观念。这套培训计划是由一家国际性的现代管理与服务机构首创的，曾在斯堪的纳维亚航空公司实施过，获得了成功。培训的具体步骤是：

(1)对全公司的服务第一线员工进行以“顾客第一”为主题的普遍轮训。轮训每期两天，每次参加培训的员工为 150 人。轮训的主要目标是让员工从根本上转变与顾客接触、为顾客服务时的心理感觉和个人感情，学会处理服务中发生的冲突和压力。英国航空公司用了两年的时间对全公司所有服务第一线的人员和二线有关人员进行了无遗漏的轮训。

(2)建立了由员工和管理人员自愿组成的“顾客第一”服务质量网，其工作的主要内容是评估检查服务质量，总结优质服务的经验和典型。这一举措产生了两个方面的良好效果：一是使员工有机会根据自己的工作实践经验向公司提出提高服务水平和质量的意见和建议；二是使员工感到他们所做的工作、所提供给客人的服务质量和数量有人来评估,有尺度来衡量。

(3)对培训实施后的效果进行回顾和评估,评估的标准是检查受培训后的员工在服务第一线的工作表现和客人的反映。

(4)对全公司二线部门的员工和管理人员进行为期一天的以"顾客第一"为主题的普遍轮训,轮训的目的是让第二线部门的员工认识与客人时刻保持密切联系的重要意义。

(5)进行为期一天的公司内部优质服务演示活动,每个部门都将自己所提供的出色服务向其他部门公开表演,让各部门互相了解、互相借鉴、互相配合、取长补短。通过这次大规模培训,英国航空公司的服务质量和水平有了明显的转变和提高,在公司内部刊物上曾对这次企业文化改革的重大投资作过如下评价:

"这次培训的宗旨在于使英国航空公司的每一个员工都真正树立'顾客第一'的观念,懂得公司经营的成败在于能否向顾客提供高质量、高标准的服务,能否真正把顾客当成上帝。培训后的信息反馈表明,公司的员工中已普遍树立了'顾客第一'的观念,加强了团队精神和协作意识。"

(三)市场调研

在机构和文化改革的同时,英国航空公司采取了另一项重要战略措施,即市场调研。市场调研的出发点是:集中力量,弄清市场情况,打一场提高服务质量和标准的综合战役。公司组织了专门人员在顾客和员工两个方面同时进行调研。

在对客人的调查中,要弄清顾客喜欢什么样的产品,公司能提供什么样的产品去满足顾客的需求。

对顾客的调查范围不只限于使用英国航空公司的客人,而且扩展到使用其他航空公司的顾客。调查表明:英国航空公司在客人心目中的形象是冷淡、孤傲、不周到、不友好、不热情,但却蕴藏着足够的勇气、力量,能在不久的将来冷静自如地摆脱困难,渡过危机。

对公司员工,主要调查工作在服务第一线的员工,弄清他们对顾客的态度和心理。调查表明:在员工中有一种强烈的倾向,就是要求尽快转变原有的陈旧管理方式，建立新的管理系统。

在调研中，公司专门建立了顾客服务部。这个部门在进行顾客员工关系分析、制定公司服务标准、检查对客人服务质量等方面做了大量工作，并成为公司市场营销部中的七个主要部门之一，专门负责客人与员工的联系。

（四）改变管理制度和方式

管理制度和方式改革的内容包括以下三个方面：

（1）对管理人员的基本情况进行普遍调查。调查的主要内容是：①公司各级管理人员对担任好自己的管理角色的最重要因素的理解；②管理工作的短处和不足是什么。调查结果表明，大多数管理人员认为扮演好自己的管理角色有五个重要因素，这就是：忠诚、合作、责任心、头脑清醒和激励。

（2）对各级管理人员进行专门的短期培训。培训的内容包括两个方面：①让管理人员弄清哪些工作是管理者应该做、必须做的，哪些工作是管理人员不应该做的；②让管理人员学会使用现代管理的系列管理方式和方法。

（3）实行工作表现与物质利益相联系的政策。这一政策的要点是：制定管理人员的工作标准，按照标准对管理人员的工作定期评估，按照评估的结果发放劳动酬金。各级管理人员逐级定期上交工作表现评估报告，并与本部门的工作、经营报告汇总一起，作为年终公司向每个管理人员下发奖金和红利的依据。

1987 年 3 月，英国航空公司体制转变后，立即制定并公布了三方面的政策和发展目标，以便公司全部实行目标管理方式，争取在最短的时间内获得最大的利润，以偿还债务、积累资产，谋求公司的发展与扩大。这三个方面的政策与发展目标是：

第一方面：英国航空公司的中期目标

（1）使英国航空公司产生巨大的吸引力和凝聚力，让每一个在公司工作的员工感到骄傲和自豪，同时使他们感到自己每时每刻、每一言行都代表着世界上最优秀的航空公司；

（2）将英国航空公司办成每个员工和每个顾客的家；

(3)英国航空公司将努力开发自己独特的产品,让竞争对手可望而不可及,使自己在世界航空业中永远处于领先地位;

(4)英国航空公司将成为世界航空业中最强有力的竞争者,将以雄厚的资本和灵活的应变能力在新开辟和已占领的市场上获得最佳的利润;

(5)无论在交通业还是在旅游业中,英国航空公司这个响亮的名字将永远是创新、价值、服务和优质的象征。

第二方面:英国航空公司的近期具体目标

在短期内实现公司预计的总体利润目标和其他各子目标,以子目标的完成来支持公司总体利润目标的实现。公司所有的行动将围绕总体利润目标和子目标进行。

(1)在短期内使英国航空公司的经营能力和利润率至少能与世界航空业的年均增长水平持平;

(2)英国航空公司的服务质量、标准至少要能达到竞争对手中的最高水平;

(3)稳定现有的客源市场和航线、航班,抓住可能的机会开发新的国际航线和产品,确保英国航空公司在世界上的竞争能力和地位;

(4)吸引、选择和留住受过良好培训、具有出色服务技能和态度的员工;

(5)在已划分的市场上与自己的对手开展强有力的竞争;

(6)向顾客提供自始至终的连续性服务和系列服务。

第三方面:英国航空公司的总体目标

将英国航空公司建成世界上一流的、最令人瞩目的航空公司。实现这一总体目标的措施是:

(1)向所有使用英国航空公司的顾客、旅客、货运客人、货运代理商和旅行社提供最高标准和水平的产品与服务;

(2)时刻保持良好的技术状况和专业标准,最大限度地保证航运各个环节的安全;

(3)明确市场特征,对不同的市场提供不同的产品和服务,在世界各地树立英国航空公司统一的形象和声誉;

(4)以高度的敏感性和最快的速度，适应市场现实和潜在需求的变化；

(5)让英国航空公司的每一个部门、每一个员工时刻处于快速、高效的工作状态；

(6)创立顾客第一、服务至上的观念和工作气氛，确保每个员工有良好的工作环境，工作表现与劳动报酬相当，并愿意继续在英国航空公司服务。

经过内部管理体制改革，特别是公共关系方面的“文化改革”和公共关系营销目标观念的转变，英国航空公司这一英国最大的民用航空公司终成为目前世界上著名的航空公司之一。英国航空公司所具有的先进、舒适的设备设施，严格科学的管理，高素质的员工，优良的服务，在全球赢得了美好的赞誉。1987年，英国航空公司总裁首次向世界宣布：“英国航空公司将成为世界上一流的、最成功的航空公司。”

（摘引自《成功借鉴思考——旅游与饭店管理案例研究》，旅游教育出版社，1995）

第二章　旅游公共关系的兴起

学习目的

●了解现代公共关系的发展
●掌握旅游公共关系的特性
●理解旅游公共关系的职能

基本内容

现代公共关系的发展
●现代公共关系的兴起
　党派政治活动、新闻代理活动、劳资关系改善、公众关系协调
●现代公共关系的发展
　学科规范化、职业国际化、手段现代化
●旅游公共关系的兴起
职能发现、产业发展
●旅游公共关系的特性
　复杂性、超前性、创造性
旅游公共关系的职能
●旅游公共关系的综合职能
　帮助适应环境、促进经济效益、增进社会效益
●各旅游组织的公共关系基本职能
　联络公众、传播信息、监测环境、增进和谐

第一节　现代公共关系的发展

一、现代公共关系的兴起

现代公共关系发端于本世纪初美国的政治竞选活动。1824 年,《宾夕法尼亚人报》和《明星报》向选民寄发“模拟选票”,并让读者填写后寄回,以此来预测总统竞选的结果。这被人们看作是作为公共关系重要手段的民意测验的开始。1829 年,杰克逊特聘艾莫斯·肯德尔作为总统竞选的新闻宣传助手。肯德尔为杰克逊制定了一整套竞选总统的对外宣传计划,并为总统撰写文稿、组织新闻发布会,传递总统的言论,为塑造未来的总统公开形象出谋划策。此外,他还在政府行政部门与其他机构及与公众之间替杰克逊做广泛的宣传工作。肯德尔被誉为政治公共关系领域的一个新的开拓者。自此以后,政治领域内的公共关系活动在美国发展越发迅速。在这以后的历届总统竞选中,公共关系活动被认为是一个极其重要的竞选手段。公共关系专家进入了总统竞选班子,他们参与计划的制定、形象的设计、民意的调查和舆论的鼓动等。

现代公共关系在美国的发展还与新闻报刊有密切的关系。19 世纪 30 年代左右,新闻报刊业在美国得到了社会各界的关注,开始有了长足的进步。当时的一些政治组织和公司企业发觉利用报刊宣传自己的主张、美化自己的形象有意想不到的效果,于是纷纷雇用一些能在报刊上发表文章的记者和与新闻界有关系的人员为本组织展开宣传。人们把这种活动称为 press agentry(“新闻代理活动”),把这些宣传人员称为 press agent(“新闻代理人”)。但这场运动同时也带来了许多负面的效应。有些政治家和公司老板既想在报纸上出现有关本组织的新闻,又不想支出广告费用,于是挖空心思“制造”新闻,而无视新闻宣传的职业道德。报纸为了扩大发行量,也推波助澜,所“制造”出的“新闻”中有许多的离奇故事。例如当时轰动一时的“新闻代理人”费尼斯·巴纳姆抱着“公众要被愚弄”的工作信条,“制造”出了一名叫海斯的黑奴在 100

多年前曾经养育过后任美国第一届总统乔治·华盛顿的“新闻”。类似的“神话”在当时的报刊中屡见不鲜。这种情况促使人们开始对公共关系工作的一系列道德原则问题进行思考。

在实业界，随着劳资关系的愈益紧张，一些有头脑的资本家开始反省自己的行为，认真对待公众的意见，并尝试用公共关系活动来协调工厂与工人的矛盾冲突。例如在西部开发和铁路建设中，许多开发者为了吸引人们到西部去发展，开始注意运用公共关系手段开展宣传活动。实践证明，像西部开发这样大规模的移民活动，在没有强制性行政措施的情况下，动员那么多的民众自觉自愿地前往，如果缺乏强有力的舆论宣传和公共关系手段是不可想像的。1889 年，乔治·威斯汀豪斯在其新成立的电气公司里首次设立了具有现代意义的公共关系部门。因为当时从事直流电系统的电气公司竭力反对交流电系统的发展，他们通过各种宣传手段宣扬交流电运用的不安全性，在公众当中制造恐怖心理。威斯汀豪斯设立这个部门的目的是为了推广他有关交流电系统的革新，他特意聘请了一位名叫黑瑞的新闻记者，让其通过新闻媒介宣传交流电系统的广阔前景，让公众了解交流电的一些基本常识，消除反面宣传所造成的影响。这一做法被人们视为自觉运用公共关系手段的开端。

第一次世界大战前后，公共关系手段在政府政治中的运用越来越频繁。在战时，有组织的宣传被运用于激发爱国主义热情，实现推销战争公债、征募士兵和为福利筹集捐款。战争中学会的新闻宣传的原则和实践，在战后被应用于政治斗争、慈善事业，乃至推销产品和军事技术向民营化转型等一系列事务。

第二次世界大战期间，公共关系受到人们普遍的关注，获得了长足的进步。在美国，由于第二次世界大战的爆发，战争动员、舆论传播、发展生产等大规模的社会活动迫切需要大批熟练运用公共关系宣传手段的工作人员。美国总统罗斯福在白宫的办公室里进行“炉边谈话”，通过大众传播媒介与美国人民沟通，号召人民关心国际局势，关心这场战争，使美国脱离“孤立主义”介入战争。这项活动起到了极出色的动员作用。在战争期间，美国还成立了战争宣传委员会。它利用报刊、广播、电影、艺术、文学等多种手段鼓励人民生产战争物资、分配稀缺资源、推销战争债券以及动员青年参战。在军队中，运用公共关系学、社会学、社会心理学的原理和方法，协调军队中上下级之间、黑人白人之间、驻军与当地居民之间的种种矛盾，起到了意想不到的效果，同时也推动了这些学科的发展。

二战以后，公共关系以美国为中心向世界各地传播的速度大大加快。在产业界、研究机构、社会机构、政府部门和行业协会里，公共关系活动项目的数量得到了稳步的增长，成型的活动项目渐趋成熟，并开始超越新闻宣传的层次。独立咨询公司的数量稳步增长，研究公共关系实践及其理念、问题和技巧的著作大量发表。1946 年，法国出现了专门从事公共关系活动的机构；1947 年，加拿大的蒙特利尔等城市成立了公共关系协会。其他国家和地区也开始注重公共关系活动，相继成立了公共关系从业人员协会。大学学院课程的广度、深度和学生的数量也在增长，从业人员接受大学预备教育得到越来越多的支持，年轻大学毕业生在求职市场中得到广泛的认可。人们对公共关系的认识逐渐提高，基本上认同了公共关系的功能，认识到它的不可替代性。

二、现代公共关系的发展

第二次世界大战以后，公共关系学科理论和公共关系实践得到了迅猛发展，主要表现在学科的规范化、行业的国际化和手段的现代化等方面。

（一）公共关系理论的发展和学科的规范化

经过公共关系学实践者和研究者的共同努力，学科的基本规范已经形成。公共关系学广泛吸取了社会学、社会心理学、传播学、管理学等相邻学科的实践和理论成果，逐步建立了基本的理论体系。在实施公共关系的过程中，形成了以公共关系为核心、适当借鉴其他邻近学科的理论与方法的模式。从艾维·李的“说真话”，到爱德华·伯纳斯的“投其所好”，再到斯科特·卡特李普和阿伦·森特的“双向对称”公共关系模式，公共关系学基础理论体系大致形成了。特别是“双向对称”理论，强调公共关系是在组织和公众之间进行解释、传播与沟通，以促成一种和谐的关系为目标，其已作为公共关系的基础理论为社会所接受。通过实践和理论总结，在公共关系原理、原则、功能、组织界限、人员素质、受众研究、传播技术、职业道德等方面取得了一些成果，有了一个大致的逻辑体系，公共关系学的基本范围逐渐确定。

在公共关系学科理论体系中，公共关系专家把公共关系职业道德放到了十分重要的地位，注重组织形象的真实性、组织与公众利益的相关性。1954 年，美国公共关系协会制定出第一部公共关系道德准则，并于 1962 年专门设立一个检查机构监督公共关系准则的实施。世界各地的公共关系组织也先后制定了公共关系职业道德守则，以强化公共关系人员的道德观念。总之，公共关系学科实践和理论都逐渐步入正轨。

(二)公共关系工作的职业化与行业的国际化

把公共关系作为一种职业是现代社会的基本趋向，这一趋向有其自身的基础。社会的现代发展使得组织所处的环境日益复杂化，各类社会组织都面临着繁复的公共关系事务和社会问题，必须要有专门的部门和人员来协调关系。

现代产业结构的变化也加强了公共关系的职业化程度。例如欧美发达国家在信息产业及同类部门工作的人员目前已占整个产业人数的 60%以上，许多投资、咨询、销售、调查公司所雇用的职员大都来自公共关系学专业和其他相关专业。据估计，美国有 85%的企业设有公共关系部门，组织外部独立的公共关系事务所、公共关系咨询公司等也大量存在。1937 年，美国的公共关系咨询公司约有 350 家，1960 年约有 1350 家，20 世纪 80 年代约发展到 1600 余家，目前公共关系从业人员已达到数十万人。

1955 年国际公共关系协会在伦敦成立，标志和预示着公共关系事业在全世界的发展和成功，标志着公共关系实践及其标准的国际化时代的到来。经过几十年的努力，公共关系在许多国家里被广为传播，公共关系学的原理和方法已经成为国际通用的“语言”，为具有不同文化背景和语言习惯的各国人民所接受。随着全球化信息时代的到来，全世界开始共享经济、市场、环境、技术，甚至语言，所有这些对公共关系的影响都是革命性的。

公共关系的社会效应、规模效应(战略化、整体化、系列化)已产生国际化的影响。在国际经济贸易、国际旅游、国际政治与文化交往领域，这种国际化的程度愈益明显。现代公共关系事业在国际贸易领域发展最为迅速。全球性经济合作发展已突破了国家和地区的界限，有时甚至贸易关系尚未建立，公共关系机构和人员已先行展开活动。跨国公司的增长使得经济活动完全与公共关系活动融合在一起，如果不重视两国或多国人员在同一公司工作环境里交往的特殊性和采取特别的对策，就会阻碍公司的发展。

国际旅游的发展尤其需要沟通各国人民之间的情感，防止文化偏见。公共关系教育和训练在旅游业受到普遍的关注。许多国家的旅游管理部门和其他旅游组织都设有从事公共关系活动的专门机构。

国际政治合作的增长迫切需要公共关系人员更多地参与调解冲突、维持和平等使命。地区冲突、民族冲突的加剧给世界造成了不稳定，各国政府和联合国成员一直在寻找合作的机会，共同解决局部冲突带来的诸多问题，许多公共关系人员进入了联合国机构，开赴世界各地，缓和冲突双方的矛盾，增进冲突双方的了解和沟通。

（三）公共关系工作手段的现代化

随着现代大众传播技术的发展，现代公共关系的宣传手段愈来愈多样化。从报纸、刊物已发展到电影、电视、书籍、广告、歌曲、戏剧和说明书以及新闻发布会、展览会等，无论在都市还是乡村，大众传播媒介无处不在。现代公共关系观念反对昙花一现的短期行为，主张通过良好的形象持续影响公众的各种感官，因而专门的公共关系活动持续时间大大延长。在欧美，某些由厂家赞助的电视肥皂剧连续播出几十年，整整影响了一代或数代人。全世界的广告费用增长惊人，也从一个侧面说明公共关系和广告的持久影响力。

现代科学技术的飞速发展是传播手段现代化的基础。电子计算机技术的介入，使编辑印刷、音像制作、图文传真等公共关系工作手段有了革命性的变革，公共关系部门和从业人员把自己的创意通过互联网络等途径传达给公众的可能性大大增强。

第二节　旅游公共关系的兴起

一、旅游公共关系的兴起

（一）公共关系职能在旅游业的发现

公共关系的职能首先在旅游营销中得到了体现。和其他营销方式相比，旅游营销更注重以多种情感色彩的方式吸引各种各样的旅游消费者。旅游者一般要花费较多的时间规划自己的假期，对目的地的选择都很慎重。旅游营销中所渲染的富有诗情画意的旅游地场景对于度蜜月的新婚夫妇极富吸引力；富有刺激性的探险旅游项目则吸引着爱好运动的人；对于老年旅游者，在旅游场景的宁静和场景文化中的忆旧情结中得到深刻的感受是他们作出选择的重要依据。

旅游者在选择旅游目的地的时候，需要信息去帮助他们作出决定。旅游营销人员利用多种公共关系技巧进行有吸引力的信息传播，不仅能让潜在的旅游者了解各方面的信息，还可以在一定程度上影响旅游者的选择。例如，一家妇女杂志发表的关于香港是购物天堂的文章，可能使人们因购物的乐趣而去香港；以一家食品杂志的编辑们组成的旅游团去香港后，也许会突出报道香港的烹调艺术。每个这样的报道，尽管渠道不同，但都能促进和增加不同兴趣的人士对把香港作为旅游地的认识。

公共关系的职能在旅游形象宣传中也得到了体现。无论在国际市场还是在国内市场上，旅游业都面临一个树立良好的信誉和鲜明的形象、提高自身知名度的迫切问题；而积极的公共关系活动，则是树立自身形象、取得公众信赖的重要手段。在旅游形象宣传中，必须建立、提高和宣传旅游地或旅游产品的可靠性和可信性，因为旅游地或旅游产品要使旅游者的期望变成现实。显然，旅游者不愿将他们每年的假期和储蓄花费在可能出现的麻烦多于可能产生的愉快的目的地或饭店中。

在各种各样的旅游者中树立自己的良好形象，既是旅游公共关系工作的目标，也是旅游公共关系工作的“长项”。旅游宣传常用“特别促销”这一公共关系方式，如举办旅游展销会、旅游研讨会等，这些都能带来旅游信息。“特别促销”有助于树立旅游地的形象，并能获得广泛而实际的旅游者意向。许多旅游者受这些宣传的影响而流向目的地。如墨西哥的旅游点伊克斯它帕，为了将更多的旅游者吸引到它的太平洋海岸上来，当地的公共关系机构搞了一个题为“联网明星之战”的两小时充满节日气氛的特殊节目，并在报纸和电视节目中进行了广泛的宣传，使该旅游地得到了一次大规模的亮相。

旅游推销方式中另一种成功的公共关系手段是宣传奖励旅游。通过组织有关媒体人员进行宣传奖励旅游，使得媒体对旅游地、旅游组织及旅游企业或相关旅游产品发生兴趣，恰如其分地加以报道，从而提高旅游公共关系主体及相关产品的知名度。旅游营销人员在组织宣传奖励旅游时，掌握相应的公共关系技巧是极为必要的。公共关系人员应通晓出版物市场及订户的兴趣，知道不同方面的事情应该让不同方面的编辑来报道。例如，有经验的公共关系人员不会邀请专写老人或快餐食品的编辑参加一次登山旅游，而是邀请专写体育或冒险活动的出版物的编辑。

公共关系是现代旅游组织及旅游企业经营管理的重要环节和重要组成部分。现代社会是信息社会，旅游业又是一种敏感的行业，因而对信息的依赖性很强。客源市场的变异性大，只有掌握了信息.才能做好预测和计划，积极主动地搞好服务接待。通过旅游公共关系工作，对相关信息实现有效的交流和控制，对分析旅游组织及旅游企业的环境条件，作出行动决策有重要的作用。

公共关系的职能在旅游组织及旅游企业的内外协调方面也有着不可替代的作用。旅游业是一项关联性极强的产业，开展积极的公共关系活动，可以加强社会各行业、各部门对它的支持，从而协调旅游业与其他行业或部门的关系，并使社会整体效益得以实现。在旅游业内部，旅行社、饭店、车船、参观景点和旅游商店等行业之间也需要沟通、协调，从而取得旅游业的整体效益。对于旅游行业内的广大员工来说，积极的公共关系工作可以使他们对旅游业的发展充满信心，从而对岗位工作产生荣誉感，并进而构造良好的人际关系环境。只有各类旅游组织及旅游企业内外相互协调，才能保证旅游产品的整体质量，保持良好的旅游地、旅游组织及旅游企业形象，发挥产业带动优势，实现旅游经济和社会效益的最大化。在实现各旅游组织及旅游企业内外目标和利益协调的过程中，公共关系发挥了巨大的功效，公共关系在旅游业的突出作用因而得到了普遍的认同。

（二）旅游公共关系及兴起

旅游公共关系是旅游组织——包括旅游行政和行业管理部门、旅游企业、旅游社会团体——为了增进内部及社会的信任与支持、赢得广泛的合作，实现自身的生存并为旅游事业发展创造最佳的社会环境，在处理自身所面临的各种内外部关系时，通过一定的媒介与方式，同相关公众结成的一种社会关系和采取的一系列政策与行动。

旅游公共关系包括旅游公共关系状态和旅游公共关系活动这两个方面，具备独特的管理职能。旅游组织及旅游企业通过分析处理自身所面临的各种关系，有计划、有组织地采取一系列政策和行动，以增进内部及社会公众的理解和支持，为自身的发展创造一种最佳的社会关系环境，从而最终实现自身和公众的共同利益。

旅游公共关系是旅游日益大众化、社会化的必然产物。随着现代经济和文化的高度发展，旅游日益深入到国际社会的各个方面，成为大众不可缺少的生活内容，甚至成为现代社会一种特殊的生活方式；这种生活方式反过来又促进了社会交往，赋予社会关系以更丰富的内涵，并且将旅游业从社会其他行业中分离出来，逐渐形成了自身的产业规模。旅游公共关系正是通过各种旅游企业、组织或机构这些主体，加强与公众，尤其是与国内外广大旅游者的沟通和协调，从而使双方在旅游活动中都得到发展和提高。

旅游公共关系的兴起缘由主要是：

首先，旅游公共关系的兴起是旅游市场竞争的需要。随着现代社会经济的发展，世界范围的旅游业发展迅猛。旅游业在世界经济中的地位不断提高，也使得更多的国家加入竞争行列。它们大力开发本国旅游资源，建设旅游设施，以吸引更多的客人。在数千亿美元消费额的国际旅游市场上万商云集，竞出新招。供给者的增加，供给数量和质量的提高，既满足了即期的需求，又诱发了潜在的需求，并且创造了新的需求。国际旅游市场竞争越来越激烈，经营管理水平在竞争中日渐提高，供给项目越来越多、内容越来越丰富。在世界商品贸易、服务贸易和技术贸易这三大块的各个市场上，国际旅游市场成为竞争最激烈的市场之一。

在这种激烈竞争的环境中，旅游组织及旅游企业迫切需要有关的信息传播渠道和咨询服务，以便收集、发现有利的国内外市场行情，了解国内外合作者、投资者、客户等的情况，设计适宜的旅游地形象、旅游组织及旅游企业形象推广方案，选择有效的宣传媒介并加以实施；另一方面，如何与国内外旅游投资者、旅游代理商和经销商、旅游企业和跨国旅游集团公司、旅游消费公众建立密切关系，形成友好合作氛围，是各类旅游组织及旅游企业所面临的紧迫问题；此外，在激烈的旅游市场竞争中，旅游组织及旅游企业需要对组织的危机和发展机会实施有效的监控。有效的旅游公共关系可以帮助旅游组织及旅游企业顺利地进入竞争激烈的旅游市场，积极开展市场销售，提高旅游市场份额和占有率。

其次，旅游公共关系的兴起是现代旅游供给的需要。现代旅游消费向着个性化、多样化的方向发展，大众性和娱乐性越来越强，消费者的参与也越来越多。旅游供给水平已跃上了一个新的台阶，除了已经形成的数量基础之外，计算机的普及使预订系统形成世界网络、交通便捷使环球之内朝发夕至、信用卡通行世界、入出境手续日益简化，这四个方面的发展给旅游者提供了更为方便的条件。市场供求关系的变化，使旅客对旅游方式、旅游路线、旅游季节、旅游项目和旅游服务的选择空间越来越大，旅游消费者的自由度大为增加了。在这样的需求格局下，旅游供给者运用各种媒介保持信息的通畅，强化旅游地及旅游产品在旅游客源地的感知和认同程度，对旅游发展有着至关重要的意义。

对旅游者来说，旅游消费的关键与实质在于其文化性。一般来说，对旅游服务设施的要求是以同质文化为主，而对旅游吸引物的要求则是以异质文化为主。强化旅游服务中同质文化的质量认同，合理渲染旅游资源中的异质文化吸引，营造同质文化和异质文化的自然转换场景，必须充分借助公共关系中的传播理念和技巧。

最后，旅游公共关系的兴起是“大旅游”发展格局的需要。世界旅游业已经形成了规模大、波动大、反弹快、竞争激烈的鲜明特点。需求与供给互相促进、互为条件、共同发展，在保持加速度的动态中追求发展质量的提高，已成为旅游发展的客观要求。旅游发展的总体趋势是产业结构的完善化、宏观管理的法制化、经济运行的有序化、旅游产品的系列化、服务质量的标准化、旅游消费的普遍化和技术配备的高度化，面对这一多结构、多层次、多维、多变并产生着交叉效应的综合系统，旅游组织及旅游企业要用全面、辩证的思维方式看待和处理组织与各种公众的关系，强调信息的搜集和传递，强调组织与公众的双向沟通和交流，强调市场经营活动的公开性和透明度等等。而这些都需要充分运用公共关系的理论和技术方法才能实现。

二、旅游公共关系的特性

（一）复杂性

旅游公共关系与其他部门公共关系相比，由于活动涉及面广、公众对象的众多、工作范围内容的多元而呈现出更强的复杂性。

旅游活动涉及面广，旅游交往中的人们带有复杂的政治、经济、文化背景。这种广泛性的特点，决定了旅游公共关系活动不能局限于某一领域或某一范围，也不能局限于某一时期。旅游组织的外延很广，组织的性质和类型也有较大的差异，各类组织所面临的内外公众更是错综复杂。就以旅游公共关系的首要公众——旅游者来说，就包括不同国籍和地区的组织、团体和个人，彼此间在思维方式、行为方式、风俗习惯、传统时尚、宗教信仰、道德心理等方面的文化差别很大。这种社会和文化背景反差很大的现实状况，导致了旅游接待和服务过程中摩擦和纠纷不断，因而旅游公共关系工作的文化沟通要求特别高。此外，旅游者目的和需求的不同、旅游消费方式和消费习惯的差异，甚至旅游者个人性格的不同，都给旅游公共关系操作带来各种挑战。

旅游业是一个关联性很强的行业，旅游业的公共关系必须要对旅游业有全局性思考，要从旅游业的全方位考虑如何树立良好的旅游形象、建立信息网络、处理公众关系、监测社会环境、分析发展趋势等重大问题。因而旅游公共关系工作不仅要有较高的科学性和艺术性，而且要做到全员公共关系。

（二）超前性

旅游客源市场是一个潜在特征很强的市场，旅游消费需求在人的需求层次中分“跨文化交往”、“自我发展”等层次，其基本的性质是文化消费，并有极大的可变性。旅游公共关系在进行旅游形象宣传、公共关系促销以及协调与旅游公众等旅游内外公共关系时，必须具有适度的超前性，着眼于未来，在科学预测发展方向的基础上，规划旅游业的未来战略。

旅游业是一个关联性极强的行业，同时也是一个相当脆弱的行业。相对于其他行业而言，旅游业的成败更取决于公众的带有极强扩散效应的感性认识。所以，无论是旅游组织及旅游企业形象的塑造、各方公众特别是旅游者公众关系的协调，还是危机的预防与解决，都要有较强的超前性，以加强和巩固已取得的公众情感认同成果。

（三）创造性

尽管旅游业已成为当今世界的第一大产业，但相对于多数产业，旅游业毕竟还处于初步发展阶段。在旅游公共关系工作中，由于相关旅游学科理论和实践的研究水平还十分有限，许多方面可以说是无先例可循。在要求旅游公共关系不能拘泥于其他行业或以往经验的同时，赋予旅游公共关系工作以极大的创造性。

旅游行业的关联性特征使其极易受外部市场因素的影响。国际市场瞬息万变，旅游市场及相关市场信息和资料情报的收集、传递、整理、分析和预测都比较困难。尤其是旅游市场中潜在着旅游公众的不稳定性，市场竞争的对手往往存在大跨度的地理空间障碍或复杂的市场关系，旅游公共关系工作人员要想寻找到合适的途径和手段进行调查，并得到准确可靠的情报是极为困难的。在旅游接待和经济合作、特别是国际性旅游接待和经济合作中，许多规范是国际旅游界通行的惯例，这些惯例具有约定俗成的性质，但在法律上不具有强制性和约束力。一旦出现旅游接待和经济方面的纠纷，便不容易解决。因此，对旅游公共关系人员意志、品质、能力的要求要比其他接待和服务行业公共关系人员高得多，尤其是预测能力和应变能力要求更高。要求旅游公共关系工作具有开拓与创造性，不拘泥于原有的思维方式和习惯，审时度势，善于应变，创造性地运用相关理论及方法，创新开拓，实现在激烈竞争环境中生存和发展的旅游组织及旅游企业的目标。

第三节 旅游公共关系的职能

一、旅游公共关系的综合职能

（一）帮助旅游组织适应环境

旅游组织及旅游企业与外界有着错综复杂的联系和关系，这些关系形成了对旅游组织及旅游企业生存和发展密切相关的不同环境。旅游公共关系正是利用组织与环境间相互依赖、相互影响和相互制约的作用机理，帮助企业趋利避害，适应环境的变化和发展，提高旅游的社会承载力，保证组织健康、顺利发展。

与旅游组织及旅游企业经营和销售活动密切相关的外部环境主要有：社区环境、国内外经济和政治环境、国际组织环境、国际市场环境等。

社区环境是由企业所处的地理位置、所受管辖区域内公众构成的环境。作为社区的一员，旅游组织及旅游企业应积极主动参与社区的公益事业，在社区的各种活动中运用公共关系手段密切与社区各界的联系．树立良好的企业形象。

旅游组织及旅游企业特别是旅游企业的生存和发展与国内外环境息息相关。旅游企业除了受国内政治、经济、文化宏观发展状况的影响外，还要受政府行政管理部门、上级业务主管部门、海关商检部门、货源供应部门、金融保险部门、同行业各部门等的直接调控和制约。这些部门公众分别形成对企业具有不同性质、协同、作用的环境，如政策环境、管理环境、监督环境、竞争环境、舆论环境、服务环境、协作环境等等。这些环境对企业的兴衰、成败有重大影响。所以，公共关系人员要因地制宜、有的放矢地做好各种传播、沟通工作，努力消除环境对企业造成的不利因素，利用各种有利条件，调动各种可控因素促进企业的发展。

旅游组织及旅游企业所面临的国外公众环境极为复杂、多样，概括起来可以分为以下几类环境：

(1)国际组织环境。包括如世界旅游组织、国际性的经济贸易组织、管理经济贸易的国际组织、国际金融组织、仲裁组织等。这类国际环境对旅游业有重大制约和影响。

(2)以旅游发达国家和地区的旅游连锁集团等旅游跨国公司为主的国际垄断组织和大公司构成的竞争环境，国内外中小旅游企业、经销商、代理商形成的以竞争为主的互利互惠的旅游环境，以及由旅游发展中国家或东道国形成的既有竞争又互相促进、友好合作的氛围环境。

针对不同的旅游组织及旅游企业环境，旅游公共关系人员应该采取不同的对策，争取对组织发展有利的因素，消除不利的影响，建立组织信誉，树立组织形象，促进旅游的发展。

国际市场营销环境不管是宏观的，还是微观的，对旅游组织及旅游企业来说都是不可控的因素。它对旅游企业营销影响很大，甚至可以决定旅游企业营销的成败。

国际市场营销环境对旅游企业的影响主要是提供机会和构成威胁。旅游企业面对各种营销机会时，必须审慎地评价其质量，恰当地把真正的客源市场机会变成公司机会。一般来说，旅游企业不能改变市场环境，只能认识它、千方百计适应它，从中捕捉机会，避免风险。

现代旅游企业竞争已经开始由质量竞争、价格竞争、服务竞争扩展到信誉竞争、形象竞争。谁享有的信誉高、形象好，谁就拥有了竞争能力，就能够取得良好的经济效益。所以，旅游公共关系人员特别要在设计企业形象上下功夫，帮助企业拓展国际市场，取得竞争中的胜利。总之，在当今这样剧烈变动的社会环境中，旅游企业要在竞争中取胜就必须不断地进行自身调整，去适应发展迅速的社会环境。这种适应主要表现在企业与环境的相互依赖和相互作用中，而依赖从某种意义上说又是对其自主、独立行为的限制或减损。减少这种损失的一条重要途径就是通过吸引公众，建立和维护企业的良好信誉，提高企业的素质和能力。

（二）促进旅游组织的经济效益

旅游吸引是一种意境吸引，旅游消费的核心在于感受美妙的场景、享受情感服务。旅游公共关系所致力的树立良好的旅游地形象和旅游组织及旅游企业形象工作，可以强化社会组织的吸引力和凝聚力，强化员工的归属意识，调动员工的积极性与创造性，并直接关系到旅游吸引和由此带来的经济效益。

在市场经济环境里，旅游组织及旅游企业除了增强自身的实力以外，还要花大力气去研究客源市场和产品市场，了解市场和开发市场，把市场的潜力充分地发挥出来。同时，要十分注意塑造自身的形象，让公众了解企业的意图和行为，争取公众的信任和支持，使企业和它的产品在公众心目中站住脚。只有这样，企业才能立于不败之地。

一个完整的市场经济体系需要政治、法律、文化和观念形态等诸方面的配合，当然也离不开公共关系的协调。旅游公共关系在促进旅游组织及旅游企业的经济效益方面的主要表现是：

（1）旅游公共关系能够增进旅游市场经济体系的秩序性。旅游公共关系要求旅游组织及旅游企业的市场行为规范化，把各种利益主体的行为都统一到社会利益、组织利益和个人利益的协调中。各种利益主体的交往是有序的，人们在各种规范的基础上实行交换，大大减少各利益主体之间的非规则化的磨擦，优化了各利益主体之间竞争的环境。

（2）旅游公共关系有助于规范旅游市场主体的行为方式。在市场经济体系的框架中，市场主体拥有极大的自主权。规范市场主体的行为，使其符合市场经济的基本秩序具有重要的意义。据美国《金融时报》报道，近年来在全世界越来越流行一种被称为“寻求伙伴关系”的企业战略。这种企业行为要求同客户建立更为密切的关系。旅游公共关系应在规范市场主体的行为方面起到其独特的作用。

（3）旅游公共关系能够协调旅游市场主体之间的各种关系。旅游市场主体时刻处在各种复杂的关系之中，处理好各种关系，有益于市场主体自身的发展。以旅游企业为例，它需要协调的各种关系包括：与政府的关系、与社区的关系、与传播媒介的关系、与其他相关企业的关系等等。旅游组织及旅游企业设立公共关系部门，其相当大一部分精力用于协调本组织与社会各层面的关系。这种协调工作包括：沟通企业与其他市场主体的信息，协调它们之间的关系，让社会各方面理解企业的行为，树立企业良好的社会形象。

(4)旅游公共关系有助于市场主体获取和传播各种信息。现代社会正在逐步进入信息时代，在市场经济体系里运行的各种旅游组织及旅游企业，必须主动地刻不容缓地去收集、整理和分析各种对自己有用的信息，积极开拓国际旅游市场。

此外，旅游公共关系还通过合理的销售竞争促进组织的效益。旅游业作为一项经济事业，其生存和发展也要通过竞争才能实现。经营国际旅游业务的企业在市场中面临着三种环境的竞争：一是行业内部的竞争，二是国内各行业、企业间的竞争，三是国际旅游市场的竞争。一个旅游企业要不断发展，必须积极参与竞争，广泛地开展公共关系活动，才能有利于企业树立自身良好的信誉和形象，有利于企业与外界的交流、获得大量信息，从而使企业在全面分析市场状况的基础上制定出正确的销售方针和措施，进一步增强企业的竞争能力。

旅游企业开展公共关系活动，还可以不断提高经营管理水平和素质，通过提供决策信息，明确强化决策目标，丰富决策类型、旅游公共关系与决策方案、旅游公共关系与决策主体，有助于相互之间加强合作，自觉地接受宏观调控，使旅游经济得以持续、稳定、协调地发展。

(三)增进旅游的社会效益

旅游公共关系最直接的目的，就是提高旅游业自身的经济效益，但最根本的则是提高整体社会效益。因此，作为一个旅游企业，以至整个行业，就不仅要关心自身的效益，更要注重社会的整体效益，把自身的利益与全社会的利益紧密联系在一起。

旅游业的公共关系活动不仅是为自身创造更多的价值，而且要注重整个社会经济效益的提高。如果旅游企业只顾自身利益，不顾甚至损害国家的利益，就会破坏自身生存发展的国内环境，会使旅游企业的经济效益增长处于困难状态。

旅游公共关系在涉及旅游发展决策时还要考虑资源条件，注重生态环境的保护，不能盲目发展，搞破坏性建设，或超容量、超负荷地利用资源，以免毁坏旅游资源，加剧环境污染，破坏生态平衡，使旅游业的生存发展丧失基础。

旅游产品从某种意义上讲是一种文化产品，旅游活动实质上是文化的交流。因此，旅游和旅游业的发展不仅涉及经济效益，而且影响社会的人际关系、思想情绪、道德准则和价值观念。旅游公共关系活动是实现旅游文化生活国际化、异地化的有效手段。

旅游发展与区域社会发展紧密联系在一起，旅游业与区域社会的经济和产业结构合理化配置密切相关，旅游接待和相应出游对文化交流和发展具有重要意义，旅游环境的优化与社会环境的优化在一定意义上说是同一个概念。旅游公共关系在联络公众、传播信息、监测环境、协调关系和增进和谐的同时，也在积极地发挥着增进社会经济、文化和环境效益的职能。

二、各旅游组织的公共关系职能

（一）旅游组织公共关系的基本职能

尽管各类旅游组织及旅游企业的公共关系活动各有侧重，但是都可以归结到联络公众、传播信息、监测环境、协调关系和增进和谐等方面：

1. 联络公众

旅游组织及旅游企业与公众的联系有多种渠道，其中最为基本的渠道是旅游组织及旅游企业输出的信息。此外，旅游组织及旅游企业与公众的联系还包括：旅游组织及旅游企业领导人的形象、旅游组织及旅游企业自身的结构和形象、旅游组织及旅游企业组织举办的一系列活动等。一般说来，旅游组织及旅游企业与外界的联系是多方面的，各个旅游业务部门与公众联系的业务统筹起来考虑，就形成了旅游组织及旅游企业的整体形象。联络公众可使旅游组织及旅游企业保持与市场的联系，准确把握旅游市场的变化；使组织与环境的渠道保持畅通，不让组织所产生的问题遗漏，以免酿成大错。此外，联络公众还能时时更新组织的形象，保持组织的活力。

2. 传播信息

旅游公共关系的传播信息事务具有完整性、主动性、针对性等特点。旅游公共关系的传播信息工作追求情感的交流和态度的融合，旅游公共关系人员在传播信息的同时也在传播情感，以争取公众对组织的同情、理解和支持。

3. 监测环境

环境是旅游组织及旅游企业赖以存在的基础。广义的环境包括自然条件、社会条件和组织自身内部条件等，狭义的环境是旅游组织及旅游企业外部条件和与其密切相关的特定条件。旅游公共关系的监测环境职能主要包括：①环境描述。旅游公共关系部门通过科学的调查方法，逐步地积累资料，掌握组织所处的自然、社会条件的各种数据，从而整体上勾画出组织的生存环境。一方面能及时提供给领导做决策参考，另一方面能全面地摸清环境发展的基本走势。② 环境评价。旅游组织及旅游企业所处环境的总体性评价工作，一般都由旅游公共关系部门来承担，这对旅游事业的发展，特别是旅游组织及旅游企业渡过危机尤为重要。③环境预测。旅游公共关系对组织环境的长期监测可以帮助旅游组织及旅游企业把握组织环境的变化趋势，从而提出对策性意见。

4. 协调关系和增进和谐

旅游组织及旅游企业被一张巨大而又复杂的关系网所笼罩，职工关系、股东关系、支撑系统关系、竞争对手关系、顾客关系、新闻媒介关系、社区关系、政府关系和国际公共关系等都与旅游组织及旅游企业的运行和发展相关。协调各种关系日益成为一项繁复的工作。旅游公共关系以研究各种社会关系的专门学科为后盾，系统地总结出一套协调组织关系和人际关系的理论和方法，对于处理各种复杂的社会关系积累了相当丰富的经验。旅游公共关系在组织中的协调关系功能，已衍化成旅游公共关系组织的基本职能。

旅游公共关系倡导在竞争领域遵守社会规范，提倡在社会发展前提下增进组织和个人之间的相互理解，营造一种社会和谐的环境，提高个人和社会的生活质量。旅游公共关系依靠长期细致的工作，将和谐原理深入到旅游组织、旅游公众的基本社会观念中，可以推进旅游环境中和谐的人际环境的形成。

（二）旅游管理组织和团体的公共关系职能

1.旅游行政管理机构的公共关系职能

旅游行政管理机构（各级旅游局）是国家和地方政府具体进行旅游事业和行业管理的职能部门，具有对旅游的指导、管理、计划、监督、协调和服务等职能。具体的公共关系职能是：

（1）沟通政府部门与旅游组织、旅游者等旅游公众的关系。旅游行政管理机构面对国内外的旅游经营者和旅游者，需要通过双向信息交流建立并维护相互了解和信任的关系，了解人们的意愿和要求，不断改进和完善政策，以取得公众的理解和支持。

（2）开展市场调研，对外宣传促销。旅游行政部门的宣传不同于旅游企业的产品宣传，它是对国家或地区旅游整体形象的宣传，通过传播目的地的旅游方针、政策，旅游资源，旅游产品等，提高目的地在客源市场的知名度，塑造旅游整体形象。

（3）在世界旅游组织中开展国际性的旅游公共关系活动，争取国际性旅游权威组织的支持。

（4）协调各方面的关系。旅游业是综合性的产业，它的经济活动涉及许多部门，旅游机构要运用公共关系手段，与各部门协商对话，以取得支持和理解，密切协作，共同发展旅游事业。

2.旅游社会团体的公共关系

旅游社会团体是指各种民间的或半官方的旅游行业组织，如旅游协会、旅游联谊会等。由于其本身是政府与旅游组织及旅游企业间的桥梁或者是部门的联合体，公共关系即成为活动的重要的、经常的手段。旅游社会团体的公共关系开展，主要环节在于：

（1）要使政府、主管部门和企业、社会各团体了解本团体，并通过本团体达到相互沟通。其工作主要是通过年会、理事会、联谊会、报告会或文字报告、简报、信函转达等方式进行。尤其注重新闻媒介的宣传，以达到让各方面了解自己，互通信息。

（2）组织旅游系统内或专业范围内的机构、企业、教育单位等进行相互联系活动，如举办研讨会、座谈会，对共同关心的问题共同进行研究，克服事业发展中的共同障碍。

(3)组织或参与旅游部门及民航、铁道、园林、商业等方面的联系活动，发挥民间组织的作用。

(4)积极开展国内各地间、各行业之间，以及与国外、海外旅游民间组织的交往活动，互通信息，相互协调，配合旅游业开拓市场，起到官方组织所难以起到的作用。

(5)组织或协助旅游员工的培训，在思想作风上积极倡导廉洁热诚服务，克服不正之风。帮助员工在业务上提高。做好广泛的群众工作，如对旅游部门的投诉，以及各方人士对旅游工作的批评、建议，均应认真研究、转达处理。

(三)旅游企业的公共关系职能

1.旅游者关系管理

旅游企业公共关系的核心目标是建立稳定增长的旅游者关系。旅游者关系管理是旅游企业公共关系的首要职能。旅游企业必须了解旅游者的需求并对其进行系统化的分析和跟踪研究，在此基础上实施个性化服务，提高旅游者满意度和忠诚度，进而实现企业的效益目标。

旅游者关系管理的前提是旅游者关系的开发，包括旅游者行为分析、寻找有价值的旅游者和分层培育旅游者关系。不同国家、民族、区域文化背景的旅游者，其旅游消费行为的差异性很大。以美国和日本旅游者为例，美国旅游者的消费特征是喜欢猎奇、追求个性化、崇尚品牌、关注健康、超前消费，而日本旅游者的消费习惯则是购买过程严格化、习惯团队行动、要求有充分的选择范围、重视售后服务。在对旅游者的消费观念、消费模式和消费行为进行分析的基础上，才能准确寻找有价值的目标群体，分高消费旅游群体、稳定旅游群体、潜在旅游群体等层次培养并保持旅游者关系。

2.旅游中间商关系管理

旅游中间商包括旅游供应商和旅游经销商。旅游企业生产旅游产品要依靠供应商提供的各种供应和服务才能生产出来。没有供应商的合作和支持，旅游企业就无法以旅游者能接受的价格提供优质的、符合旅游者需要的旅游产品和旅游商品。由于旅游企业在资金、人力、物力和市场开发等能力方面的局限性，在许多方面必须依赖由旅游批发商、零售商、旅游代理人和经纪人组成的旅游经销商。与旅游经销商建立良好的关系，通过经销商在不同旅游客源地树立旅游企业的良好形象，充分发挥旅游经销商的桥梁和纽带作用，对旅游企业的生存和发展至关重要。

旅游中间商关系管理的原则是互惠互利、平等协商、坦诚相待。通过增进了解、加强沟通、设定共同目标，以确立价值和利益共同点，尽可能避免与旅游中间商之间产生冲突，是旅游中间商关系管理的出发点。

3.媒介关系管理

在旅游公共关系对象中，媒介是一种特殊的公众群体，也是至关重要的一种关系。旅游企业的媒介关系管理，是指与报刊杂志、广播电视、网络等媒介机构及其工作人员建立和保持良好关系的过程。良好的媒介关系管理，不仅能引起关注、制造新闻，有利于大众传播，而且有利于改善舆论环境和经营环境。

旅游企业媒介关系管理的原则是尊重媒体、主动沟通、开诚布公和把握时机、提供服务。旅游企业媒介关系管理的基本策略是选准公共关系媒介和善用公共关系新闻。选择公共关系媒介时应考虑目标市场的受众特点、传播主体与传播效果、公共关系内容的特点和媒体的成本费用。策划公共关系新闻时，应把握新闻的真实性、客观性、针对性、时效性和趣味性等特点，产生最佳的新闻效应。

4.政府关系管理

政府对旅游经济环境和市场行为有很强的干预能力，无论是从法律还是从经济计划、旅游市场的拓展的角度，政府的协调和指导作用都是很大的，旅游企业公共关系必须重视政府关系的管理。如果旅游企业界遵循政府的法规，采取和政府积极合作的态度，树立共存共荣的理念，那么政府就可制定出明确的旅游产业发展政策，对旅游企业经营活动的调节的合理化程度也会大大提高，旅游企业的顺利经营才能得到充分的政策保障。

旅游企业公共关系的政府关系管理的主要措施，一是做政府的“模范公民”，二是加强与政府的沟通。作为“模范公民”，旅游企业就应当模范遵守国家的法律和政府的各项政策，从社会利益和社会需要出发，尽其所能替政府着想、为政府分忧。旅游企业应该主动建立与政府双向沟通的渠道，要及时了解政府信息，按政府的有关要求和变化来规范和调整企业的行为和方向；应该经常邀请相关政府部门和人员参加企业的有关活动，听取和征询他们的意见，以利改进工作。同时，旅游企业公共关系部门还应通过各种方式及时主动地向政府通报企业的情况，让政府及有关部门了解企业的工作、规划和亟待解决的问题，并寻求政府部门的指导和支持。

5.社区关系管理

旅游企业总是处在一定的社区环境之中，面临既定的社区公众。社区公众是旅游企业经常的顾客，社区还为旅游企业提供人力资源、员工生活环境以及可靠的后勤保障，所以旅游企业公共关系还应重视社区关系管理。旅游企业公共关系在维系和发展社区关系时，不仅要加强与社区公众的沟通和情感交流，还应主动承担社区责任，热心社区公益事业，积极为社区增光添彩，使社区公众为有这样的“社区成员”而感到欣慰和自豪。

旅游企业公共关系的职能，在不同服务类型的旅游企业有着具体的表现。

旅行社是为旅游者提供综合旅行服务的旅游企业。旅行社依靠公共关系活动来塑造自己的形象，赢得旅游者，以求得生存和发展。旅行社的公共关系活动主要是通过具体的服务来体现，所以这种公共关系模式亦称为“服务性公共关系”。要较好地发挥旅行社公共关系的职能，必须主动做好组团社和接团社之间的沟通协调工作；当两者出现工作分工或收费分配上的某些不合理，或者因衔接上不严密而发生矛盾时，要主动“补台”，把树立共同和良好的旅游接待服务形象放在公共关系工作的首位。此外，旅行社必须依靠社会各方面，如交通（民航、火车、轮船、城市间乘车）、饭店、餐饮、购物等部门开展多方位、立体的接待服务工作。有些部门不直接为客人服务，旅行社要主动地、经常地协调有关方面的业务联系，尽力为旅游者提供方便。

旅游饭店为加强社会适应性，求得生存和发展，要运用公共关系来协调内外部的关系，加强横向联系，并在公众中塑造形象、增加知名度，提高竞争力。这些公共关系职能的发挥与饭店营销活动的成败密切相关。旅游饭店公共关系的具体职能还有：沟通饭店与外界的联系，实施饭店的宣传、促销、推广工作，树立饭店的良好形象和公众信誉。与外界联系需要全方位、多角度，应运用多种公共关系传播手段进行长期的宣传工作。面向国内外客户和旅游者，形成信息传播网络，收到立体性宣传效果。

随着旅游的国际性合作，合资和外资酒店成为旅游饭店的重要组成部分，对旅游业的繁荣与发展起着重要的促进作用。由于它具有双方或多方投资、管理和服务呈现出的多种文化背景和风格的特征，公共关系工作职能的发挥显得更为重要。合资和外资酒店公共关系工作的主要职能有：协调各部门间的关系，加强管理层与员工的感情交流。公共关系部要对各部门的关系润滑、协调，通过定期组织评选饭店最佳职工、筹办员工生日等活动，增进员工感情、加深相互理解；通过内部报纸或刊物将饭店现状和动态通报给员工，使其了解和关心饭店，在自己的岗位上参与饭店的管理与推销。饭店集团应将所辖饭店的宣传、资金集中使用，有针对性地进行国际性的广告宣传；并可以派代表参加世界各地的旅游博览会和展销会等，直接与旅行商洽谈，推销集团所属酒店的产品与服务。

旅游交通企业主要包括旅游汽车公司和游船公司，其公共关系职能各有特点。旅游汽车公司的公共关系职能表现为全员性、全局性、利益性和协作性。旅游汽车公司拥有最广泛的社会公众，具有复杂而庞大的关系网络，这是旅游汽车公司公共关系的显著特点。旅游汽车公司与其他企事业单位有着广泛的协作关系，只有处理好这些关系，才能保证企业机体的正常运行。旅游汽车公司的员工流动分散，直接面对旅游者，接触面广，司机多实行单车作业，独立提供服务。旅游汽车公司员工流动分散的特点，对管理提出了更高的要求，必须使每一名员工都能注意树立和维护自身在顾客心目中的信誉和形象，以全局的观点，创造性地开展公共关系活动。每一名员工，每一辆运营车，都可成为公共关系主体或广告载体，因此具有全员性。旅游汽车公司是独立经营、独立核算的经济组织，一方面要维护企业合法的经济权益，另一方面也要维护消费者的权益，因此其公共关系具有利益性。要协调好企业与公众之间的利益矛盾，在利益均衡的前提下，通过公共关系工作，尽可能满足公众的要求，处理好利益冲突，为企业的生存和发展创造良好的环境。

游船业务是旅游业中一个较为独特的旅游品种。游船企业依靠各方面的协助，做好公共关系工作至为重要。其公共关系工作职能主要为：做好海内外的宣传工作，介绍江、河、湖、泊的旅游线路，所经各点的景观和历史风情及其在国际、国内的地位。还要介绍本船的设备概况，要突出特色，增强吸引力。组织好旅客登船和下船的迎送招待会。向游客介绍大副、轮机长的资历，增强其安全感，可聘请有威望的游客为名誉船长。在游程中，协助组织多样化的文化、娱乐活动和沿途的风情表演。主动做好与航道部门和船泊码头的联系与协作。平时做好危险情况下的抢救准备。一旦遇有事故，要积极协助抢救，并注意按规定程序接待好探视的使领馆人员及伤亡者家属。关心特殊游客的服务需求。对有疾病或晕船等不适应的游客，要精心观察，在活动和饮食上给予关照，通过服务体现产品的质量和形象。

旅游商品的销售，是旅游创汇的重要部分。购物活动，是旅游活动中不可缺少的环节，旅游商店的公共关系要围绕这一目标开展活动。具体职能是：做好商品的宣传、介绍；要通过新闻广告媒介，向社会发布信息，突出商品和经营的特色，吸引顾客上门；通过门面和柜台的引人入胜的商品说明、销售人员的当面解说，宣传旅游商品的艺术价值、使用价值和物美价廉，以打动顾客。有人戏称顾客是“上帝”、中介人员（旅行社司机、导游等）是“神父”，对此，旅游商店都要热情做好联谊工作。为扩大知名度，要控制与引导社会舆论。在进行新闻、广告的宣传的同时，也要做好与各方面人士的交往工作，对出现不利于本企业的信息，要高度重视并迅速采取对策。通过评比、总结，促使售货员保持一流的服务，给进店顾客以礼貌、周到之好感。注意售出商品的信息反馈，做好售后服务，不断提高商品质量，保持信任感，以成为有较好口碑的旅游商店。

旅游风景区、景点公共关系是风景区和景点管理工作不可缺少的重要环节。风景区和景点有无开展公共关系工作或设置公共关系机构、公共关系人员，是检验风景区和景点管理水平的重要标志。有景观意识、有景点知识、有景点活动，是风景区和景点公共关系工作的基础。风景点的生命力在于该景点的景观效应和丰富内涵，这是其公共关系工作的基础和前提。景点知识包括：该景点的自然环境或人文景观，形成景点的历史沿革，对文物古迹历史价值、科学价值、艺术价值、潜在价值的研究，以及有关风景点的发掘、保护、开发、利用的一般性知识等。要积极开展适合于本景区、景点特点和规律的各种公共关系工作，诸如对风景点表面价值和潜在价值的探讨、研究、学术交流活动，介绍本景点情况、特点、重要参观内容的展示性活动，开展各种适合本景点历史和发展规律的民俗活动、社会活动、节日活动，彬彬有礼、热情周到的宣传讲解活动和请游客和观众参与的旅游参观活动，必要时走出去利用本景点的优势参加重大的社会活动等。

思考题

1. 现代公共关系是如何发展起来的？
2. 旅游公共关系兴起的主要原因有哪些？
3. 旅游组织公共关系的基本职能有哪些？
4. 旅游管理组织与旅游企业公共关系职能有何区别？

案例

出其不意，大获全胜
——曼森公司的旅游公关策划活动

对于旅游公司来说，冬季是一个不好的时期。每到冬季，前往莫斯科度周末的人很少。曼森假日旅游项目经办人决定打破莫斯科坚冰，他带了一批报界人士去莫斯科度了个示范性的周末，赢得了大刊物连篇累牍的报道。以此为契机，他们在隆冬季节成功地发起了去莫斯科度一个开销不大的周末旅游项目。由此可见，曼森旅游公司的经营战略是非常灵活地不断开发市场，见缝插针，拓展旅游业务。

该公司负责曼森假日旅游项目的只有三个人，为首的是斯卡尔·德怀特。10 年来他坚持不懈地使用公共关系战术，为公司成长为该行业首屈一指的大企业作出了卓越的贡献。经营旅游业成功的关键在于不断推出新的度假活动，这就意味着今年的活动还在进行，下一年的详细工作就要准备妥当。

1983 年，他们推出的夏季旅游项目有“夏日阳光”、“亲密好友”、“马车”、“别墅和公寓”等等。为了让尽可能多的人了解这些项目，公司决定在 9 月 1 日发几万份关于五种不同的度假活动的便览。

一、公关准备

准备工作包括：耗资 100 万英镑的广告活动，召开三天的推销大会，全体工作人员的集中培训，考察各个城市的游览路线，印刷和散发《旅游便览》等等。整个 8 月份的公关工作包括：选择记者并预定宴席，准备邀请名单，检查发函清单，决定新闻文章的要点，准备记者招待会用的稿件，选写全国性和地方性的新闻稿，收集关于新旅游习惯的材料，适当安排外语新闻稿，办理录像，彩排节目，用大拖车和一队客车沿途观看 16 个城市的风光，为 5000 名名列前茅的旅游代理商提供详细的录像介绍。

二、公关实施过程

旅游业务尽早销售是非常重要的，越是在你的竞争者做出活动之前尽早落实你的活动越有利。曼森习惯于抢先发售《旅游便览》。不过率先推出也有其弊，别的公司可以根据曼森的定价制定出竞争性价格，利用便宜的价格来抢夺顾客。对于这一问题，曼森公司暗暗藏了一条锦囊妙计。

9 月 1 日开始发行 1996 年的夏季《旅游便览》。第二天，五家全国性的报纸、广播电台，省级报纸和电台以及旅游出版物，都大张旗鼓地为曼森公司进行宣传，博得了度假者的注意。当 9 月下旬其他旅游公司开始推出他们的便览时，曼森公司的旅游价格已经出台了，比竞争对手低得出乎人们的意料。公司的应变计划生效了。

收取附加费可能会使消费者稍有不快，但多年来在包价旅游中已被人们接受。英镑疲软引起的海外项目成本上升，迫使旅游公司以最高10%的附加费让旅客承担。为了加强竞争，10月份时，一家主要的旅游公司在推出旅游项目时保证“不收附加费”。曼森公司在几小时内立即作出反应，也不收附加费。

9月、10月、11月是订票稳定的时期，但当年11月份形势不妙，营业额仅达到了去年同期的70%。公司把希望寄托在圣诞节后的几周，这是往年订票的高峰时节，大约有半数的旅游售票在此期间卖出；但秋季售票的不良成绩颇让旅游公司也吃不准圣诞后的售票是否能逃脱经济衰退的影响。

为了保证最后的成功，曼森公司的主要应变计划是：在必要的情况下，印制和发售《旅游便览》，提供最低的价格。这将使公司旅游价格非常有竞争力，会让其他旅游公司措手不及。在严格保密的情况下，设在意大利的印刷公司采用320页的彩色便览，至少有50个假日旅游项目减价了，几乎在便览的每一页上都有新的标价，封面添上了“不收附加费”的保证和减价的声明。便览运到伦敦的仓库，只有几个关键的职员了解情况。他们小心翼翼地守护着这个秘密，不让竞争对手有丝毫察觉。

让人们了解重新推出的旅游项目的时机终于到了。他们计划在12月6日一鸣惊人，以全面覆盖式的新闻报道连续宣传三天，然后才刊出广告。他们为全国性的报纸准备了新闻内容，这些内容的地方性版本都精心选写，对各种预计可能会出现的问题都作了准备。

曼森私下定了套间，以备12日的记者招待会之用。舰队街的主要选稿人在上个周五即到了，参加本周末上午8点30分的香槟早餐的宴请。编辑们也应邀参加类似的活动。招待会很成功，受邀请的人无一缺席。

为了确保当晚的报纸、电台和电视的新闻节目刊登消息，公司对投递稿件、打电话、发送新闻的时间顺序制定了严密计划。公司的新任董事长卡尔·德内尔决定接受所有申请的电视采访。伦敦广播公司抢先播出了对卡尔的采访，接着是IRN报业辛迪加的报道和地方电台对当地曼森公司发言人的采访。在隆重推出的时刻，国际电视网作了长篇新闻报道。这引起了新闻界的重视。BBC 电视台光临总部办公室，拍摄了供晚上 9 点新闻播放的采访。全国性的报纸想要更多的评论，不同的报纸需要不同角度的评论。《标准晚报》用通栏标题，宣布了这次隆重推出的活动。令公关部难以忘怀的是 12 月 7 日星期二这天，曼森公司取得了前所未有的报纸覆盖率。每家全国性的报纸都刊登了消息，有些甚至还在头版。报道的质量更是令人惊喜，9 家全国性报纸提到曼森公司 72 次，若干种省级报纸在头版给予了报道。报纸和电台的报道持续了整整一周。《星期日时报》居然用一整版来介绍这次旅游项目的重新推出。电台、电视台在全国假日节目中也发布了消息。

三、公关实践效果

竞争对手面对曼森公司这手铺天盖地的“杀招”，毫无反击之力。一家主要的旅游公司在圣诞节前没有相应降价，电台采访了该公司的发言人，开门见山地就问他们是否被曼森公司这招棋弄得狼狈不堪！

报刊上连篇累牍的报道使曼森公司的名声大振，结果它大大削减了在全国性报纸上的广告。12 月 11 日，公关人员作了专门的调查，测试公司的知名度，发现人们首先想到的就是曼森的假日旅游，有强烈的参与该公司假日旅游的意向。旅游刊物用大量的篇幅介绍这次重新推出的旅游项目，旅游代理人热烈欢迎并对之予以了很高的评价。

报刊的报道重振了市场。据传播媒介覆盖率的分析表明，从 9 月份的首次推出到圣诞节，曼森公司赢得了 4 家全国性电视台的电视报道、13 家全国广播电台的报道、45 家全国性报纸的报道、66 个地区性电台的采访或新闻广播，在省级报刊上共发了 350 条新闻，旅游出版物更是连篇累牍，在杂志和国外的报纸上也刊登了不少消息。以广告的费用来算，则新闻覆盖的总值达 11.5 万英镑。许多旅游专栏作家都赞赏曼森的行动，开始鼓励读者早订票，以利用早订票的价格折扣。声望极高的旅游期刊《旅游代理》一月号刊文说：“曼森公司瞅准了时机，不给竞争对手在圣诞节前作出反应的时间……实际上，曼森这一手最大限度地发挥了公共关系优势，发起行动的时刻恰到好处。”

曼森公司的旅游业务急剧回升，一改过去的局面，它的知名度也同时得到了大大的提高。更为重要的是，还有人认为它成功地推动了该年度的旅游活动。

（资料来源：《企业公共关系国际化管理案例》，中国财政经济出版社，2002）

第三章　旅游公共关系的主体、客体和媒体

学习目的

●熟悉旅游公共关系主体的构成
●掌握旅游公共关系客体的特征
●了解旅游公共关系的媒体类型

基本内容

旅游公共关系的主体
●主体构成
　旅游组织、组织成员、专门组织和人员
●主体间的关系
　目标一致、多方协作
旅游公共关系的客体
●公众分类
　外延分类、序位分类、态度分类、功能分类、形态分类、组织分类、状态分类
●公众特点
　相关性、依存性、变动性
●针对不同客体的旅游公共关系
　外部公共关系、内部公共关系
旅游公共关系的媒体

●媒体类型

人际传媒、新闻传媒、实物和户外传媒、网络传媒

●处理传媒关系的原则

建立关系、有效性、效益性、整体性

第一节　旅游公共关系的主体

一、旅游公共关系的主体及任务

（一）旅游公共关系主体的构成

旅游公共关系活动的基本目的是使旅游组织与公众互相了解和理解，使旅游组织获得公众的信任、合作与支持，得以在良好的社会环境中生存和发展。旅游公共关系活动主体具体包括：

1.各类旅游组织

主要包括旅游行业和行政管理部门（旅游局、旅游协会、旅游派出机构、旅游开发区和度假区等）、旅游相关部门（园林局、文化局、建设委员会、交通局、民族宗教局、商业局、涉外事务管理机关等）、旅游企业（旅行社、饭店、旅游交通企业、景区、旅游商店、旅游主题公园等）及旅游社会团体等。

2.旅游组织内的全体成员

旅游公共关系是一种全员式公共关系，从旅游组织的高级管理层，到旅行社的导游、饭店的服务员、旅游汽车公司的司机及其他工作人员等，随时都可能要和旅游者接触，他们在工作中所表现出的形象并不只是个人的形象，与社会公众的关系也不仅仅是个人之间的关系。旅游组织全体成员的日常工作都带有公共关系的性质，关系到整个组织的整体形象和声誉。

3.专门从事公共关系工作的组织

可分为两大类：一是旅游组织内部的公共关系部门，如旅行社、旅

游饭店的公共关系部。有些旅游企业的销售部、市场开发部也承担公共关系部的工作。旅游企业内设的公共关系部门有熟悉内部情况、有便利的内部沟通渠道便于协商、能及时向企业领导层和决策层提出建议、成本较低等许多优势，但也有受内部人事关系的制约、在本企业与公众发生冲突时较难得到公众信任、内部组成人员的专业性程度有一定局限等不利因素。因此，旅游企业或组织内部的公共关系部门除了要加强服务性、专业性，还应具备一定的超然性或者中介性，以保证公共关系工作的客观和公正。二是相对独立的、不从属于任何企业，往往见于跨地区、跨行业的旅游经营管理组织中的公共关系机构。独立于旅游组织以外的公共关系公司与组织内部的公共关系部比较，更能保持客观超脱的眼光，开展工作时感情色彩较少，工作具有客观公正性和自主灵活性，人员的专业化水平较高，工作经验和技术力量相对较强，在社会公众中有一定的知名度和可信度。主要的不足是，不能像内部公共关系机构那样与其他部门有广泛的联系，能接触的也是旅游组织中的少数人，可能会对具体情况和要求不够熟悉。另外由于收费的限制，不可能全天服务及进行大量的调研；或者由于同时服务于较多的客户，人力资源的质量得不到全程保证。所以旅游组织在选择外部公共关系公司时，应考察其声望、信誉、权威性、专业性和财务状况等。

4. 专门的公共关系人员

他们运用专门的技术和工具去开展专门性的公共关系活动，从属于一定的公共关系组织。具体包括公共关系专家、公共关系计划编制者、公共关系传播人员和公共关系专门技术人员等。

（二）不同旅游组织的公共关系工作

1. 旅游行政管理机构公共关系

旅游行政管理机构包括各级政府中的旅游事业管理委员会、旅游局等，是国家和地方政府负责旅游事业发展领导和具体行使旅游行业管理的职能部门，具有对旅游业实施指导、管理、计划、监督、协调和服务等职能。这些机构的公共关系工作主要是：沟通政府部门与旅游企业和旅游者的关系、开展市场调研和对外宣传促销、开展国际性的旅游公共关系活动、协调区域内外各方面的关系。

2.旅游企业公共关系

旅游企业包括旅行社、饭店、旅游车船公司、旅游商店、旅游主题公园等，旅游企业公共关系工作的重点是依靠沟通信息、协调关系、决策咨询等来塑造自己的形象，提高企业的市场适应性，以产品或服务赢得旅游者，求得生存和发展。旅游企业的公共关系活动主要是通过具体的服务来体现，所以这种公共关系模式亦称为“服务性公共关系”。旅游企业的服务工作多落实在具体的服务人员身上，他们直接面对旅游者或企业公众，往往作为企业公共关系主体的具体代表，因而是一种“全员公共关系”。此外，旅游企业之间还必须开展正常的公共关系活动，诸如及时交换信息、相互做好预告、协调好必要的联合活动；相互监测服务质量，共同做好客源商和旅游传媒的工作，通过他们宣传旅游企业的形象；组织或配合对产品的联合促销、展销；解决业务中涉及双方或多方的难点，对出现的事故，积极协调，主动配合，妥善解决等等。

3.旅游社会团体

旅游社会团体主要是各种民间旅游组织，由于其本身是政府与企业的桥梁或者是部门的联合体，公共关系工作即成为活动的重要的、经常的手段。旅游社会团体公共关系的主要环节在于：在政府、主管部门和企业间沟通，组织旅游系统内或专业范围内的机构、企业、教育单位的相互交流沟通；积极开展国内外和各行业之间的交往活动，互通信息、相互协调，通过广泛的公众工作来配合旅游业开拓市场，以起到旅游经营和管理组织所难以起到的作用。

二、旅游公共关系主体间的关系

(一)系统性和目标的一致性

旅游公共关系的系统性，是由于旅游业具有很强的综合性和整体性而形成的。这种综合性和整体性不仅是指旅游组织的多层次和多类型，而且包括其功能和隶属关系的多面性和多元化。从层次上，旅游组织可以分为中央(国家)的和地方的，中央的又可分为国家旅游局直属和各部门所属的；地方的则可分为省、市(地)、县各级或跨省市的区域性组织。从性质上，旅游组织可以分为行政机构、事业单位、企业、社会团体等等。从功能上，旅游组织可以分为旅行社、宾馆饭店、旅游交通、景区景点、旅游商店、旅游行政管理、旅游教育科研等多种类型。在这些类型中，有的是直接、单纯为旅游者服务的组织；有的则同时为不同的对象服务，具有多种功能。积极开展公共关系活动，可以使各个旅游组织之间加强沟通、得到协调，树立起旅游行业良好的整体形象，加深社会公众对发展旅游业的了解和理解，从而为实现旅游业自身和公众的利益的集合，创造一种最佳的环境。旅游公共关系的系统性决定了旅游公共关系活动的最终目标的一致性。这种一致性，不仅由于上述理由，还因为它植根于旅游产品的生产之中。旅游产品是一种组合产品，旅游者在旅游过程中具有多方面的需求，包括吃、住、行、游、购、娱等方面。要满足旅游者的多种需求，分工不同的旅游组织就必须共同努力，相互配合，提高生产的社会化程度，生产出高质量的旅游产品，使旅游者的需求目标得以圆满实现。

（二）旅游公共关系的多方位性与协作性

旅游是一种包括多种需求的综合性活动，旅游活动的完成不仅需要有旅游企业的经营管理，而且需要社会其他行业和事业的支持。例如，民航、铁路、商业等行业直接为旅游提供了服务，建筑、电力、石化等行业为满足旅游者的基本需要创造了条件，环保、公安、教育、文化等部门则在社会范围内为旅游者创造了一个良好的旅游环境，等等。旅游公共关系的对象具有多方位性，作为旅游公共关系主体的各类旅游组织，不仅要加强相互之间的沟通与了解，而且要与社会其他行业和部门加强联系，与上下左右相互沟通。

旅游公共关系所表现的多方位，还因为旅游客源具有广泛性和复杂性。客源市场不是单一的，从国家、民族、地域、政治、经济、文化等不同的角度，可以划分不同的市场类型。因此，旅游组织的公共关系活动必须根据不同的市场类型，采取不同的工作模式和方法。旅游供求两方面的情况都决定了旅游公共关系的多方位性。旅游公共关系的目的，是通过多方位的公共关系活动，实现与各方的协作，达到与各方面关系的协调。由于旅游过程是一个综合性的过程，旅游产品是一种组合性的产品，所以，加强旅游公共关系的协作性，做到与各行业、各部门、各类旅游者的协调统一，是旅游活动正常进行的根本保证。

第二节　旅游公共关系的客体——旅游公众

一、旅游公共关系公众的分类与特点

(一)旅游公共关系公众的分类

1.外延分类——内部公众和外部公众

从公众与旅游组织的归属关系来看，可以把公众分为内部公众和外部公众。

内部公众是指与旅游组织有法定的组织关系的内部成员，主要包括旅游组织的员工、股东和管理层，他们是旅游公共关系工作中最基本、最重要的公众。他们与旅游组织是部分与整体的关系，他们的态度和行为最直接、最密切地关系到旅游组织的切身利益。内部公众形成旅游组织存在和发展的内部环境，是组织内部物质、能量、信息交换和交互作用的总和。

外部公众即旅游组织外部公共关系活动所面对的公众。旅游组织是旅游经济活动的基本单位。它的经营活动既有相对独立性，又是整个社会活动的有机组成部分。旅游业还是一项综合性的产业，不论在经营、交换、分配、消费领域，还是在社会其他领域，旅游组织与社会之间都有密切的、日益广泛的联系。

旅游公共关系活动的外部公众主要有：

(1)旅游者。旅游者公众是旅游公共关系活动最重要的外部公众，是旅游公共关系活动的主要对象。旅游者公众可以根据旅游者的年龄、性别、职业和旅游性质、旅游方式、旅游目的的不同进行不同的划分。由于每一类旅游者都有自己特殊的利益和要求，因此旅游组织的公共关系活动必须首先明确：旅游者的要求如何？怎样满足他们的需要？通过宣传推广旅游组织良好的服务形象，以吸引、扩大和保持旅游者公众及其规模。

(2)旅游供应商和经销商。旅游企业需要供应商提供丰富、可靠的商品供应。供应商所提供的商品、原料的质量还直接影响旅游企业服务质量的优劣,因此,搞好供应商关系是提高旅游接待组织服务质量的重要因素。

旅游产品(旅游线路)的销售许多是通过经销商向旅游者传送的。经销商公众包括批发商、零售商等,是旅游企业外部公众中的一个重要组成部分。这类公众公共关系工作的优劣,直接影响到旅游市场和效益。

(3)政府。旅游组织的政府公众,主要是各级政府以及财政、税务、公安司法、工商管理部门和卫生检疫、质量检验、物价、海关、外汇、交通和环境保护部门等。要做好政府公众的公共关系工作,就要自觉地接受政府及有关部门的控制和监督,争取他们的帮助和指导。

(4)新闻界。新闻界是沟通旅游组织与外界联系的桥梁,只有同新闻界保持良好的关系,争取他们的了解和支持,才能通过他们与更广泛的社会公众沟通、联系。

(5)社区。旅游组织与周围相邻的工厂、机关、学校、商店、旅馆、医院、公益事业单位和居民等,是旅游组织外部社会环境的重要组成部分。旅游公共关系活动就是依靠积极的信息交流和社会交际活动,搞好与社会公众的关系、求得社会公众的谅解和合作。

(6)教育界。旅游企业与科研、院校的合作具有长远的、战略性意义。各类学校和科研单位决定着旅游组织未来的干部、员工的思想和业务素质,同时旅游组织也可为科研、院校提供资金、提供信息,互惠互利、相得益彰。

2.序位分类——首要公众、次要公众、边缘公众

从公众对旅游组织的重要性来看,可以分为首要公众、次要公众、边缘公众。首要公众是对旅游组织生存、发展有举足轻重地位的公众。他们主要包括:旅游行业行政管理和业务主管部门、国内外旅游经销商等等。旅游公共关系人员应着力加强改善旅游组织同这类公众的关系。

次要公众是指对旅游组织生存和发展的作用仅次于首要公众的公众群体。这部分公众在一定条件下有可能加入到首要公众的行列。如

在出现某一突发性、危机性问题时，解决这一问题的关键和主动权往往掌握在这些公众手中，他们也将转化为暂时的或长久的首要公众。这就要求旅游公共关系人员平时工作要有远见，注意和这些公众保持发展良好的关系。

边缘公众是指对旅游组织的生存和发展威胁最小，其影响在一定意义上可以忽略不计的公众。但公共关系人员要考虑到在一定条件下、一定时间范围内，他们也可能上升为次要公众或首要公众。从这个角度来说，旅游公共关系工作应该、也必须是“全方位”的。

3. 态度分类——顺意公众、逆意公众、中立公众

从公众对旅游组织的态度来看，可以分为顺意公众、逆意公众、中立公众。这种分类方法更适用于在旅游组织内部就组织的方针、政策、经营战略、目标和宗旨等决策性问题进行民意测验或民意调查时使用。顺意公众，指对组织的政策、行为持认同、赞赏和支持态度的公众。一般说来和旅游组织长期交往的客户均属顺意公众。顺意公众容易形成旅游组织公共关系工作的有利环境。逆意公众，是指对旅游组织的政策和行为持反对态度的公众。公共关系人员应致力减少逆意公众的存在，改变逆意公众的态度，做好他们向顺意公众转化的工作。中立公众，是对旅游组织的政策和行为持中间态度或态度不明朗、或不公开表态的公众。旅游公共关系人员对这类公众意志仍不能掉以轻心，要积极诱导他们支持旅游组织的工作，防止持中间态度的公众向逆意公众转化。

4. 功能分类——支撑性公众、功能性公众和横向同业公众

依据旅游组织对公众的需要，可以把公众分为支撑性公众、功能性公众和横向同业公众。支撑性公众是指旅游组织与其有着受法律约束的管辖关系的公众，如政府部门、司法部门、工商管理部门、社区领导部门等等。这些公众涉及旅游组织存在的法律依托、资金来源、经营管理和宏观决策等等，如果旅游组织与之发生冲突，发展就会受到威胁。这类公众对旅游组织的影响是决定性的，旅游组织的公共关系人员要多与这些公众沟通，经常向其通报和传递组织的有关信息，加强其对旅游组织的认可和理解，争取他们的支持和帮助。

功能性公众是使旅游组织的功能得以充分发挥的公众，这些公众

是旅游组织正常运行的基本保证，旅游组织的公共关系人员要把这些公众视为工作的基点。

横向同业公众，指与旅游组织经营同种业务、面临同类问题、属于同一系统或社会领域的公众。旅游组织与同业公众间既有竞争，又有合作。这就要求旅游公共关系人员在大量的、经常的信息传递中，协调相互间关系。

5.形态分类——固定性公众、稳定性公众、临时性公众

依据公众与旅游组织关系的稳定程度不同，可以分为固定性公众、稳定性公众、临时性公众。固定性公众是与旅游组织有固定或长期关系的公众，如与旅游组织有组织隶属关系的员工、国内外一些固定的客户、一些固定的景点饭店或接待基地等等。

稳定性公众指与旅游组织有相对持久的、稳定的、经常交往关系的公众，如旅游组织与旅游企业所在社区管理中的治安保卫、环境卫生、食品供应、医疗保健、教育、交通等方面的公众，国外经常往来的客户、代理商、中间商、经销商等等。

临时性公众，指针对旅游组织的某一问题、某种行为、某项措施、某次活动等临时聚集起来的公众。临时性公众多半是第一次知晓旅游组织的公众，公共关系人员一定要妥善处理这些突发或偶发事件，抓住时机传递旅游组织的信息，给这些公众留下良好的第一印象，赢得他们的信任和支持。

6.组织分类——有组织公众、无组织公众

按旅游公众的组织程度和稳定程度，可划分为有组织公众和无组织公众。有组织公众指作为旅游公共关系对象的各种社会组织，主要包括：集团型公众（机关、企业、学校等各种各样的社会团体）、社区型公众、权力型公众（政府机关、上级主管部门等）。无组织公众指那些与旅游组织有某些联系，但处于分散状态的群体或个体，主要包括：临时性公众、周期性公众、流散型公众。临时性公众主要有参加展览会、大型活动的游览者和旅游者等，周期性公众主要有节假日的游客，流散型公众主要有游客、过客等。在大众旅游时代，大多数旅游者都属于无组织公众，所以旅游公共关系呈现出更多的复杂性。

7. 状态分类——潜在性公众、知晓性公众、行动性公众

依据公众对旅游组织的了解程度，可以分为潜在性公众、知晓性公众、行动性公众。

潜在性公众指在旅游组织公众环境范围内，某个或某些社会群体已经面临由该组织行为所引起的共同问题时，他们自己却并没有意识到这一问题的存在或问题进一步发展所引起的后果，这些公众就是该组织的潜在性公众。潜在性公众在一定条件下很可能是将与组织发生利害关系的公众。

知晓性公众指那些由潜在性公众发展而来的公众，他们认识到组织行为及其所引起的问题，并对这些问题有较全面的了解，但尚未采取行动的公众。知晓性公众有的是不愿意过问或不关心他们业已明了的问题，不想采取行动；有的可能未具备充分的条件而无法行动；有的是觉得实施起来难度太大、不易奏效，不敢贸然行动等等。旅游公共关系人员要针对不同情况多做工作，促使知晓性公众行动起来变成支持旅游组织工作的力量。

行动性公众指由知晓性公众发展而来的公众。他们不仅意识到问题的存在，而且开始实施或已经采取行动解决他们和某一旅游组织间存在的问题。旅游公共关系人员对这种公众要善于因势利导，使他们产生有利于旅游组织的行为。

此外，旅游组织还有各种非公众。非公众是指一些群体或个人和某一企业不发生任何联系，既不影响旅游组织，也不受旅游组织影响的那些公众。非公众也不是绝对的、一成不变的，在一定的时期、一定的条件下可以转变为行动公众，其转化的递进过程是：

非公众→潜在公众→知晓公众→行动公众

旅游组织面临的公众是由组织的性质和经营目标所决定的。对旅游组织来说，各种公众角色都不是单一的、始终不变的，各种公众角色互为交叉。比如旅游组织的内部员工既是首要公众，又是功能性公众和固定性公众。他们以什么公众角色出现，要看解决什么样的公共关系问题。公众的角色身份也可能变化不定，像次要公众变为首要公众、临时公众变为固定公众等也是常有的事。但非公众一旦转化为行动公众后，

一般不会再成为非公众而被排斥在旅游组织的公共关系工作范围之外了。

(二)旅游公共关系公众的特点

旅游公共关系公众是指对旅游组织生存和发展有现实或潜在利害关系和影响力的个人、群体或组织。凡是与旅游组织有领导关系、业务联系、交往关系的个人或群体都属旅游公共关系公众。旅游公共关系公众具有下列特点：

1.与旅游组织具有相关性

旅游组织公共关系公众或者是组织的员工，或者是受组织的方针、政策或组织的某种行为、某项措施、某种问题的影响而由个人集合而成的群体。旅游公共关系公众总是和旅游组织有这样或那样、直接或间接、现实的或潜在的关系或联系。一方面，旅游组织在诸多方面对公众的思想、态度、情绪、行为、生活或工作有不同程度的影响，旅游组织的决策和行为对公众所面临的问题和所处的状况具有控制力、作用力；另一方面，公众对这些影响所作出的反应也对旅游组织产生积极或消极的影响，公众的意见、态度或行为对旅游组织的目标和发展具有影响力、制约力，甚至成为左右旅游组织决策的力量。

2.与旅游组织有同质性或依存性

旅游组织的内部公众生活、工作在组织内，遵循着组织共同的行为准则，与组织有着共同的利害关系、共同的目标和任务。作为构成组织的细胞，内部公众与组织之间或他们彼此之间存在着基本相同的价值观念、态度、意愿、组织意识、文化背景和心理。这种同质性是旅游组织内部凝聚力的基础和前提。

旅游组织与外部公众和组织之间也存在着不同程度的相互依存关系。旅游组织离不开外部公众，而外部公众在依赖社会的同时，也直接或间接地对旅游组织存在着一定程度的依赖关系。特别是旅游者公众，他们要实现旅游需求，离不开各类旅游组织的支持和协作。这种依存性正是公共关系工作在旅游领域发挥作用的根本依托。

3.具有一定的变动性

旅游公众，特别是外部旅游者公众，分布在世界各地，分布在社会的各个领域和不同层次的人群中。随着时间的推移和旅游公共关系问题的解决或出现，有些公众会退出原来的公众群体，同时又有新的公众加入到旅游公共关系公众的行列之中，形成新的公众集合体和公众系统。旅游公众不但在数量、范围、组成等方面变动不定，而且公众对旅游组织的态度、依存关系、作用等等也经常变化。旅游公共关系人员要时刻注意公众的变动情况，预测公众的变动态势，分析公众的变动给旅游组织所带来的影响，特别要采取有效措施预防内外公众的变动给旅游组织所带来的损失或威胁，有的放矢地开展好旅游组织的公共关系工作。

二、针对不同客体的旅游公共关系

（一）外部公共关系

旅游组织外部公共关系是指组织通过有效的传播和沟通，取得外部公众对旅游组织的认同、理解、支持和协作，与外部公众建立合作共进关系的公共关系活动。旅游组织的经营管理活动是整个社会活动的有机组成部分，不论在生产、交换、分配和消费乃至社会生活的各个领域，旅游组织与社会之间都发生着极为密切和日益广泛的联系。旅游组织既需要社会提供必要的资金、劳务、原料、销售市场以及各种社会服务，又必须为旅游者等公众提供优质产品和优良服务，向国家上缴利税以及承担各种社会义务；这样就不可避免地要同政治、经济、法律、科研、教育等部门发生关系和联系。旅游组织与社会之间的互相需要、互相依赖、共存共荣的利害关系，是旅游组织进行外部公共关系活动的基础。

旅游组织外部公共关系具有公众对象复杂性、公众需求多元性、公共关系变动性和传播方式全面性的特点。在现代旅游活动中，旅游组织的生存和发展与外部环境有着密不可分的关系，旅游组织必须积极地影响外界环境，有针对性地采用各种手段建立组织与政府部门、国内外客户、竞争对手、新闻媒介等良好的外部关系。

旅游组织外部公共关系主要包括旅游者关系管理、旅游中间商关系管理、媒介关系管理、政府关系管理和社区关系管理。

旅游者关系管理公共关系工作的目标，是促使旅游者形成对旅游组织特别是旅游企业及其产品的良好印象，在旅游者中建立组织或企业的信誉，提高旅游组织或旅游企业在社会广大消费者中的知名度。旅游者关系管理公共关系工作的主要内容包括：识别旅游者群体，对旅游者群体进行差异分析，与有组织旅游公众保持良性接触，改善旅游产品及其服务。应以信息为导向，强化旅游品牌与旅游者的关系，建立积极的互动关系。

密切旅游组织特别是旅游企业和旅游中间商合作关系的具体公共关系工作内容有：改善服务质量、广泛介绍产品和服务、提高旅游组织或旅游企业信誉、建立与发展旅游组织或旅游企业同竞争对手的关系等。旅游产业的关联性决定了旅游组织或旅游企业在市场上的竞争对手，在社会大生产中是协作伙伴。旅游公共关系人员在帮助旅游组织或旅游企业开拓市场、参与竞争中，一定要高瞻远瞩，不为眼前利益和局部效益所左右，要从旅游组织或旅游企业发展与社会发展、旅游组织或旅游企业利益与全社会利益相协调一致的宏观角度出发，开展讲信义、有道德的竞争，通过竞争促进本组织、本企业与竞争对手乃至行业和全社会的和谐发展。

旅游组织与社区的关系主要包括与所在地区的行政机关、工厂、学校、商店、医院、公益事业单位及居民的相互关系。尽管这些公众群体可能与旅游组织不发生直接的经济、业务联系，却是影响外部环境的重要因素，因而是旅游公共关系工作的重要对象。建立与社区良好关系的公共关系工作内容主要是：通过多种形式向社区公众介绍旅游组织情况，同时要向社区了解旅游组织作为社区一员所应承担的责任或义务。旅游组织如与社区发生摩擦，公共关系人员应向社区解释组织的政策及行动，及时平息社区公众对组织的不满，敦促组织管理决策层及时调整改善组织的政策和行动，适应社区的要求。旅游组织要与社区政府部门各级领导保持接触，经常向他们传递旅游组织的信息，争取社区领导的支持和帮助。在社区出现紧急或非常事件时，应竭尽全力向社区公众提供紧急援助，帮助社区政府部门渡过难关。实施社区公共关系的手段是多种多样的，如举办社区会议、定期向社区开放、参加社区的各种活动、赞助社区有关公益活动和事业等。

旅游组织外部公共关系工作的具体内容有：

(1)做好信息收集工作，及时了解外部公众的各项意见和要求；

(2)扩大对外部公众的信息传播，树立良好的旅游组织形象，增进外部公众对旅游组织的理解和信任；

(3)做好决策咨询，使旅游组织决策中的利益机制能够有效地平衡组织与外部公众的利益；

(4)及时有效地处理危机，协调与外部公众的冲突、矛盾；

(5)做好全员公共关系，从旅游组织的各个角度，全方位地为外部公众服务。

(二)内部公共关系

旅游组织内部公共关系是由旅游组织与其内部各类公众之间的利益关系而构成社会关系。不同的内部公众与旅游组织存在着不同的利益关系，旅游组织的内部公共关系呈现出利益相关性和统一性、角色复杂性和模糊性、组织稳定性和严密性、关系直接性和密切性、合作和竞争并存等一系列特征。

旅游组织内部公共关系管理的核心是建立组织价值观。组织价值观不仅能赋予组织以重大的社会责任，还能为组织成员提供行动指南，并使组织成员的日常工作具有崇高的意义。

旅游组织内部公共关系管理的主要内容有：员工关系管理、股东关系管理和管理层关系管理。任何旅游组织与旅游企业内部人员都可以分为领导决策、经营管理和广大职工三个层次。每个层次的成员之间都有一定的关系或联系，三个层次之间的关系或联系就更加复杂多变。公共关系人员在内部成员间的工作任务是进行纵向的(领导与群众)和横向的(领导之间、管理人员之间、职工之间)沟通和说服，使组织或企业成员间加强理解和合作，实现组织或企业的良性运行和协调发展。

旅游组织内部公共关系中的员工关系协调是实现组织目标的前提，是塑造旅游组织形象的基础。旅游组织员工关系管理的目标是协调和改善组织内部人际关系，树立员工的团体价值，增强组织对员工的凝聚力。旅游组织内部公共关系必须加强员工内部的共同管理，建立多渠道的内部联系，强化信息共享和双向交流，坚持民主集中制、责权利相一致、目标激励、系统管理等原则，重视与“意见领袖”的关系，诱导说服对立双方以组织或企业的全局利益为重；在旅游组织或企业中经常开展交换立场、替对方着想的活动，创造轻松融洽的氛围、利用环境的中介缓和矛盾和冲突。

旅游组织内部公共关系在处理员工关系时，必须把满足员工的物质需要和精神需要放在重要地位。在满足员工的物质需求方面，要贯彻按劳分配的原则，持续提高员工的工资待遇，努力改善员工的福利待遇，不断改善劳动条件和劳动环境。在满足员工的精神需求方面，应激励员工的工作积极性，对员工充分授权，满足员工的工作成就感；关心员工的业余生活，加强情感维系。旅游组织内部公共关系必须时刻监测内外环境的变化，及时提醒旅游组织与旅游企业决策者怎样去适应环境变化。为了有效地加强组织或企业的整体协调，公共关系人员还应建立灵敏的信息反馈网络，及时处理内部失调问题，以保障组织或企业运行的综合平衡。

随着股份制的发展，旅游企业与股东的关系已成为旅游企业内部公共关系的重要组成部分。旅游企业的股东公众有三类：第一类是分散在社会上的不直接掌管企业的经营，但关心企业的盈利状况，持有或多或少股份的公众，这类股东公众人数较多；第二类是董事会成员，一般是社会名流或是由股东选举产生的持股人，通常占有较多的股份，代表股东管理企业；第三类是对广大投资者的决断具有影响力的专业金融舆论家，例如证券分析家、股票经纪人、投资银行家、金融新闻人员等等。股东已成为关系旅游企业发展命运的重要公众，并且持股者或股东的人数也越来越多。旅游组织内部公共关系在进行股东关系管理时，应充分激发股东的主人翁意识，联络股东的情感，保持双向沟通。除年度报告外，平时如有涉及股东利益或需与股东商讨的问题，公共关系部门可向股东发函或建议召开股东年会和举办其他联谊活动，直截了当、简明清晰、热情坦诚地表达企业的需求、意见和希望。总之，企业与股东的伙伴关系和合作关系必须依靠公共关系人员经常、持久地开展各种活动才能建立、维持和发展。

旅游组织内部公共关系中的管理层关系管理需要高级管理层做到：承担公共关系的义务，并且参与公共关系活动；保持有能力的公共关系咨询；在政策制定中融入公共关系视角；与内部和外部的各类公众进行双向沟通；把说的和做的协调起来；清晰地界定目标和目的。

现代旅游组织特别是旅游企业的集团化趋势使得许多旅游组织或大型旅游企业生产经营管理联合体、分支机构不仅在全国各地可见，而且分布在海外许多国家和地区。这必然在旅游组织或企业内部形成多种多样的错综复杂的关系，给公共关系人员带来大量的协调组织或企业内部成员间各种矛盾和利益冲突的任务。开展旅游组织或企业内部公共关系工作的目的在于使组织或企业内部信息畅通；加强领导与员工间的沟通和理解，消除摩擦和对立，造成一种和谐友善的环境氛围，培养全体员工的归属感、责任感、进取心，激发他们的创造性和敬业精神，调动他们的主动性、积极性，不断提高组织或企业的素质。搞好组织或企业内部公共关系工作是促进组织或企业内部精诚团结、同舟共济，提高竞争力，保证组织或企业生存和健康发展的首要条件，也是卓有成效地开展组织或企业外部公共关系工作的基础和保证。

第三节　旅游公共关系的媒体

一、旅游公共关系媒介的基本类型

媒介是旅游公共关系宣传信息的重要载体，是旅游组织影响公众价值观念的中间纽带，它起着沟通旅游组织与公众双方信息的作用；双方对旅游组织的共识，为旅游组织的生存与发展创造了良好的公众基础。媒介是宣传旅游组织形象的基本途径，旅游公共关系只有借助媒介，才能得以有效地展开。因此，媒介的运用，在旅游公共关系宣传中占据了重要的地位。

（一）人际传播媒介

人际传播媒介是通过人的表情动作和体态在人与人的相互关系中

进行信息传递的渠道。人际传播媒介在吸引公众、改变公众态度方面具有特殊的宣传功效。旅游组织通过人际间的相互宣传，可以增强宣传的情感色彩，在一定范围内从心理层次上有效地影响公众的思想观念和行为方式，尤其是消费观念和消费方式。在旅游公共关系中，常见的人际传播媒介主要包括以下几类：外部公众中的政府公众、专家权威人士、影视体育明星以及自发产生的公众代表，内部公众中的宣传表演队、经营管理人员及普通员工等。

旅游者是旅游产品的直接体验者和消费者。他们来自世界各地，人多面广、影响深远。如果旅游组织特别是旅游企业能够向他们提供优质的商品和服务，建立起十分融洽的关系，他们就会向其亲朋乃至周围的人做宣传工作。其效果是其他传播媒介所无法替代的。

旅游组织的经营管理人员是旅游组织的核心力量，他们的精神风貌和管理素质不仅影响内部员工积极性的发挥，而且影响外部公众对旅游组织的基本评价和参与热情。旅游组织的每一位员工，特别是公共关系部门的员工也都是传播媒介因素。在外部公众看来，旅游组织的普通员工是旅游组织形象的自然外化，旅游组织员工的一言一行直接影响着其周围公众对旅游组织的看法。因此，旅游组织要积极开展旅游全员公共关系运动，强化公共关系宣传的影响。

政府公众对旅游组织的评价具有较高的权威性和说服力，对各类旅游公众有极强的导向性。因此，在旅游公共关系宣传中，适时适度地转引政府公众的评价结论，如荣誉证书、名誉称号、许可证明以及其他肯定性评价数据和材料，将会收到较好的效果。

旅游公众代表是公众队伍中自发形成的具有较高威望的人物，拥有广泛的公众基础，影响着对公众群体的行为规范和价值观念。搞好旅游组织与公众代表的相互关系，通过公众代表传播旅游组织的各种信息，有利于旅游社会稳定和扩大公众队伍。

此外，各类专家是某一领域的权威，他们的评价、鉴定意见，直接影响着各类公众对旅游组织的看法。影视和体育明星是新闻媒介热衷报道的对象，具有特殊的“名人效应”和“新闻价值”，对提高旅游组织的知名度、改善旅游组织的形象具有特殊的作用。

人际传播媒介是一种示范性和感染性很强的传播工具，容易给公众留下深刻的印象，直接影响着公众旅游组织的态度和看法，宣传效果比较理想。但是，就传播范围而言，纯粹的人际传播媒介，其辐射面比较狭窄，不可能在广泛的公众范围内传递信息，只有与其他媒介相配合，才能取得理想的公共关系效果。

（二）公共关系新闻媒介

公共关系新闻媒介分为电子传播媒介和印刷传播媒介这两类。广播、电视等电子传播媒介具有传播速度快、形象生动、影响范围广等特点。随着卫星通讯事业的发展，电子传播媒介能够迅速地向更加广泛的公众传播信息，更加深刻地影响人们的思想和行为，表现出较强的导向功能。在电子传播媒介中，广播的普及率最高，有效覆盖面相对较大，在影响公众方面具有传播空间大、速度快，传播对象众多，重复率高、制作简便、费用低廉、传播过程人格化等优势。如果信息内容是听觉范围的，信息量又较大，则应首选广播媒介。

可以通过视觉、听觉全方位地表达旅游组织的形象，对公众具有较强的感染力。电视的传播优势有：传播受空间因素制约较小、功能齐全、艺术性与娱乐性较强。电视具有较强的影响力，能够激发公众的模仿心理，促成流行和时尚现象，可以有效地推广某种观念和生活方式。

随着现代科学技术的发展，人们还在不断开发出新型的传播媒介形式，其中具有代表性的有：电话媒介、电脑媒介、光纤媒介、泛光媒介——泛光技术是新一代的城市建设装饰照明系统，集高科技与现代艺术美学于一体，着力表现夜幕下建筑的结构感、层次感、立体感、透明感、整体感，利用泛光技术进行公共关系宣传，有利于充分展示旅游组织的实力形象。

此外，机器人、空中技术、飞艇、带味技术、立体充气技术等，也可用于公共关系宣传。值得注意的是，一些原来没有传播意义和宣传效果的物体，如卫星、大地、树木乃至公共厕所，现在也被用于宣传，出现了卫星广告、大地艺术广告、树木广告、公厕广告等新的宣传形式。这些媒介形式新颖，给人以耳目一新之感，因而也能有效地宣传旅游组织。

印刷传播媒介主要包括三类：

一是报纸，具体有日报、周报、早报、晚报、综合报纸、专业报纸、中央报纸、地方报纸等。报纸的传播优势主要有：信息容量大、信息能及时介入公众生活，拥有大量的读者队伍；出版印刷周期短，版面编排灵活，可以根据用户的意愿和要求设计出理想的宣传版面，做到图文并茂，从而增强公众的印象。

二是杂志，如周刊、旬刊、半月刊、双月刊、季刊等。相对于报纸来说，杂志宣传的优势是：持续时间长，精读率高，有效接触率更大；杂志都有一批稳定的、明确的读者对象，这样进行宣传时容易做到有的放矢；杂志具有较高的专业权威，一般可以取得较为理想的宣传效果；篇幅灵活、印刷精致、图文并茂，可以使公众获得更为直观的认识。但杂志时效性较差，宣传的功效呈慢性状态，因而难于产生“轰动效应”。

此外，还有图书，如大众书籍、工商名录、年鉴、日历、电话号簿、工具书、宣传性小册子及各种印刷型宣传品、招贴画。由于印刷精美、个性鲜明，可以通过满足公众的审美心理需求达到传递信息的目的。

旅游组织必须与电视台、广播电台和通讯社建立固定的经常性的联系，有重点地选择有关的报刊杂志，进行定期宣传报道。对旅行社推出的新旅游路线，饭店在宣传新设施、新服务项目时，应作好最新资料、图片、照片等方面的准备，并及时为国内外有关旅游组织定期提供最新的信息和资料。

（三）实物和户外传播媒介

实物传播媒介是指借助橱窗和展览、展示会形式，通过产品、设备、样品、模型等实物来传播信息的渠道。这种传播媒介具有以下作用：第一，真实展示旅游组织的实力形象和产品形象，消除公众的疑虑，给公众以真实而深刻的印象；第二，突出宣传旅游组织的优势项目；第三，显示产品、服务项目及管理的一流水平；第四，营造营销氛围，创造出生意兴隆、争相购买的气氛，从而激发公众的购买欲望；第五，美化旅游组织的内外环境。由于实物在传播信息方面具有这些功能，适应了公众“眼见为实”的心理认同机制，因此旅游组织应十分重视实物媒介的运用，力求设计新颖、整洁美观，以充分展示旅游组织的风姿。

实物传播媒介也有自己的局限性。由于它主要作用于公众的视觉系统，发出的信息不一定为公众所接受，因而它的接触率比较低，不利于提高知名度。

户外传播媒介是指利用霓虹灯、路牌、旗帜、灯箱、车船、气球、市政公共建筑物等来传播信息的渠道。户外传播媒介主题鲜明、形象突出、富有运动感，容易给人的感觉系统以强烈的刺激，有利于宣传旅游组织特色形象、特色项目等信息。

（四）网络传播媒介

20 世纪 90 年代末期，互联网的出现引发了传播领域的第五次革命。研究表明，一种新的大众媒体从推出到形成5000 万用户的时间，广播用了 38 年，无线电视用了13 年，有线电视用了 10 年，而网络仅仅用了 4 年。网络媒体在超越空间限制、自由选择性和交互性、传播容量和传播速度、综合服务功能等方面，表现出了传统媒体无法比拟的优势。

网络传媒在公共关系中具有超越时空传播、交互沟通、定制服务等重要功能。网络公共关系主要涉及两方面的工作，一是对旅游组织信息的主动传播，二是旅游组织对网络舆论的分析和监控。这需要旅游组织一方面利用网络发布新闻，另一方面要积极创造良好的网络舆论环境。

虽然网络在传播公共关系信息中有诸多的优势，但同时也存在着跨文化传播可能带来某些负面影响、用户行为管理困难、垃圾信息过多所引发的信息可信度降低等一系列问题。

二、建立和发展传媒公共关系

（一）建立与发展旅游组织与新闻媒介的关系

媒介公众不同于一般公众，它具有双重角色：既是旅游组织公共关系人员要去争取的首要公众，又是公共关系人员赖以实现公共关系目标的辅助力量。旅游公共关系人员只有与媒介公众建立良好关系，在工作中密切配合，才能搞好旅游组织的公共关系宣传工作。

旅游组织的公共关系部门应该有专门负责处理同新闻媒介关系和事务的人员。这些公共关系人员在处理与新闻媒介的关系时要遵循以下原则：①友好往来，以礼相待；②实事求是，以诚相见；③一视同仁，平等招待；④尊重批评，迅速纠正。在处理与新闻媒介关系时，要尊重记者工作的独立性，不能以利相交；工作要仔细、周到，不能仓促应付、轻率随便；与新闻媒介的平时联系应经常化。

旅游组织如与新闻媒介发生摩擦或争执，应采取积极主动的态度，及时讲明情况；既要分清是非，又要采取谦让态度，勇于承担责任。在碰到新闻媒介对旅游组织进行消极甚至反面报道时，旅游公共关系人员要运用公共关系技巧因势利导，力争把坏事变成好事。处理好旅游组织与新闻媒介的关系，对旅游组织来讲，等于不花钱做了大广告，是提高旅游经济效益和社会效益的较佳选择。

（二）旅游公共关系传播媒介的择用

公共关系传播媒介的择用，直接影响着旅游公共关系活动的效果。只有择用理想的传播媒介，才能实现旅游公共关系的目的。所以，择用传播媒介，必须评估传播媒介的权威性、可靠性、吸引度和真挚度。

旅游组织选择传播媒介，必须充分考虑到被选用媒介的效益性。这主要表现在：①讲究有效性；②注重经济效益；③整体性原则。公共关系宣传媒介的选择，要讲究有效性，因此在充分重视传播媒介内在作用机制的基础上，还要注意媒介与旅游公共关系工作目标、公众媒介消费习惯之间的相关性要求。

确定旅游公共关系宣传媒介，应注意综合性，形成一定的宣传阵势。《孙子兵法》云："善战者，求之于势。""势"在旅游公共关系活动中，既指有利的社会局势和公众心态，又指传播的阵势，尤其是传播媒介的规模。"势"可以形成突发性的冲击力量，全方位地宣传旅游组织，扩大公共关系的影响范围。

旅游组织择用了多种传播媒体后，还要根据整体性原则对这些传播媒介进行合理组织，以一种传播媒介为主体，其他传播媒介配合主体传播媒介，构建一个具有层次结构特征的传播梯队。在这种协同的主从互补机制中增强旅游公共关系的宣传效果并循序而行，保证媒介运行程序上的复合效应。

（三）旅游公共关系传播媒介的内容管理

旅游公共关系传媒内容管理包括对传播中信息的分类、传播内容的管理和传播效果的管理。旅游公共关系传播中的信息一般分为教育性信息、维持性信息和娱乐性信息。旅游公共关系传播内容的管理主要通过控制信息源和有效控制信息传播走向来实现。控制信息传播走向的模式包括事前控制、即时控制和事后控制。旅游公共关系传播效果管理主要采取加强与公众间的了解、促使公众的态度转变、促使公众采取行动和发展旅游组织与公众的关系等措施。

思考题

1. 旅游公共关系主体由哪些部分构成？
2. 旅游公共关系主体间为何要加强协作？
3. 旅游公共关系行动公众、知晓公众、潜在公众间的关系如何？
4. 如何发展与旅游公共关系媒介的关系？

案例

让格林威治成为真正的世界中心

格林威治在世界上具有很高的知名度，古老悠久的历史、绚丽灿烂的文化、美丽多姿的自然环境，形成了格林威治举世无双的旅游资源。然而长期以来格林威治的旅游业发展速度缓慢，没有给当地经济的发展和居民的生活带来应有的收益。格林威治区旅游部对区内的旅游发展进行了大胆规划，制定了旅游业的长期发展战略。

一、概况

1985 年，英国伦敦格林威治区旅游部制定了对本区旅游资源和景点的发展促销计划。计划的目标是使格林威治成为伦敦市的旅游热点，使格林威治真正成为名副其实的“世界中心”。

格林威治位于伦敦市的东南部郊区，属于伦敦市所辖的一个行政自治区。区内有占很大比例的老龄人和无职业人口，有近一半人口居住在由该区政府提供的居民公共住宿设施内。区内除了两片美丽的庄园式的小区为富人居住之外，大部分地区是政府所有的房产和工人居住区。由于伦敦市的旅游热点都集中在市内的西敏斯、查尔西、肯森特等几个区，伦敦市旅游局一直想把来伦敦的旅游者分散到市郊旅游资源丰富、交通便利的区域，格林威治就属于其中之一。

格林威治区集中了伦敦市郊一些著名旅游资源和景点，如格林威治皇家天文馆、“短鲨号”运茶帆船、国家海运博物馆、格林威治公园和皇家海军学院等。尽管区内有如此引人注目的旅游景点，但旅游业却不甚发达。1973～1983年，来伦敦的旅游人数逐年增长，年均递增率为41%，而来格林威治的旅游者每年平均仅有150万人次。更让人吃惊的是，来这里的旅游者停留时间短，消费水平也低。据1987年调查统计，来格林威治旅游的人均消费不足10英镑。

格林威治区旅游部力图把全区发展成英国和世界的引人注目的历史文化旅游区，让这里的建筑、文化、历史、遗迹成为每个来伦敦的旅游者参观日程中必不可少的组成部分。发展的方向是使全区成为旅游者郊外一日游的度假目的地，一天之中可以参观区内各类旅游景点并野餐、休息和娱乐。为此，旅游部就推销区内的文化历史资源提出了促销主题：“世界第八大旅游奇观”——泰晤士河拦洪闸。此外，还推销区内的一座新建的水上运动中心，众多的公园、花园和十分受游人青睐的古玩、艺术品、手工制品市场。如果从伦敦市中心乘游艇沿泰晤士河顺流而下，格林威治又是那些喜欢河上游览的客人的绝妙目的地。近年来，坐落在泰晤士河北岸的伦敦市道克兰区游人码头被开发和建设，给坐落在泰晤士河南岸与之遥遥相望的格林威治区的旅游发展带来了极大的潜力和美好前景。那些不断增长的去道克兰区游览的旅游者正逐渐被吸引到泰晤士河对岸来。河这边的格林威治历史悠久、文化灿烂，与河那边新开发的现代化旅游项目和设施相映衬，对旅游者有着同样强烈的吸引力。随着伦敦市中心不断东移，交通和通讯设施的快速发展，格林威治区的旅游业也随之而腾飞。

二、格林威治区旅游部

格林威治区旅游部是伦敦市政府机构变更后新成立的一个部门。它的主要任务是有效地把本区的旅游资源、景点开发起来、宣传出去，打开市场，增加客源。这是增加居民就业机会、发展地区经济这一战略目标的基础和关键。1985年，区内各旅游景点为当地创造了800个就业机会，但这还不到全区就业总人数的1%，而当年伦敦市的旅游就业总人数为 200 000 人。从现有的旅游景点情况看，预计还可以创造近 500 个就业机会。有关专家建议，将区旅游部与区游娱消遣服务部合并，着力开发那些有潜力的旅游资源市场。旅游部设负责人 1 名、工作人员 2 名。人们能马上感觉到，区政府对旅游业的人力和财力投放与区内的私人旅游企业相比简直是十分贫乏而微不足道的。1988 年，全区旅游宣传经费仅为 25 000 英镑。区旅游部力图通过不同的渠道去筹集旅游发展的资金。其中一部分可以从旅游景点的门票收入中解决，另一部分可以从出售的旅游宣传品中解决。尽管资金十分困难，1987 年，旅游宣传费用仍达 40 000 英镑。虽然旅游宣传经费如此紧张、工作人员数量如此之少，但区旅游部在当地居民中产生了一定的影响。旅游部负责人说过：由于旅游部的建立和努力工作，在当地居民中，区旅游业的形象已经比从前有所好转，区内各行业已经开始意识到旅游部的存在。更让人振奋的是，当地所有的居民都对旅游部怀着极大的希望，注视着旅游部的行动，并且认识到区旅游业的发展与成功将与他们自己的行业和生意的发展与成功息息相关。

旅游部工作的成功有着深刻的含义，伦敦市旅游局专门负责协调工作的负责人这样评价：格林威治旅游部目前已经能够有效地对区内的各个行业和部门进行协调，并将格林威治区作为一个有吸引力的旅游目的地推向了市场，产生了很好的影响和效果。

三、发展战略

区旅游部在推行本区旅游发展战略时将各旅游景点的促销活动结合在一起。每年，他们都对战略的执行和发展情况进行总结，提出存在的主要问题。在 1987 年的总结中，提出区旅游发展的主要问题是：①景点的可进入性差；②宣传广告和路标少而不明显；③住宿设施不足；④对知名度差的景点和设施宣传促销不够。1987 年，通过对 500 名来访游人的调查结果表明，旅游者在格林威治的平均停留时间仅 2～3 小时；在停留时间内平均消费水平不足 10 英镑。因而，旅游部今后的主攻目标是想方设法延长旅游者的停留时间，提高他们的消费水平。

旅游部的负责人认为：目前，我们的主要任务是要让旅游者了解，区内有众多的游览项目和活动，足够他们在此停留一天的时间。第二步是争取旅游者能在这里停留一天以上的时间。该负责人感到非常不理解的是为什么到此来的游人停留三两个小时就离开，也许他们认为这里仅有两个项目可供参观。游人停留的时间与消费水平是紧密联系和互相制约的。

区旅游发展战略的第一个目标是向周围地区宣传旅游业发展的作用和意义。为了实现这一目标，区旅游部邀请了其他地区的旅游信息咨询中心的工作人员和旅游汽车公司的经理来格林威治参观访问，让他们了解区内知名度低的景点和设施情况。

在实施发展战略的过程中，旅游部主办了一系列专题活动。例如加强环境保护、搞好各景点的卫生和清洁工作、增设儿童活动设施等。此外，旅游部还努力加强与各方面的沟通联络，努力改善各景点的交通状况，创造新的旅游吸引物。他们还组织了许多特别的促销活动，如格林威治艺术节、英格兰阿曼达船队火焰庆祝活动等。

为了让游人了解格林威治的旅游设施，旅游部推出有特色的格林威治周末包价旅游活动。旅游部还在国内外举行或参加各种旅游展览活动，大力宣传自己的产品，制作了大量旅游宣传品，发往国内和世界各地。1989 年，他们策划了一个较大规模的旅游营销活动，即在伦敦市中心地铁站内悬挂了大型招贴广告，其主要目的是改变人们心目中“去格林威治难”的旧印象，并有针对性地提出了这样的口号：“请到格林威治来，及时、便利，不论何时，您都会度过无限美好的时光！”招贴广告上还配有大型的区内两个旅游景点的两幅风光图，并附有简短的出入交通示意图。

发展战略的另一个目标，是狠抓格林威治区，特别是区中心地带的餐饮质量和服务水平。旅游部与各餐厅一起制定了餐饮营养和卫生标准，颁发了食品卫生许可证书，并对餐厅的产品与服务进行统一检查和对外宣传。

发展战略中的长期目标是加强对区内住宿业的管理和建设。区内原有的饭店和宾馆不仅数量不足，而且服务和设施的质量也很差。旅游部大力支持的当地的朱鹭饭店于 1988 年 7 月正式开业。从开业以来，这家饭店的客房出租率一直在80%以上。此外，在区内两个新的旅游景点附近，正在准备建设新的饭店。对现有的饭店，旅游部也尽可能为它们提供方便，鼓励和支持它们利用贷款和各种资助改造原有设施。

不久，格林威治区有一些新的旅游景点建成并对公众开放。1989年，世界上第一座扇子博物馆在这里落成开业，向人们展示扇子制作的历史，展出扇子制造的作坊和设备。同年春天，在朱鹭饭店附近，新落成一座影剧院。在伦敦还将开办格林威治画展和电视电影节，向人们介绍格林威治的历史和现状。

另一个计划是将在英国亨利八世国王诞生500周年纪念日举行盛大纪念活动，因为亨利八世在历史上曾经与格林威治有着相当密切的关系。

四、结论

格林威治是国内和国际旅游者进行一日游活动的理想去处。这里众多的历史、文化资源和娱乐设施，要比其他地方许多摩登而又时髦的旅游资源和设施更具有吸引力；这里的历史遗址、遗物举世无双；这里的公园和各种设施奇特绝妙。

格林威治区旅游部已经大力将自己的旅游资源打入了市场，并且成功地在国内和国际上对旅游者作了宣传和促销。他们制定的旅游发展战略为发展当地旅游业迈出了重要的一步，预示着巨大的发展潜力。

（摘引自《成功·借鉴·思考——旅游与饭店管理案例研究》，旅游教育出版社，1995）

第四章 旅游公共关系的原理与原则

学习目的

●熟悉旅游公共关系的原理
●掌握旅游公共关系工作的原则

基本内容

旅游公共关系原理
●基本原理
利益相关、整体协调、动力聚合、真实明晰
●技术原理
角度选位、时间效应、有效空间、弹性转换
旅游公共关系工作的原则
●基本原则
事实基础、公众核心、互利依据、道德准绳
●服务性工作原则
综合质量原则、目标责任原则、系列服务原则

第一节　旅游公共关系原理

一、旅游公共关系的基本原理

旅游公共关系的基本原理可以分为理念性原理和技术性原理两类，理念性原理是指导旅游公共关系的基本出发点，技术性原理则是在旅游策划和设计过程中应该遵循的思路。

旅游公共关系的理念原理主要有利益相关原理、整体协调原理、动力聚合原理和真实明晰原理等。

（一）利益相关原理

利益相关原理是指旅游组织与环境、旅游组织与公众、旅游组织之间、旅游组织内部各因素之间在利益上的相互联系、相互依存、相互作用、互为因果关系的必然性。这是旅游公共关系中最广泛、最经常，也是渗透力最强的一种内在的规律在人们意识中的反映，旅游公共关系正是在此基础上密切起来，并得以不断发展的。

利益相关原理的内容非常丰富，主要内容有：目标利益相关、行为利益相关、最终利益相关和趋势发展相关。

目标利益相关是指旅游组织任何形式的公共关系活动的最终目标，既要考虑旅游公共关系主体的利益，更要考虑旅游公众或公共关系对象的利益；在两者发生冲突的时候，应从长计议。为了整体利益和长远利益，要不惜牺牲局部利益和眼前利益，以维护旅游公共关系的健康发展，使各方的利益得到保证。

旅游组织与公众之间的关系是互相依存的合作关系，任何旅游组织都要注意自己的行为与广大社会公众的利益关系。旅游公共关系的组织行为和公共关系人员的个人行为必须与公众利益相呼应、相一致，从而获取广大公众的积极支持和参与。

旅游公共关系的活动的成功与否，最终利益是鉴定成败的重要标尺。旅游组织形象的最后确定，与最终利益相关。社会公众对某一旅游组织形象的肯定或赞赏，直接与旅游组织的最终利益相联系。

旅游组织存在和发展的趋势，与公众或周围组织的发展趋势在利益上具有互相联系互相促进的作用。即便是竞争对手，在具有利益上的对立性的同时，也不排斥具有相互联系、相互依存和相互间利益相关的方面。

（二）整体协调原理

整体协调原理指的是旅游组织与环境、旅游组织之间、旅游组织与公众在同一系统内聚合而成的整体内部和外部的相互配合、相互支持、相互协作的必然性。整体协调的目的是实现良好的公共关系状态，使旅游组织与一切公众相互适应、协调，在协调中使社会公众在现实的联系中感受到旅游组织良好形象的真实内涵，并从切实的体验中自内产生出对旅游组织的良好形象。

整体协调包含着多方面、多形式的内涵。例如：旅游公共关系机构内部人员的整体协调、旅游组织与外部环境的整体协调、旅游组织内部员工之间的整体协调、旅游公共关系设计系统内外诸要素的整体协调等等。

整体协调的条件，是旅游公共关系运行中的稳定性。从耗散结构论的角度来看，这种稳定性是建立在动态发展的基础上的。旅游组织、旅游环境、旅游公众都是在不断变化的，它们之间的关系也在不断变化。好的、有利的突变性飞跃，往往会为旅游组织的发展带来某些好的机遇和转机；而不利于旅游组织公共关系发展的突发性事件——如航空公司的飞机失事、旅行社旅游团队意外事故、旅游企业的有害物体对周围生态环境的破坏、社会公众对旅游组织不满而产生的威胁等等——更需要从整体出发进行有效的整体协调和调控。

运用整体协调的旅游公共关系原理，首先应分析和把握旅游组织主体自身的公共关系机理，分析旅游组织内整体系统之间的协调关系是否符合公共关系良性运行的规则和要求，把握好旅游组织内系统中各子系统之间及系统全部进程中的各阶段之间的关系，把握旅游组织内各系统之间的联结点，进行整体剖析和协调。其次，要把握整体系统内各类自由度特强的因素，并及时设法进行调度。再次，要揭示旅游组织与环境之间的不协调的根本原因，及时把握好整体协调。

运用整体协调原理时要注意系统的变化，把握变化的准确信号和变化态势；要排除障碍因素，促进系统向整体有序和协调的方向发展；要周密考虑外部环境多因素的影响，也要充分重视旅游公共关系整体协调系统的多目标结构。

（三）动力聚合原理

动力聚合原理是指旅游公共关系运行过程中各类动力内部诸因素的聚合，以及各类动力相互间动力聚合的内在必然性。旅游公共关系运行动力因素很多，类型也错综复杂，经常运用的动力主要有：精神动力、信息动力、物质动力、环境动力。

1. 精神动力

精神动力指的是以精神形态作为旅游公共关系发展激励因素的动力。一个组织的公共关系的良性运行的一个重要标志，是精神动力的聚合度之强弱。精神动力强聚合度的表现之一就是公众的凝聚力。旅游公共关系寻求发展过程中具有激励内外公众精神动力的因素，这是组织内部公共关系良好状态的基本特征。精神动力是与人们的内在需要相联系的。精神动力的动力源因素很多，作为公共关系的动力之一的精神动力的产生，有一个从无形激励促成有形动力的过程。无形激励的方式是多种多样的，如感情激励、理想激励、荣誉激励、形象激励、心理激励、群体动力影响激励等等。这种种激励看起来是无形的，其特点是精神性质的，而促成的动力则是有形的，其能动力往往是巨大的。

无形激励的方式是多种多样的，而关键是在公共关系工作中如何把握无形激励向有形动力的转化。精神动力的产生，外因是重要的条件，但精神动力的源泉在于组织的内部。精神形态多种多样，能激发起精神动力的核心是组织内广大员工的主人翁精神。由于精神动力是联络公共关系各个方面的纽带，组织决策者要特别重视激发内部员工的积极因素。在方法上，特别强调组织领导者对员工的尊重，特别是对人格尊严的尊重。

2. 信息动力

信息动力指以信息形态作为公共关系发展的媒介因素的动力，信息在旅游公共关系整体系统运行或在其各个子系统的运行中都起着重要的作用。旅游组织公共关系的构成、旅游组织与公众的信息沟通、旅游公共关系状况的变化和协调，都是由信息的催化而引起各种行为的变动。信息动力是各类动力中最活跃的动力因素。信息动力的特点主要有：传输性、渗透性、导向性、再生性、可转换性、可贮存性、可扩充及可压缩性及可共享性等。由于旅游信息量的巨大辐射，旅游公共关系应注意信息的选择和判断。

信息动力的作用主要表现有：

(1)旅游公共关系决策的制定、旅游公共关系目标的确定靠科学信息作依据；

(2)旅游公共关系设计方案的制定、旅游公共关系实施程序的确定，也要靠信息作依据；

(3)旅游公共关系设计的修正或改变，也是对最新获取的信息(特别是零次信息)作出正确判断而引起的行为。

此外，还要重视非文献性的“零次信息”，即世界上各种机制运行中发出的未经记录整理的最新知识。零次信息的类型主要有口头发布型、群体激发型、实物展示型、双向沟通型等。这些“零次信息”在信息交流中具有最短的信息间隔时间、很强的针对性和高度的选择性、反馈迅速、便于理解和吸收知识的特点。

3.环境动力

环境动力是指以环境形态作为旅游公共关系发展的外在因素的动力。环境动力在诸动力中具有重要的地位，它是旅游公共关系发展的外在条件；环境动力通过组织内部的动力因素和作用，促使旅游组织向有利环境的方向发展。

环境动力的作用是多方面的，主要作用有：

(1)外压作用：旅游组织的外部环境是组织的生存条件，环境的变化和对旅游组织的威胁程度会成为使组织自强不息的外压，有利于促使旅游组织发展良好的公共关系；

(2)激励作用：旅游组织的外部环境对组织的生存和发展的影响，特别是在组织周围的各种公众群体的良好公共关系会激起组织正确处理好各类公共关系，以维护组织自身的良好形象；

(3)损害作用：旅游组织的外部环境在对组织的公共关系产生威胁或极其不利的情况下，往往会对组织的公共关系造成损害甚至破坏的作用。可见，环境动力的作用既有积极的方面，同时也存在着消极的因素，并且始终会影响着旅游组织的公共关系。

(四)真实明晰原理

真实明晰原理是指旅游组织作为一个开放的系统，在旅游组织与环境、旅游组织与公众之间真实、客观而又明晰地反映相互关系，并在相互关系中真实地、客观地、明晰地沟通信息、情况的必然性。真实性、明晰性，是旅游公共关系与非公共关系在性质上区别的一个重要标志，它要求旅游公共关系必须客观、真实、全面、公正和透明地向社会公众和组织内公众传播信息、介绍情况，以获取内外公众的理解和信赖。同时还要求旅游公共关系人员如实地把社会公众的意见、建议、要求、看法向决策者报告，以便决策者能及时改进工作，调整决策。

旅游公共关系的组织目标以及重要任务，是在社会公众中建立良好的社会形象。社会形象的优劣，往往直接影响旅游组织的存在和发展。贯彻真实明晰原理时，切忌推卸自身责任或避重就轻的做法，更忌讳为了维护组织形象，采取“报喜不报忧”或文过饰非的做法。因为这种做法不仅会损害组织形象，而且会使信誉扫地。

提高旅游组织的透明度、明晰度，以真实性为基础，这是旅游公共关系成功的重要条件。透明度是指旅游组织内部事实、事件真实性公开透露的程度，明晰度是指组织内部事实、事件真实性公开曝光的清晰程度。提高透明度、明晰度易于使旅游组织与环境、旅游组织之间、旅游组织与公众之间相互沟通。当然，旅游公共关系在贯彻真实明晰原理时，应注意保守组织秘密。特别要遵守某些具有国家机密性质的信息情报的保密条例，避免泄露秘密的“超度”情况发生。由于公共关系活动中，某些个人隐私行为过程和组织行为过程交织在一起，公共关系人员还要注意把握好尊重个人隐私的原则。

二、旅游公共关系的技术原理

旅游公共关系的技术原理主要有角度选位原理、时空效应原理、有效空间原理和弹性转换原理等。

（一）角度选位原理

角度选位是指旅游公共关系主体认识客体、影响客体时的入射点或切入点，具体是指旅游组织与环境、旅游组织之间、旅游组织与社会公众之间关系进行沟通的方位的选择。由于旅游公共关系客体的复杂性、动态性和公共关系人员自身的修养和素质等原因，旅游公共关系主体对客体的认识有一定的主观局限，客观实在的公共关系客体的整体形象容易发生角度变形，从而出现不同的入射点或切入点。

在旅游公共关系工作中，最佳角度的选择和定位是比较具体而又很实际的一项工作。由于旅游公共关系具有多层次、多方面、多形式和多元性的特点，角度的选择和定位也就具有较大的可选性。一般来说，以下几项是应该考虑的：

(1)选择旅游组织与环境透明度的最佳点，提高双方沟通的透明度，使旅游组织为环境所认识和理解，使旅游组织对环境的现状和情况也有较深的了解和理解；

(2)选择最佳的沟通角度，有利于提高旅游组织的透明度、公开度；

(3)旅游组织发展过程中提高组织自身价值特别是旅游组织形象价值的最佳角度选择。在社会公众对旅游组织评价处于稳定状态时，一般选择对社会公众具有新鲜感的沟通角度进行定位。在社会公众对旅游组织产生误解时，一般选择误解的关键点，同时也是对透明度、清晰度最强的真实明晰点进行定位。在社会公众还不了解旅游组织时，一般选择旅游组织与社会公众最易产生亲密关系的沟通点进行角度选择和定位，有利于社会公众了解和理解。在社会公众对旅游组织高度赞誉时，一般选择突出组织谦虚、谨慎等良好形象的角度，使社会公众更感亲切、更加信赖。

角度选位原理有三个层次：一是在进行旅游公共关系决策和旅游公共关系目标可行性研究分析时，利用可行性的事实资料、统计数据进行分析研究，选择最佳角度，以便正确定位；二是在旅游公共关系设计中，对整个公共关系系统中各子系统分析研究，寻找最佳入射点或切入点，进行角度选位；三是旅游公共关系设计中运用沟通、传播、传递渠道时，选择最能引起社会公众注意和兴趣，最能使社会公众明白的角度进行定位。

角度选位的关键是把握旅游公共关系运行主体与客体的关系、客体内部诸方面的关系。做到这一点，必须注意以下问题：

(1)确定旅游公共关系主体与客体的关系。必须对旅游公共关系系统整体进行透彻的了解，进行精心的观察和透彻的研究，以便确定切实可行的入射点或切入点，选准切入的角度。

(2)确定旅游公共关系主体与客体相互关系中的各种制约条件。任何制约条件都可能影响到切入点的准确选择，使角度定位出现偏差。搞清了各种制约条件，可先作出估计，避免角度定位中的偏差。

(3)进行多角度定位的比较。对各种不同的角度定位进行综合分析和优化比较，选择最能沟通双方或各方公共关系的角度进行定位，以使设计时取得沟通的效果。

(4)进行公共关系整体系统的多层次多角度进位比较。公共关系系统从整体看，它们内部和外部都划为不同的层次，随着旅游公共关系运行和发展，必然会涉及各个不同层次。这就在不同层次中产生选定什么角度进行定位的问题。为了正确地进行角度定位，就有必要在旅游公共关系整体系统的有关各层次进行角度定位比较，在比较中对每个层次最优的角度进行定位。

角度选位的标准是：①有利于旅游组织与公共关系各方面的迅速沟通，并能取得显著效果；②有利于让公众较快认识旅游组织，从切入点看清旅游组织的形象；③有利于旅游组织整体形象的确立和良好的公共关系运行；④有利于提高旅游组织的透明度、公开度，取得社会公众的理解和支持。

(二)时间效应原理

旅游公共关系在一定时间限度内所发生的效应，称为时间效应。在旅游公共关系活动中，时间利用的有效性对树立旅游组织的良好形象和发展良性的公共关系具有重要意义。时效调控原理，指的是能够最大限度地有效地发挥其公共关系功能作用的时间的内在必然性。

在旅游公共关系活动中，各种效益的实现都是离不开公共关系的沟通功能的。旅游公共关系功能的发挥，总是离不开一定的时间限度，而且为时间限度所制约。时间效应主要包括：

(1)时间相关效应。这是指相关时间因素之间的反馈效应。它既包括一个自变量与因变量之间的相关效应，又包括两个或两个以上的自变量和因变量之间的相关效应。在旅游公共关系工作中，把握好时间相关效应，是取得预定公共关系目标实现的重要条件。

时间相关效应主要有：异时相关效应、同时相关效应、超时相关效应。异时相关效应指的是在两个不同的时间里，由于内在的各种联系而出现的反馈效应；同时相关效应指的是在同一时间里，两个或两个以上的范围里出现同一效应；超时相关效应指的是超越时间限度而出现的效应。

(2)时间链式效应。这是指由于“时间链”的作用，事物之间出现环环紧扣、连绵不断的效应。在旅游公共关系工作中，往往找到了最佳设计的“支撑点”(例如最佳公共关系聚合形式)，从而在实施过程中引发出良好公共关系时间链式效应。

(3)时间间隔效应。这是指事物发展过程中出现的停顿、调整、间歇，使时间的连续性出现一定时间量的间隔，从而达到提高时效的效应。在旅游公共关系工作中，经常运用时间间隔效应。例如：某旅游企业发起的“企业同龄儿童”的公共关系活动，从1岁开始，几年搞一次。每次间隔后的公共关系活动，较前次又提高一个档次，使企业在公众中的形象一次比一次深化。形象的深化就是时间间隔所出现的效应。

(4)时间漂移效应。这是指一定时间内不可得到效果时不急于求成，就让时间“漂移”一阵，在某种偶然的机遇中豁然开朗而取得的效应。时间漂移效应也反映了旅游公共关系运行中曲折前进的某些特点。例如：某些旅游企业在困境中提出让企业“假死”的设想，通过大众传播后，在企业界、理论界和政府部门引起很大的反响，在沟通方面走出了第一步。当然，要真正实施，还有许多实际的和理论的问题需要解决。此事从旅游公共关系工作角度看，一时把握不住的，可以让其漂移一段时间，等待机遇，以求获得时间漂移效应。

旅游公共关系工作在时间上的调控把握得是否正确，往往直接影响公共关系工作的效果。把握时间的有利性，是旅游公共关系设计调控时效的关键。信息具有时间上的滞后性和预示性，旅游公共关系人员可以根据信息在时间上的预示性，把握好开展公共关系活动的有利时机；通过信息在时间上的滞后性，可研究已成为事实的事物发展的趋势，以使自己在设计中避免不利的情势，而争取有利的发展。

时效与整个社会背景、国际形势有着广泛的联系，旅游公共关系工作的开展一般应与整个社会背景相协调。如借助于社会大气候的有利条件，积极改善和优化旅游组织自身的小气候。在小气候不利的境况下，采取"时间间隔效应"设计法，完善和优化自身的小气候，从而影响部分大气候，待间隔机遇出现，抓住机遇把公共关系推向一个新的进程，获得良好的时间间隔效应。

有效地把握时机，要求对时效有超前的认识，把握时间超前度内潜在的各种机遇。例如，偶发事件的孕育期、背景变化的预示期、变革产生的前奏期、决策推出的准备期等等，都反映了事物发展进程虽然尚未到达，但出现的必然性基本是肯定的，并且都存在于时间的超前度内。

（三）有效空间原理

有效空间原理指的是旅游公共关系活动利用一定空间限制和影响的条件而显现出效果的必然性。有效空间既指地理、位置的选择，也指空间距离和范围的适中，还指空间环境的气氛、人际距离的约定、视听空间的谐和舒适、政治环境的稳定等等。从动态的角度看，有效空间就是旅游公共关系活动在其空间内进展的有序、关系的协调、感情的融洽、气氛的和谐及其效果在空间的显现。

旅游公共关系活动的范围与其大环境有着密切的联系，并受到大环境的影响和制约。有效空间原理要求随着大环境的变化，旅游组织公共关系的活动空间也必须适应这种变化，或为了适应变化的环境而采取适当的措施，以使旅游公共关系向着有利于旅游组织的趋势发展。

旅游公共关系工作，要从总体公共关系的视野上研究单体公共关系工作的开展，以便在有效空间内，使旅游公共关系工作能够有秩序、有条理、有成效地进行，达到公共关系设计中预定的目标。要充分利用总体公共环境适合旅游组织生存、发展的有利空间，避免对旅游组织的生存、发展构成某种威胁和危险的不利空间，发展单体公共关系。

旅游公共关系应有效利用比较固定、较易调控的静态空间和影响条件。调控视觉空间的重点是在公众的视觉空间内找到视觉重点，主题印象必须明晰正确、静动结合、反差效应强烈，各类公众一见就能较快地获得沟通，而不至于引起误解。

调控听觉空间的重点是在公众的听觉范围内找到听觉和谐有效区。要求语言和谐，动听动情；信息新颖，信息量大；内容新鲜，具有启迪性；吸引注意，能引发共鸣。

旅游公共关系在调控地域空间时，必须充分地利用其有利的空间条件，避免不利的空间条件。充分利用与社会公众广泛联系的空间渠道，树立良好的旅游组织形象。注意地域空间内的各类公众，从中选择与组织的生存和发展关系甚密的公众，作为地域性空间开拓公共关系事业的同盟。

旅游公共关系在调控空间时，还应关注较难调控的非物态空间，如公众心理空间、公众群集空间、传播媒介空间等。

公众心理空间是指旅游公共关系活动中伴随组织间的信息传播而产生的人的心理环境，它渗透于旅游公共关系活动中人们相互间的语言、动作、眼神、表情、手势、行为、思维、心理以及相互间的空间距离等各个方面。旅游公共关系必须充分表达社会公众的心理要求和社会公众对组织的情感要求，以获取社会公众的理解和支持。但必须严格把握情感距离的尺度，注意心理的、情感的空间调控；通过有控制的调度，使情感空间有效过渡，避免误入超度的感情区，损害旅游组织自身的形象。

公众群集空间是指旅游公众或旅游组织内部员工比较集中的空间场所。公众群集空间有自然群集空间和有效调控群集空间。自然群集空间如饭店大厅、旅游景区内等；有效调控群集空间是组织有意设计的公众群集场所，诸如宣传组织形象的各类公共关系活动、公共关系聚合所需选择的场所等等。旅游公共关系要充分利用公众群集空间，做好服务性公共关系、实际性公共关系和宣传性公共关系，有效地利用其群集公众集聚量大或流动量大的特点，做好沟通工作；公共关系聚合场所的设计要尽可能产生共振效果和辐射效应，以谋求满意的公共关系效果。必须注意宣传的真实性原则，时时处处注意实实在在的形象效果，避免一切损害组织自身形象的过头做法。

旅游公共关系还要特别重视传播媒介空间的调控，使旅游组织与社会各部分相互间在适应环境内建立良好的公众关系。传播媒介空间的调控要求是：要求明确，重点突出；力求创新，耳目一新；公众面广，沟通力强。

（四）弹性转换原理

旅游公共关系设计中会对原定决策的方向、目标、原则有所修正、变更或更改，而这种修正、变更、更改在实施进度中产生的效应，称为弹性效应。有时公共关系设计方案中，设计师有意识地设置一定潜存的具有弹性度的应变措施，以适应随时可变的各种情况，避免因僵化或不留余地而造成公共关系设计的失败，保证公共关系目标的实现或公共关系问题的解决。

弹性转换原理就是指根据对旅游公共关系客观存在的现状和潜在问题的分析，对旅游公共关系决策进行修正、变更；并根据对未来的公共关系运行各种干扰因素的预测，在公共关系设计中潜存一定的弹性应变措施，以适应旅游公共关系运行中随时可变的情况。这是保证旅游公共关系实施正常运行的重要保障系统。

旅游公共关系总是在一定的时空条件下运行的，为了保证公共关系良性运行，对时空条件进行研究和选择一般总要寻求最佳时空条件。但最佳时空条件受形势变化的困扰不易选定，所以在旅游公共关系设计中要充分考虑这些因素，潜存一定量的弹性余地，在形势变化时可以及时转换。

弹性设计一般包含在辅助设计中。一项比较复杂的旅游公共关系设计系统包含主体和辅助两个部分；辅助部分具有为主体服务的辅助功能，以确保主体设计更加稳妥可靠、切实可行。辅助部分往往潜存一定量的弹性余地，在情势发生变化时，能及时调整，或转换辅助手段，或转换辅助形式。

公共关系设计中潜存弹性余地的情况是多种多样的，弹性转换原理运用得好与差，是检验公共关系设计人员把握应变余地、预见能力和公共关系设计优劣的一个重要标志。运用弹性转换原理应注意的问题是：

(1)注意潜存的弹性量的适度。

(2)弹性余地的潜存，是适应情况变化需要的潜存，它是一种有备无患的设计措施；往往潜存的余地在没有必要进行弹性转换时，可以有备而不用。

(3)在使用潜存的弹性余地时，应从整体的系统的观点运用弹性余地，以免产生顾此失彼的错误。

第二节　旅游公共关系工作的原则

一、旅游公共关系的基本原则

(一)以事实为基础

以事实为基础是旅游公共关系必须坚持的方向。“公共关系之父”艾维·李对公共关系的最初界定就是“说真话”，其后美国公共关系协会、国际公共关系协会等在所制定的公共关系人员守则中无一例外地强调真实、准确在公共关系事务中的重要性。

以事实为基础包括以下内容：①要实事求是地评价旅游组织的实力与产品。要实实在在地调查旅游市场，不搞清楚市场的真实情况，就不可能知道公众对产品的种类、形象、质量和数量的需求。②旅游公共关系人员要恰如其分地评价自身的公共关系活动水平和能力。③以事实为基础还应贯穿于旅游公共关系工作的全过程。从公共关系创意、计划到实施和形象塑造，都要实事求是，不能遇到困难就不顾事实胡编乱造。在旅游公共关系事务中，往往会碰到一些事情看似真实，实际有假；

如果不做深入的调查，往往会上当受骗。还有些事情在局部是真实的，在全局就不一定真实。所以要从多视角、多层次去观察，力求掌握全面情况。

(二)以公众为核心

旅游公共关系以公众为核心是由公共关系的本质特征所决定的。以公众为核心的主要内容是了解公众、服务公众，旅游公共关系工作必须围绕着公众的需求、心理和意愿而展开。如果以旅游组织自身或别的事物为核心，就有可能脱离公众以至失去公众。失去了公众，公共关系就不复存在。

旅游公众是一个庞大的群体，无定势、难界定，活动性强、变化性大。因此了解公众是旅游公共关系的第一需要。服务公众是旅游组织的生命。旅游组织的所有工作都必须与服务公众及提高服务质量联系起来。有些人总喜欢把服务公众与低人一等相提并论，实际上是对人权和人的尊严的误解。服务公众并没有出卖人格，彻底扭转人们在这方面的一些错误观念也是公共关系工作的一项艰巨的任务。

(三)公共关系以互利为依据

把互利作为公共关系的原则，是为了求得组织的长远发展。在任何一种利益行为模式中，组成行为主体的各方都存在一个维持行为模式的动力问题，即利益获取。旅游公共关系十分重视组织的长期利益的开发，有时甚至忍痛让利，帮助对方或公众获取利益。

旅游公共关系以互利为依据是一项具有高度艺术性的协调工作。旅游公共关系事务一般面临三种利益:组织利益、特定受众利益和整体社会利益。旅游公共关系工作要树立正确的观念，着手细微之处，着眼长远打算;要致力于寻找旅游组织、受众与社会利益的共同点，以发展作为互利的基础，避免短期行为。

(四)旅游公共关系以道德为准绳

旅游公共关系是一种公众事务，它涉及社会的方方面面。其价值基础是维护社会公德、规范社会行为、缓和社会冲突、协调社会利益、促进社会发展。其具体的道德内容主要是:

(1)不欺骗社会。旅游公共关系人员在社会中活动，直接面对社会公众。欺骗工作对象,就是欺骗社会,欺骗社会最终会损害自身。

(2)不欺骗组织。旅游公共关系人员是组织的代表,是旅游组织利益和形象的保护者。既为组织服务又欺骗组织是公共关系人员的职业道德所不容许的。

(3)不偏袒利益冲突的双方。有时,社会关系的复杂性往往使利益冲突的双方暂时站到了同一阵营里,有些公共关系人员乘机拉关系搞协作,以为某一方服务为名,为个人挣得利益,最终损害了某一方或双方的利益。如此行为必然导致旅游公共关系人员声誉下降。

(4)不为私人利益服务。旅游公共关系是在旅游组织和社会公众之间建立沟通渠道,协调组织和公众的利益是公共关系人员的天职。不能为私人谋利益,更不能牺牲组织形象来抬高个人形象;损害了旅游组织形象,最终也损害了自身的形象。

二、旅游公共关系的服务性工作原则

旅游公共关系服务型工作的根本出发点就是为公众提供优质的服务,强调规范性与艺术性,这是旅游公共关系获得公众好评、塑造旅游组织道德和人格形象的前提。

(一)服务质量与产品质量相结合的原则

旅游组织为公众服务,包含两个方面的内容,一是提供优质服务,一是提供优质产品。从某种意义上讲,提供优质产品是为公众服务的根本。旅游产品质量是服务质量的基础,没有优质产品作保障的优质服务,往往会产生负作用。

既然旅游服务质量与产品质量要相统一,那么在实际工作中,我们就要一手抓旅游服务质量,包括健全社会组织的服务文化、强化员工的服务意识、规范员工的服务行为;另一手抓旅游产品质量,包括组织优质货源、杜绝假冒伪劣商品,从物价、计量到质量几个方面确保公众的合法利益。这样,旅游组织才能取得“优质服务”与“优质产品”相结合的“双优效应”,获得公众的信赖。

(二)服务目标与服务责任相结合的原则

作为一种服务型的公共关系,旅游公共关系工作应该接受旅游组织发展总目标的调控，为旅游组织发展和塑造良好形象服务，工作要有明确的目标，解决什么问题、达到什么目的，应该有明确的认识。只有正确认识了目标，服务工作才能有序运转。例如，上海市曾在抓商业服务质量时，针对当时社会上商业工作中有些营业员接待顾客不热情、“斩”顾客和欺骗顾客这两大问题，明确提出了“三要三不”的目标：要礼貌待客，不让顾客受气；要介绍真实，不让顾客上当；要买卖公平，不让顾客吃亏。这样，整个优质服务活动就有了方向，也有了标准，最后取得了较好的效果。

确定了具体的服务工作目标，还要抓责任落实，也就是说要把服务工作目标和要求，以责任的形式，借助制度，落实到具体的员工身上、具体的工作环节上，并把它们作为员工考核、工作评定的重要内容之一。这样，服务型公共关系才能落到实处，得以贯彻、实施。

（三）系列服务与专题服务相结合的原则

作为一种服务型的公共关系，旅游公共关系与其他公共关系工作一样，需要进行策划，以确保产生最佳的公共关系效果。在策划过程中，要注意系列规模性与专题性的统一，以系列性形成规模效应、以专题性形成注目效应，赢得公众的好评。

从系列性方面来说，有三个基本的意思：

(1)要求我们把“服务”渗透到旅游组织各个方面、各项工作之中，无论是管理工作、生产工作还是市场营销工作、广告宣传工作，都接受旅游组织服务文化的指导，并体现出强烈的服务本色，从工作上保证服务活动的规模效应。

(2)要求我们把“服务”落实到每个员工的业务工作和日常生活中，实行旅游组织“全员服务”和每个员工“全方位”、“全过程”服务，让服务成为每个员工的基本行为习惯，从人员上保证服务活动的规模效应。

(3)要求我们把“服务”落实到旅游组织的年度工作计划之中，经常性地按计划开展各式各样的、与旅游组织相关的服务活动，从时间上保证服务的规模效应。

从专题性来看，就是要求我们善于选择社会生活中的热点问题，及时组织旅游组织相关员工开展相应的服务活动，“雪中送炭”。这不仅能为公众解决实际困难，而且能引起新闻媒介的注意与报道，更好地宣传旅游组织。

旅游组织在自己的发展历程中，一般都根据自己的经营宗旨和经营项目，形成自己的带有传统色彩的特色服务项目，而且这种特色项目已成为旅游组织形象的一部分。因此，我们在策划公共关系服务活动时，要坚持特色、弘扬传统，并结合时代特点，对传统项目加以发扬光大，使之更好地为公众服务。

旅游公众的需求具有时代性，受制于时代。时代发展了，公众的需求也可能发生某种形式的变化。因此，策划公共关系服务活动时，我们要站在时代前列，及时推出时代性很强的新的服务项目，以此赢得公众，让公众在服务中体验到旅游组织的发展性与生命力，从而更加信赖旅游组织，成为旅游组织的忠实公众。

思考题

1. 如何理解旅游公共关系的动力聚合原理？
2. 旅游公共关系中的角度选位和弹性转换如何结合？
3. 旅游公共关系工作中如何处理组织与公众利益的关系？
4. 如何把握旅游公共关系的服务性工作原则？

案例

巴比坎中心建造过程中的公共关系活动

一、背景

二战期间，伦敦遭到轰炸，很多地方被夷为平地，居民也都四处离散。1956年，邓肯·桑迪斯任发展部部长时，由于他的倡议，银行批准了一项雄心勃勃的建房计划。该计划欲以同时发展高层和传统建筑的方式来解决5000多户居民的住房问题。当伦敦市政机构宣布这一大型建房计划时，还声明要在这片住宅区内建一大型艺术中心，以方便在伦敦居住和工作的人们。1970年前后，媒介报道指出会议设施的需求量将大大增加，伦敦现有的会议设施远远不够。为此伦敦的市政议员建议，巴比坎中心还应作为会议中心，以增加其收入。于是，有关各方决定对中心作为会议场所的商业潜力作一个评估调查。

二、调研

我受伦敦市政机构的委托，对巴比坎中心同时作为会议场所和艺术中心的可行性进行了调查研究。我向1万名商会成员发出调查问卷，调查他们在安排会议场所时，是否遇到过困难；若有巴比坎中心这样的会议设施，他们是否愿意使用。我回收到了约20%的问卷，其中人们对一些重要问题的回答都是肯定的。很显然，商业界很愿意使用这样的设施。掌握了这些调查结果后，还有必要同建筑师进行探讨，看是否有可能将适当的设施融入原先的建造计划中。有了调查结果并确认没有太大的建筑问题后，我建议可以继续建造艺术中心，并将适应不同规模会议的设施融入建造计划中。

伦敦市政机构采纳了我的建议，并指派我为该中心管理者亨利·朗先生的顾问。为推行这项建造计划，并将其付诸实施，我们成立了一个小组。因为以后几年中工程进展的延误、开支的逐步增加，很多议员的想法发生了变化。所以，我们经常召开会议，向伦敦市政机构委员会报告工程的进展情况，并对出现的问题作出解释。有时还要说服他们不要放弃对该项目的支持。到1977年，当放弃这个项目的损失与继续这个项目的投资相当时，原来持怀疑态度的人终于让步了。

咨询作用

一旦确定了要继续这个工程项目，我的任务即转移到下一个阶段的工作：一方面，我要与建筑师合作，确保该中心具有双重功能；另一方面，要着手对中心进行先期的宣传，并与媒介和潜在用户进行持续的对话。

虽然离竣工日期还有好几年，但若想使巴比坎中心成为举世瞩目的国际性会议场所，就有必要从一开始就让国际会议承办商和大型组织机构对其产生兴趣。这些承办商和大型机构一般都提前好几年安排他们的会议计划。

第一步是要把会议中心的名称从“巴比坎艺术中心”改为“巴比坎艺术和会议中心”，这是树立中心形象的第一步。为此，有必要与许多公众进行沟通交流，我确定了七类主要公众：伦敦市政机构及其委员会、伦敦市政机构的常任官员、当地社区的居民、中心的潜在用户、伦敦交响乐团和皇家莎士比亚剧团公司（它们分别是音乐厅和剧院的常驻机构）、负责建造中心的建筑师。

英国和海外的媒介

在工程进行的最初几年中，我很大一部分工作就是密切注视中心建筑的实际策划和设计进展情况。若有必要，需抵制建筑师的不合理建议。因为巴比坎中心完工时，能否达到先期宣传中已对潜在用户作出的承诺至为重要。

三、工期引起的问题

因这个工程项目旷日持久，它自然很难保持媒介始终的兴趣和关注。中心启用期原定在 1976 年，但这个期限越来越不现实。实际上，这个中心直到 1981 年才开始正式启用，也就是说，我们要让媒介和公众对它的兴趣保持 10 年左右的时间。

在最初阶段，我们编辑了一份《巴比坎简讯》，一年发行数次。内容包括介绍工程的进展情况、对许多赴现场参观的名人的采访，以及对其设施的宣传。这份简讯不仅对英国公众发行，还在全世界发行。后来的发展证明，这份简讯不仅常常能激发媒介对简讯上刊登的消息进行深入报道，更是提高中心知名度和保持公众兴趣的重要渠道。

亨利·朗开始参观各种国际会议，拜访各大会议承办商，推销宣传巴比坎中心，并签订了很多大定单，其中包括世界石油大会和美国律师协会的会议。为了更好地推销巴比坎中心的设施，我们印制了精美的四色宣传册，以展示计划中的巴比坎中心设施；拍出照片后，又推出了第二本宣传册。

四、英国会议设施的增长

70 年代初，英国还兴建了其他一些大型会议中心，其中包括温伯里会议中心(1977年启用)、正在建造中的布莱顿中心、伯明翰的国家展览会议中心和已进入筹划最后阶段的新的海罗盖特中心。根据英国旅游局的建议,英国会议和展览中心海外工作委员会组建了起来,我被认命为该委员会的第一任秘书长,参与所有新的中心的工作。

英国会议和展览中心海外工作委员会的主要任务就是加强对海外的宣传,并协助新建的会议中心进军利润可观的国际会议市场。为此,我们编印了年度宣传手册,并为“五大中心”制作了一批联合广告。另外,还在布鲁塞尔和日内瓦举办海外招待会,参加有关的贸易交易会。这些宣传活动对吸引人们询问预定巴比坎中心和英国其他会议和展览中心起到了很重要的作用。对英国会议中心的宣传表明,集中资源联手合作来开发一个利润可观的国际会议市场是一种对大家都有益且省钱的办法。

五、挖掘巴比坎中心的潜力

公共关系工作的一个主要目标就是确保巴比坎中心作为一个展览和会议中心,其潜力得到充分开发。从一开始,我就极力主张,对巴比坎中心会议设施的需求应用展览厅予以补充,有人提议利用主音乐厅周围的地方,但此建议最终未被采纳。结果,大家决定将中心附近的几个大型的空仓库接管过来,将其改造成两个独立的展览厅。这两个展厅可以为许多中小展览提供展示空间,所以会受到人们的欢迎。这里很关键的是要伦敦市政机构委员会批准这个计划,而这首先必须使该委员会的成员对计划的前景有信心,并说服他们接受对原设计所作的必要修改。这实际上只是我们在这方面所做的众多工作中的一件事情,对任何工程项目的顾问来说,他很重要的一项工作就是确保其客户对项目的信心和支持。协助亨利·朗准备提交伦敦市政机构的报告也是这方面工作中很重要的一个内容。不论对原设计提出的修改之处多么细小,报告必须用清晰、合理的事实予以说明,而且这些事实必须易于为伦敦市政机构的官员们所接受。

六、协调处理与有关各方的关系

1. 与当地居民的关系

住在巴比坎地区的5000户居民对此主要有两个抱怨，一方面他们依旧期待这个中心早日落成，另一方面他们又必须忍受建筑施工所引起的所有嘈杂、灰尘和各种不便。我们对受影响最严重的居民削减了房租，并定期召开会议，向所有居民通报进展状况，并给他们提问题的机会。这样有助于减少居民们对工程的敌对情绪，同时也为所有不满者提供了一个“安全阀”。按照政府把房子和公寓卖给现住租用户的政策，居民们终于有机会以优惠价格购买公寓。这就补偿了他们在工程长期施工过程中遭受的诸多不便。居民的不满会影响工程项目计划的实施，并可能进而影响伦敦市政机构中大多数人对此项目的支持，因此，避免居民们产生不满情绪具有相当重要的意义。

2. 与伦敦市政机构的关系

由于巴比坎是由伦敦市政机构出资兴建，所以其管理权属城镇执事部。事实很快证明，地方政府的那种官僚、冗繁的管理方式极不适应巴比坎这样一个大工程项目的实施。后来，有关方面决定指派一名资深的工程师监督施工过程。亨利·朗作为伦敦市政机构的一名高级官员，渐渐得以行使该机构所代表的权力。除了所有无法避免的施工延误外，工作中我们还注意避免因地方政府决策机构内部工作效率低下所引起的延迟。为了得到必要的独立行动权，应该确保伦敦市政机构官员的信心和信任。我们定期向他们通报工程所有的重要进展情况，并向其提呈对原设计进行任何修改的论据补充报告。结果，伦敦市政机构对工程进展几乎没有制造什么障碍。

这里，弗罗毕舍·克莱森特事件就是一个很好的例证，它说明了同伦敦市政机构维系良好的工作关系有多么重要。虽然该中心计划为大型会议、重要人物、新闻办公室和管理办公室提供了足够的空间，但它缺少中小型会议的场所，建筑师的计划中也没有对此类设施的规划。但是，我们发现巴比坎建房发展计划的第五阶段还未完工，有一块名叫弗罗毕舍·克莱森特的地方仍然空闲着。于是，我们请求伦敦市政机构准许将其改为会议室。对此，伦敦市政机构内几乎无人反对，一致同意了这个建议。实际上，这块地方远远超过所需的面积，且有两层已为伦敦大学商学院所租用。结果，经与建筑师的密切磋商，终于有可能改变这些房间的设计，确保了“以用户为导向”的原则。

3.媒介关系与海外联络

在中心建造工程的进行中，如何在长达10年的时间内保持媒介的兴趣，这是一个很关键的问题。这个工程项目少有的规模及其雄心勃勃的性质，能持久保证公众对它的兴趣；特别是在发生重大事件的时候，如当工程动工和中心正式启用时，媒介更能给予充分的关注。但我们还是需要制定一个计划，以确保与媒介的联系，并不断寻找新的角度、发掘潜在的令人感兴趣的新闻事件；只有这样才能使巴比坎事件“常新不衰”。

除了在公众中提高中心的知名度，激发人们对它的兴趣外，媒介关系活动还应关注与当地居民的关系，激发国际会议承办商的兴趣。基于这些考虑，媒介关系活动计划必须包括许多独立且互补的内容。每一部分活动都针对其相关的公众、使用相应的媒介渠道。媒介关系活动力图把对巴比坎中心的宣传与它的很多重大事件结合起来，这些事件包括：宣布工程计划、工程奠基仪式、工程阶段性成果和落成典礼，等等。另外，在工程项目的进展过程中，还可发动一系列宣传，以向重要公众展示中心的设施，并给媒介提供新闻素材。

4.第八届世界公共关系大会

1979年5月，第八届世界公共关系大会在伦敦召开，伦敦市长邀请了56个国家的1000名代表参观巴比坎中心。在这次接待活动中，伦敦市长及其夫人，以及各行政官员都身穿礼服，这当然就成了极富新闻价值的事件，给很多海外与会者留下了深刻的印象。这一事件以及照片在英国和海外媒介上得到了广泛报道，并使巴比坎中心进入了国际会议的日程表。

在世界范围内实施媒介关系活动，特别是在国际会议行业中激发人们对该中心的兴趣，这一点也很重要。到1979年，巴比坎中心已能接待参观者，并向他们展示其设施。参观者中有英国人，也有外国人，中心还接受一些临时性的会议预订。几年中，来自各国的参观者连续不断，这也为国际新闻报道提供了很多素材。而每次名人前来参观，又激起了更深入的新闻报道(尤其是摄影报道)。在工程进行的长期过程中，媒介关系活动成功地确保了巴比坎中心在国际新闻舞台上的突出地位。这说明在公共关系工作中，应采取积极主动的方式。

尽管我们作了各种努力，试图使中心的设施使用便利，但英国媒介还是有人故意发难，暗示这个中心对公众来讲，使用起来太麻烦，通道过于复杂，很容易迷路。虽然媒介记者们一次又一次地应邀前去参观，并且还采取了一些措施帮助公众在建筑中寻找路径，但大多数媒介报道仍趋向于指责该中心的设计过于复杂。尽管这种指责令人恼火，但这类报道反过来也宣传了巴比坎中心，结果吸引了一批又一批的公众前去参观。

显然，一旦媒介从某种有争议、有新闻价值的角度认定了一件事情，要改变其观点并不那么容易。对巴比坎中心设计复杂的这种指责从未中断过，只是形式不同而已；无论在工程项目进行过程中，还是在其投入使用后，都是如此。但我们还是作出了各种努力以消除可能产生的不利影响，我们经常邀请记者参观中心，让他们亲眼看看那里的设施，提出有关的问题。有争议的工程设计不能指望让所有的人都满意，甚至无法让大多数人满意。只有认识到这个事实，我们才能利用媒介争论，在公众和商业界中激发人们参观中心的兴趣。

5. 与用户的关系

独立的公共关系顾问对一个项目作出的最大贡献莫过于反映“用户的呼声”。围绕巴比坎中心的建造，这个作用尤为重要，它表现在使中心更接近用户要求的独特设施和设计特点为公众所了解，并使用方便。对于巴比坎中心这样一个规模庞大、复杂、有多种用途的建筑来说，应该考虑到各种潜在用户的需求。这里，有两个例子很值得一提。在最初阶段，我们就建议所有内部指示标牌既要位置显著、内容详细，又要把各楼层标示为“级”。事实证明，这个建议确实可以帮助用户在中心建筑内寻找路径。另外还有一个“黄线”建议也得到了采纳，从摩尔盖特地铁站出来，要到巴比坎中心，只要沿着一条清晰黄线穿过高台即可抵达。

这些建议从概念上讲比较简单，但却大大提高了巴比坎中心贴近用户的形象。

随着落成日期一天天临近，伦敦市政机构指定了很多全日制职员负责此事，其中包括一名典礼主任与其助手、一位新闻官员和一名宣传主任。盛大的巴比坎中心落成典礼于1982年3月3日由英女王陛下主持进行。典礼有皇室成员参与，自然就成了一件盛事。对此，全世界的媒介都给予了报道，巴比坎中心在全世界公众面前亮了相。

（摘引自《公共关系实务——案例分析》，复旦大学出版社，1996）

第五章　旅游公共关系工作的模式和程序

学习目的

●了解旅游公共关系的基本模式
●熟悉旅游公共关系的技术模式
●掌握旅游公共关系的工作程序

基本内容

旅游公共关系工作的模式
●基本模式
　服务型模式、渗透方式、利他方式
●技术模式
　开拓型、发展型、巩固型、矫正型
旅游公共关系工作的程序
●收集信息
●确定目标
●编制计划
●计划实施
●效果评估

第一节　旅游公共关系工作的模式

一、旅游公共关系工作的基本模式

旅游公共关系模式是旅游公共活动技巧与科学方法有机结合而形成的公共关系工作方法系统。旅游行业是服务型行业。根据公众的需求，策划各式各样的公共关系服务活动；通过优良、周全的服务活动，来赢得公众的好评，塑造旅游组织的良好形象；这是旅游公共关系的基本要求，也就是旅游公共关系工作模式的出发点。

（一）服务型旅游公共关系模式的特质与效应

1. 服务型旅游公共关系的内在特质

服务型公共关系工作的核心概念是“服务”。旅游服务是一种可供销售的活动，是以等价交换的形式为满足旅游公众的需要而提供的劳务活动、技术知识或物质产品。旅游公共关系工作中的服务，指的是旅游组织为了塑造良好的形象，基于道德文化和旅游行业文化要求而为公众提供相关帮助的活动。旅游公共关系工作中的服务，换成公共关系概念，就是服务型公共关系活动，是一种通过为旅游公众服务来塑造旅游组织形象的公共关系活动模式。

旅游公共关系中的服务概念，带有浓厚的道德文化意义。它强调助人为乐、崇尚真美、履行社会公德、促进和平友爱等。旅游公共关系意义上的服务在行为取向上是“利己”与“利他”的统一。旅游组织通过服务创造出更佳的经营环境，促进旅游组织的发展。

旅游公共关系工作中的服务不是为了直接的促销，而是为了塑造形象。旅游组织的形象，从指标角度来看，可分为管理形象、产品形象、人员形象、实力形象等；从内容角度来看，则可分为质量形象、性能形象、价格形象、道德形象、文化形象。质量、性能、价格诸方面的硬件形象，融于产品形象、实力形象之中，通过经营、生产工作来得以塑造、完善。而道德形象、文化形象，虽然处于“中心”、“核心”地位，但没有具体的依托物；只有通过优良的服务才能塑造出来，并促进质量等形象指标的完善，最终发展旅游组织的总体形象，为旅游组织健康、持续、快速的发展奠定基础。

2.服务型旅游公共关系的特点与效应

作为一种服务型的公共关系，旅游公共关系既有其服务特征，又有浓厚的公共关系色彩。其基本特征是：

(1)道德效应与经济效应的统一。旅游公共关系活动，从其策划依据、社会背景、与公众的切合点，乃至形式和内容，都表现出道德性。有时它表现为社会公德宣传活动，有时它表现为开展社会社区服务。旅游组织通过服务性公共关系活动，塑造了良好的公德人格形象，创造了良好的营销环境和消费氛围，激发了旅游动机的形成和实现，并以此赢得旅游经济的长期效应和眼前利润。

(2)旅游公共关系中所提供的主要是人对人服务的“无形产品”。在旅游组织的利他色彩的服务活动过程中，旅游公众可以得到帮助、协助或愉悦的、值得回味的感受。

(3)综合性与专题性的统一。旅游需求的多样性，决定了旅游服务范围的广泛性，使旅游公共关系中的服务具有综合性特征。但旅游组织所提供的服务，由于其职能的局限性，往往带有一定的专题性、主题性，即根据公众需求与旅游组织的相关程度，选择相关系数较大的产品，组织相应的活动开展旅游公共关系服务。

(4)长期性与集中性的统一。旅游公众的服务性需求是一个持续的过程，旅游组织要长期坚持开展服务型公共关系活动。在实际工作中必须制定详尽的年度乃至中长期的服务战略和计划，根据旅游公众的需求，合理安排旅游公共关系服务活动的分布时间，并通过周期性的相同内容的服务活动，强化它的长期性特征。

服务型旅游公共关系在旅游组织的形象塑造及其发展中，具有很重要的作用。主要表现在：

(1)增强旅游组织的吸引力，其中服务在增强社会组织的吸引力方面，具有至关重要的作用；

(2)完善旅游组织的道德人格形象；

(3)提高旅游服务商品的高附加值；

(4)刺激旅游消费，扩大市场占有率；

(5)实现与公众的情感交流，进一步密切旅游组织与公众之间的关系。

(二)服务型旅游公共关系的内容结构

服务型旅游公共关系工作是一种基于服务文化和公共关系文化之上的特殊工作，内部有其深刻的服务理念和规范系统，是一个具有内在逻辑结构关系的有机整体。根据服务型旅游公共关系工作的范畴，可以分为六个层次的内容：

1.精神意义上的高尚服务文化

旅游服务首先取决于旅游组织所营造的服务观念和在员工中所弘扬的服务文化。高尚的服务文化，一旦深入员工心灵，就能培养员工的服务意识，增强员工的服务主动性，为提高员工的服务艺术水平奠定稳固的信念基础。

2.业务意义上的优质服务行为

实现高尚的服务文化操作化，最基本的途径就是与业务工作相结合，立足业务之中为公众服务；以业务范围为服务阵地，开展服务活动。从某种意义上讲，搞好业务工作，就是为公众服务的具体表现，而且是极其重要的表现。

3.制度意义上的规范服务准则

服务型公共关系强调通过长期、持续的服务来实现自己的目的。旅游组织制定完整、切实可行的服务制度、服务公约，提出具体的服务标准、准则，对于弘扬旅游组织高尚的服务文化、激发员工为公众服务的创造性、增强员工为公众服务的自觉性和主动性具有重要的意义。

4.公共场合中的服务素养

旅游公共关系特别提倡“全员公共关系”，旅游组织及员工应自觉地遵循社会公德，树立旅游组织员工的道德风范。

5.主题意义上的及时的服务活动

旅游组织应根据公众的需求，选择适当的时机，结合社会文化特点，及时策划出专题鲜明的旅游服务活动，不仅能及时为公众带来实惠和利益，而且能使旅游组织以自己特殊的、规模庞大的旅游公共关系专题服务活动，获得公众的好评。

6.硬件意义上的幽雅的服务环境

服务环境在服务型旅游公共关系工作中占有重要的地位，优美的旅游服务环境不仅可以吸引公众，而且可以使置身其中的公众产生美好的联想，产生多方面的愉悦感。

服务型旅游公共关系的运作形式主要包括产品质量服务、产品创意服务、公共关系销售服务。

旅游产品质量服务决定着旅游企业的生存和竞争力，是旅游企业公共关系活动的基础。旅游产品质量服务体现在旅游产品的整个生产和组合过程中，旅游公共关系中的产品质量服务也就贯穿于旅游企业生产活动的全过程；从这个角度说，旅游公共关系是一种全程公共关系。旅游产品质量服务应该依据服务的属性、特色、用途、旅游者等因素进行准确的定位。

当代旅游的普遍趋势是传统意义上的“观光”旅游越来越向文化旅游和体验旅游转型。从体验旅游的需求来看，旅游者追求的是一段超乎期望的、终身难忘的经历，这就要求对旅游产品的组合要素进行创意性的发掘和配置，乃至要在关键部分加入喜剧的元素。因而旅游企业在提供文化旅游和体验旅游的服务过程中，必须提升创意服务的层次和质量；同时还要考虑到竞争产品的因素，塑造创意性的差别化服务。

旅游公共关系对旅游销售有直接的促进作用。旅游公共关系销售服务的内容、深度要与旅游产品的属性、旅游者需求、旅游市场竞争环境相适应。旅游公共关系销售服务必须做到信守承诺，针对服务过程中服务能力与需求的不对称状况，及时作出改变能力以适应需求或改变需求以适应能力的调整。加强旅游服务沟通和外部营销沟通，动用联盟公共关系、媒体公共关系、政府公共关系等一系列公共关系手段，强化旅游销售服务。

（三）服务型旅游公共关系的基本方式

服务型旅游公共关系，可以分为两种基本类型，即渗透式的服务型旅游公共关系和单纯的服务型旅游公共关系。渗透式的服务型公共关系，是指旅游组织渗透于业务、岗位之中开展的优质服务；而单纯的服务型公共关系，则是指旅游组织超出业务范围而开展的服务活动。

1. 渗透式的旅游公共关系服务方式

渗透式的旅游公共关系服务，对旅游组织而言，是最基本的，它能够把服务与业务结合起来，以服务推动业务工作日趋完善，以业务工作保证服务的真正到位，因此深受公众欢迎。

可以说，旅游组织所有的业务范围，都可以融入服务，表现出为公众服务的本色。从科研、设计到生产、营销都要接受旅游组织服务精神的指导，旅游组织的领导者、管理者、科研人员、生产人员、营销人员，都在直接或间接地为公众提供服务。

渗透式旅游公共关系的服务方式是多种多样的，直接与公众接触的渗透式服务主要有以下几种：

(1)旅游招徕服务。这是旅游组织在公众购买旅游产品之前所开展的服务活动，它既是一种公共关系服务战略，也是一种市场营销战略。接受招徕服务的公众，虽然并不一定都会成为旅游者，但对吸引公众、培育潜在旅游消费市场具有重大的促进作用。旅游组织开展招徕服务时，关键在于培育公众的旅游消费观念和消费意识，消除公众对旅游产品的信度、质量、安全性等方面的疑虑，扩大旅游消费队伍。

(2)旅游过程服务。旅游者在旅游过程中，旅游组织应以诚实、友善的服务态度，赢得公众的好感；服务要公平公正、周全细致，始终为公众着想。在旅游服务过程中将旅游组织形象等内容渗透进去。

2. 单纯的旅游公共关系服务方式

从旅游公共关系角度来看，单纯的服务方式，公众看不到其中的“利己”动机，只表现为“利他”地向公众提供服务，更加具有公共关系效果。凡是公众需要的内容，凡是公众涉足的领域，都是旅游组织服务的范围。因此，单纯的旅游公共关系服务范围是十分宽广的，方式方法是多种多样的，常见的主要有：

(1)提供相关服务。旅游组织根据公众的实际需求，主动向公众提供一些自己没有义务责任、但又与自己的经营内容相关的服务项目。

(2)组织社会公益服务。旅游组织选择符合政策、法律、道德要求的社会热点问题，如社会救济、环境卫生、社会治安等组织募捐、义卖、义务劳动等，完善旅游组织的社会形象。

服务型旅游公共关系的运作程序分识别顾客、获得顾客和满足顾客这三个部分。其中获得顾客的关键是在建立了初步的联系后，迅速建立并保持长期互动关系。不论采取什么方式，服务型旅游公共关系都必须以诚心诚意回报公众、确保服务公共关系质量和积极参与服务行为为前提。

二、旅游公共关系工作的技术模式

由于旅游公共关系主体本身的特点及发展的需要，由于与之相结合的公共关系客体的不同类型和特定的环境，旅游公共关系活动的方法和技巧也在不断地变换调整。以一定的公共关系目标为核心，以若干具体的公共关系活动方法为载体，形成了相应的旅游公共关系模式。这些模式主要有：

（一）开拓型旅游公共关系模式

开拓型旅游公共关系是指旅游组织在开创时期或开展公共关系活动初期，与公众广泛联系，进行强力度的旅游公共关系宣传，为开拓局面、树立组织形象而进行的公共关系活动方式。开拓型旅游公共关系活动的特点在于它的主动出击性，旅游组织积极主动地通过各种途径开展公共关系活动，准确、及时、有效地了解舆论，抓住有利时机，审时度势，迅速作出反应，努力适应外界的变化，创造新的局面，所以也称“进攻型”。

开拓型旅游公共关系的目标是树立旅游组织良好形象、开创良好的组织局面。旅游组织以各种方式向公众介绍自己，增加可见度、可信度，使尽可能多的公众了解组织。旅游组织为了创造良好的外部环境，需与外部公众，如新闻媒介、旅游者、社区组织、旅游经销商、业务关联组织等广泛联系，进行信息交流。在开创时期，旅游公共关系部门积极配合有关部门的营销战略，进行旅游消费引导。

开拓型旅游公共关系主要包括重塑旅游组织或旅游产品和服务的形象、制定公共关系谋略这两个方面。

重塑形象的工作主要有:旅游企业或品牌名称再命名、旅游产品和品牌形象再定位、旅游组织和产品视觉形象再设计、旅游服务行为形象再设计等方面。相关的活动主要有:

(1)举行开业庆典。通过开业庆祝活动,将组织名称、象征物、代表色、口号等一并推出,使公众对组织及产品产生兴趣,形成一种新的感觉。

(2)开展各种联谊活动,增进友情。

(3)积极参与社区的各种重大活动,以增进感情。

(4)安排好广播电视、报纸、各种广告媒介的宣传。

开拓性旅游公共关系的谋略主要有:根本对立性谋略、非根本对立性谋略、合同性质谋略。当公众在根本利益、观念上与旅游公共关系主体完全对立时,其行为活动构成了对旅游公共关系主体根本利益的损害或威胁,旅游公共关系主体不得不使用根本对立性谋略。一般是充分利用敌对公众气质、性格、思维、情感上的缺陷和弱点,采用示弱、曲迎、诈骗等手段,制造虚假信息,使敌对公众产生对旅游公共关系主体、自我、双方力量对比、环境形势和发展趋向等一系列错误判断,促使他们放纵原有的弱点和缺陷,使其走向极端,导致失败。非根本对立性谋略的核心则是在法律和道德规范限定的范围内,在相对和谐的状态下,发挥自己的特长和优势以增强自己的实力,通过公平竞争战胜对方。合同性质谋略是在旅游公共关系主体与对方不存在根本的利益对立和冲突,一方不对另一方构成重大威胁,双方以有利于对方生存发展作为自己获利和生存发展的条件,双方关系是不同程度的互补、互助、互益关系的情况下,谋求建立合同关系,并采取相应谋略为之服务。

开拓性旅游公共关系的主要手段是主动与媒体进行有效沟通,积极处理和经销商、旅游者、社区及政府间的关系。与媒体沟通的方式主要有召开记者招待会、邀请新闻媒体、致函编辑和与专栏记者联系,引发媒体的报道兴趣,并正确处理错误报道。建立与旅游经销商的关系主要是通过提高旅游产品的质量和知名度、积极主动地争取经销商的合作、为经销商提供各种便利和服务以及主动与供应商交流来实现的。积极处理旅游者关系主要通过建立与维持旅游者关系、发展以旅游者为导向的服务来实现。与社区及政府公众的沟通方式主要有：个人访谈，圆桌会议，邀请政府公众访问旅游组织，通过民意测验影响政府公众，旅游组织高层管理者或旅游组织公共关系负责人参加政府举办的各种社会活动、会见重要的社区人士或政府官员等。

（二）发展型旅游公共关系模式

发展型旅游公共关系是旅游组织在其发展时期，持续不断地向公众传递组织信息，巩固完善组织形象、建立信誉，促使旅游消费行为的习惯化，从而保证旅游业和旅游组织持续稳定发展而进行的公共关系活动方式。

发展型旅游公共关系的目标是加强与公众的沟通联系，不断地向公众传递有关信息，通过有效的公共关系活动，发展和完善旅游组织的良好形象和建立旅游组织的信誉。

发展型旅游公共关系的主要任务是：①发展和加强与公众建立起来的联系和友谊。旅游公共关系部门应不断地发展和加强在企业初创时期与外部公众建立起来的联系，通过公共关系调查及时了解公众态度，尊重民意、争取民心。②持续宣传、扩大影响，不断促使旅游者及潜在旅游者实现其旅游意愿。旅游公共关系部门应通过各种媒介持续地向社会公众传递新的组织及产品信息，建立旅游者持续购买信心。③提供优质服务，树立组织信誉。旅游公共关系推销的是“组织”本身，通过服务使公众感觉到组织以公众为中心的人情味，为组织赢得信誉。

发展型旅游公共关系模式的运作策略主要有：培育良好的综合形象、确定形象代言人、确立形象塑造的侧重点。旅游目的地和旅游组织必须具有良好的综合形象，才能取得旅游者的认同，才能奠定旅游目的地和旅游组织可持续发展的基础。在旅游者的认识和选择中，理性认知逐步淡化，人们更倾向于用感官去触摸外在世界，从电视画面、图片杂志、网络图文、现场表演等方面接受信息。因而，运用“形象代言人”就成为旅游目的地和旅游组织树立自身形象的一种重要方式。一个好的旅游形象代言人主要由两方面因素决定：一是形象代言人可以集中表达旅游目的地、旅游组织或旅游产品的内涵，二是形象代言人能获得相关公众的高度认同。在确立旅游形象塑造侧重点时，应着力提高公众最看重的、最重要的形象因素的质量。同时,旅游形象战略的侧重点应根据旅游组织内外部环境的变化和要求进行相应的调整。

发展型旅游公共关系重视市场教育,通过各种方式向旅游者传递有关信息和知识,避免旅游者因为信息不全面而形成的漠然、偏见,促使他们形成积极的态度,并采取实际的行动。

发展型旅游公共关系的主要活动有:

(1)通过各种方式加强组织与公众的沟通,如寄送贺卡、宣传信件等。

(2)创造或利用"事件",如赞助体育、艺术或娱乐活动,参加相关的旅游博览会及客源国(地)独特的重大节日、事件等。

(3)对于重要经销商和长期友好的客户,旅游组织应给予必要的鼓励、优待,通过他们吸引更多的潜在公众。如旅游航空公司采用给乘客提供在某地免费旅行的方式吸引乘客就是公共关系宣传的一项极好内容。

(4)举行旅游组织及产品知识的有奖问答,并配合有效的营销措施和媒介宣传,扩大旅游组织的影响面。

(5)举办组织周年庆典、纪念活动,通过新闻媒介的传播,有益于旅游组织良好形象和信誉的建立。

(三)巩固型旅游公共关系模式

巩固型旅游公共关系是旅游组织为防止内外部环境变化造成失调或损失,建立早期预警系统、及时解决萌芽问题,消除公众疑虑、争取公众谅解,创造和谐的外部环境而采取的公共关系工作方式。

巩固型旅游公共关系的目标是:①有计划地制止或解决那些处于萌芽状态中的问题;②面对不利时机,调整公共关系方案,理顺与公众的关系,争取公众的理解,开创有利局面。

巩固型旅游公共关系的主要任务有:①建立旅游组织早期警报系统。旅游公共关系人员应从公共关系调查、日常接待、公众咨询、旅游投诉中及时洞察组织潜在的问题和已经爆发的火花,并迅速采取必要的纠正措施。②积极主动改造环境,摆脱环境的消极影响。在旅游组织发展过程中,有时会与社区、竞争者、环境保护群体、消费者组织等发生摩擦、产生矛盾。旅游公共关系部门的任务是采取积极主动的姿态，改造外部环境。③勇于承认错误，主动地采取弥补措施，争取公众谅解。

巩固型旅游公共关系特别重视内外部关系的协调。协调内外部关系的主要策略有：目标和利益促进、政策促进、信息促进、情感促进、情趣促进、形象促进、计划促进和造势促进。旅游目的地和旅游组织应建立旅游者满意系统、综合满意度模型，促进和巩固旅游者对旅游目的地和旅游组织的理念满意、行为满意和视觉满意，综合提高旅游目的地、旅游组织和旅游产品的美誉度、指名度（指名购买和消费的频度）、重购度、俏滞度（俏销和滞销的比例关系）。

巩固型旅游公共关系还要增强危机意识，注意旅游组织内外部环境的常态形势，建立危机预警系统，监测、识别、诊断和评价危机迹象。特别要善待旅游者的投诉，及时了解旅游者投诉的真实原因，针对具体情况，迅速确定解决方案，防止公众不利传播的蔓延和扩大。

巩固型旅游公共关系的主要活动有：

(1)开展公共关系宣传，引导公众参与。

(2)举行各种形式的研讨会、专家鉴定会，用第三者评论的方式消除公众疑虑，建立信心。

(3)提高服务质量，将旅游者的抱怨与不满意减少到最小限度。

(4)积极参与旅游行业协会及相关工作，加强与同行业的协调联系，创造和谐的外部环境。

(四)矫正型旅游公共关系模式

矫正型旅游公共关系是指旅游组织遇到突发性灾难或危机的袭击，或由于谣言、不利报道造成组织形象严重扭曲，或由于旅游组织本身的经营管理、产品等问题在社会上造成严重后果时，为保证旅游组织能在危机发生时及时控制局势、在危机期间控制好沟通、在危机过后迅速重建旅游组织形象而采取的旅游公共关系活动方式。

矫正型旅游公共关系的目标是：①迅速平息风波，纠正错误，避免矛盾激化；②恢复信任，挽回声誉，重塑形象。

矫正型旅游公共关系的策略是：临危不乱、处变不惊，反应迅捷、处理及时，积极主动、挽回人心，以诚相待、败中取胜，富有创意、造福公众，注重后效、目光高远，联络情感、消除障碍。

矫正型旅游公共关系的主要任务是：①迅速查清危机的原因，确定危机时期公共关系方案；②确定发言人，保证信息畅通，控制不利舆论特别是谣言流传；③与新闻媒介密切合作，争取公正、有同情心的报道；④及时把企业采取的行动、措施与公众沟通，迅速取得公众信任，重塑企业形象。

矫正型旅游公共关系的活动主要有：

(1)采取一切必要措施保护公众利益。

(2)组织好现场新闻。通过努力帮助新闻媒介迅速、准确、完整地了解事实，赢得新闻媒介公正和同情的报道。

(3)及时传递企业信息。危机发生后应及时采取座谈会、社区会议、公众听证会等形式向公众解释事件的真相，采取相关的解决措施等。

(4)重塑企业形象。

矫正型旅游公共关系的特点是它的旨在化被动为主动的积极防守性。其行动类型有防守型和进攻型两种。防守型行动是尽可能避免不利空间对组织所构成的威胁，采取避开的方式，将自己的公共关系活动局限于一定的有利通道内进行，等待不利空间的“飘移”。进攻型行动是采取针锋相对的方式，将自己的公共关系活动公开在危险空间内进行，让社会公众靠自己的理智分辨是非。这种敢于直接“插入”不利空间的公共关系行动，对组织素质的要求较高。

总之，旅游组织围绕不同发展阶段的中心任务开展的公共关系活动，由于旅游公共关系方法和技巧的综合配置不同，便构成了不同的公共关系模式。需要指出的是：公共关系技术技巧并不能解决困扰组织的所有问题，更无法弥补旅游产品本身的缺陷，也难以挽救错误的营销决策。

第二节　旅游公共关系工作的程序

一、收集信息

旅游公共关系的目标公众调查可以分为国际性、全国性、地区性，具体调查目标内容分为知名度、美誉度、认可度、适应度等。

调查对象的准确定位，对于旅游公共关系调查的成败具有决定性的意义。旅游公共关系调查目标选定后，要制定公共关系调查的工作方案，根据调查目标的性质和要求，确定主体性和辅助性的调查分析方法。就旅游资料的收集而言，其方式有抽样调查、问卷调查、访问调查、座谈调查、民意测验、市场观察等。常用的资料分析手段有定性分析法、统计分析法、计算机模拟分析法。为了提高公众回答问题的主动性和从容性，一般选择节假日、公众休息时间开展调查。为了保证信息资料的可信度，应规定在相对较短的某个集中时间内完成资料收集工作。

根据调查方案的既定计划，在既定的范围和时间内，利用既定的调查方式、方法，向既定的公众收集信息资料。主要程序是：①组织旅游公共关系调查对象群体。旅游公众是分散的，而且数量庞大，要根据旅游公共关系调查工作计划中的抽样方案，选择调查样本，把符合调查样本要求、具有代表性的公众挑选出来。②积极协调各种公众关系，取得公众组织、群体网络、公众代表的配合与支持，这是整个调查工作成败的关键。③发放问卷，引导调查对象认真、如实地填写问卷、回答问题。④回收、整理问卷。⑤观察、记录公众的言行。在旅游公共关系调查中，调查者要认真观察公众的言行，收集公众在言谈举止中所流露出的真实信息资料，并及时作好记录。利用这种方式收集到的资料，比用问卷收集到的资料更加真实、典型，因而更加具有公共关系价值。

资料收集任务完成后，即可转入信息整理阶段。资料整理不仅有利于分析、研究资料，而且有助于调查工作的后期总结。整理旅游公共关系资料的主要程序是：问卷核实与清理、建立分类体系和分类标准、资料主题小结、资料统计、建立数据库处理数据。在整理出文字类资料和数据类资料后，从纷杂的信息资料中判断出旅游组织的实际形象、找出宣传旅游组织的机会点、形成旅游公共关系创意点子、提出解决问题的措施，最后形成旅游公共关系调查报告。

二、确定目标

从本质上讲，旅游公共关系工作的目标就是树立旅游组织的良好形象和信誉，提高旅游组织的内在凝聚力和对外吸引力，通过社会效益的获得追求更大的经济效益；提高员工的思想、业务素质，取得公共关系工作的素质效益，以旅游组织完善的道德人格力量促进社会的发展。

旅游公共关系工作具体而明确的目标，一般从旅游服务文化的社会要求、公众服务需求契机和旅游组织业务契机这三个方面综合考虑。通过"权衡"来寻找三者的最佳结合点，使目标既符合社会服务文化精神，又满足公众的需求，同时满足旅游组织自身的发展需求，最大限度地发挥服务型旅游公共关系工作的价值效应。

旅游公共关系目标是一个内容丰富而有机整合的体系，从不同的角度来划分，其构成要件是不一样的。从目标的期限上讲，旅游公共关系目标可以分为长远目标、中期目标、短期目标和具体工作目标；根据旅游公共关系工作的具体内容，旅游公共关系目标分为塑造整体内在形象、塑造整体外延形象、消除公众不良印象、搞好接待工作、为社会组织提供咨询建议、维持公众队伍、促进产品营销等。

旅游公共关系的目标决策，要符合旅游组织发展的战略规划、符合旅游组织形象定位要求、符合旅游产品的定位、符合公众的状况、符合社会发展的要求。在确定目标时，要坚持目的性原则、整体性原则、预测性原则、弹性原则。

三、编制计划

编制旅游公共关系计划的原则是公众利益优先、尊重客观事实、独创性与连续性相统一、计划性与灵活性相统一。旅游组织在考虑自身利益和公众利益关系时，应始终把公众利益放在首位。旅游组织在公共关系传播中，应客观、真实、全面和公正，理智地面对组织所面临的不利形势，企图掩盖事实真相的策划最终会适得其反。编制旅游公共关系计划时，应做到工作主题与整体目标的一致。主题不仅要独特、新颖，个性鲜明，更要适应目标公众的利益要求和情感诉求。

编制旅游公共关系计划的工作步骤主要是：明确公共关系目标、确定公众对象、选择公共关系模式、选择传播方式、编制公共关系预算。制定公共关系目标要合理（可行性和可控性）、明确、具体（建设性目标、矫正性目标或一般性目标等等），确定公众对象要分析公众对组织的期望和要求及其异同，选择公共关系模式应依据公共关系目标和对象的不同，选择传播模式应从认知度、美誉度、和谐度出发，编制公共关系预算应把握承担合理、标准适度、留有余地、机动灵活的原则。

制定实施计划实际上就是把公共关系调查分析结论、目标决策、公众定位、创意成果、宣传文案、工作计划诸方面的内容，以文书的形式表现出来，作为开展旅游公共关系宣传活动的指南，其主要工作是撰写旅游公共关系项目策划书。旅游公共关系项目策划书的内容一般包括：

(1)前言。主要介绍策划本次公共关系活动的指导思想、理论依据、事实依据以及相关典型事例。

(2)形象分析。主要介绍旅游公共关系调查、分析结论，涉及旅游组织的产品形象、人员形象、管理形象、实力形象和知名度、美誉度、认可度。

(3)目标战略。主要介绍公共关系目标设想、战略方法、阶段工作任务、目标公众定位、整体形象设计、市场营销建议以及旅游市场战略等方面的内容。

(4)创意说明。主要介绍旅游公共关系宣传的意境设想、创意的思路和独特性等。

(5)媒介策略。主要介绍宣传媒介的分配规划、组合方式以及媒介单位、选用理由、选用方式、选用次数、日期、持续时间、媒介启用中的注意事项、旅游组织内部媒介制作与启用、公共关系宣传物品制作与发放等。

(6)总体计划。主要介绍旅游公共关系宣传作品推出的时机、文化及心理上的象征意义，系列公共关系活动的总主题与分项目主题、时间安排、活动环节、战术布置、活动高潮设计，各子项目联系负责人和主持人、活动地点、活动的象征意义等。

(7)经费预算与分配。确定旅游公共关系各项目，如市场调研费、创意策划费、宣传作品设计费和制作费、宣传媒介使用租金、劳务费、办公日杂开支等经费预算与使用计划，编制《公共关系项目预算书》。

(8)效果展望。

四、实施计划

旅游公共关系实施是一个系统工程，工作头绪繁杂，涉及公众多。因为参与人员的众多，为了确保旅游公共关系活动的效果，旅游公共关系人员除了做好自己负责的工作外，还要注意观察，及时处理好偏离策划书原意的现象，使整个实施工作都忠于项目策划。由于在策划阶段不可能完全准确地判断潜在的或未来的公众状况，因此公共关系人员在忠于策划书的前提下，应及时调整策划书中所存在的不合理内容，重新安排旅游公共关系活动。

旅游公共关系计划的实施方法主要有：目标导向法、控制进度法、整体协调法和反馈调整法。为了确保公共关系目标的实施，公共关系人员一般采用直线排列法或多线排列法，将所有的公共关系行为和措施按先后顺序进行排列组合，协调计划各部分的进度，使各方面达到和谐、合理、互补、统一的状态，及时反馈与调整，确保公共关系目标的实现。

实施公共关系项目策划书时，必须正确处理旅游组织同各种公众的关系，其中主要包括与员工关系、政府公众关系、社区公众关系、游客公众关系、新闻公众关系等，使旅游公众成为公共关系活动的热心参与者。旅游公共关系人员应娴熟地运用社会交往技巧，接近公众，取得公众的信赖，赢得公众的好感，使公众把公共关系人员视为公众群体的一员。这样，公共关系人员就可以利用彼此密切的关系、提高公共关系活动的效果。针对旅游公共关系活动过程中公众可能突生的“被利用”心态，旅游公共关系人员应及时施加积极的心理影响，诚恳、热心地对待公众，使公众感到自己的尊严和价值，消除公众可能产生的消极心态，提高公众在整个旅游公共关系活动的合作程度。

旅游公共关系计划的实施策略主要是：配合传播行动、控制信息质量、满足传播要求、兼顾类型差别、把握公共关系特点、利用有利时机。对以服务为主要方式的公共关系活动，要特别注意考虑给公众对象以实际的好处，即使是配合商业性经营的售前服务而开展的公共关系活动，也要注意尽可能减少商业痕迹；对以宣传传播为主要目的的公共关系活动，应强调宣传的主导性，注重信息的时效性，从信息覆盖、频度和持续方面造势，以利于形成社会舆论；对以社会性为主要活动特征的公共关系活动，应突出公益性文化的意义。在实施建设型公共关系时，应把握好引导注意的传播特点，尽可能促使活动成为社会的注意焦点；在实施进攻型公共关系时，要掌握好组织的政策、行为调整的速度，把握好传播的质量；在实施矫正型公共关系时，应注意传播前的思想、行为准备，注意对传播信息的控制，确保信息准确和前后一致。

五、效果评估

旅游组织运用科学的检测方法，评估公共关系工作的效果，既是旅游公共关系活动的最后环节，也是为确定新的公共关系目标提供客观依据。衡量旅游公共关系效果的标准是社会效益、心理效益和经济效益，以社会效益、心理效益为主，同时兼顾经济效益。社会效益主要从树立旅游组织的良好形象和信誉、创造和谐的公众环境、公众的支持度等方面衡量；心理效益主要是指公众对旅游公共关系活动的心理感受和愉悦度；经济效益则按照旅游业的各项完成指标，如接待人数、营业总额、创收外汇、利润升降、促使行业或企业的潜力增长等方面进行。

评估旅游公共关系效果的方法主要有：

(1)观察体验法。旅游组织的负责人亲自参加旅游公共关系活动，现场了解公共关系工作的进展情况，直接观察公众的反应，估价旅游公共关系效果，并当场提出改进、调整意见。

(2)目标管理法。以旅游公共关系目标为标准，将抽象的目标概念具体化，然后将测量到的公共关系结果与原定的目标要求相对照，从而衡量出旅游公共关系活动的效果。

(3)民意调查法。通过问卷等向公众了解有关情况(如公众态度转变情况、公众对旅游公共关系活动的印象、公众的希望与评价等)，从中分析出旅游公共关系活动的效果。

(4)新闻分析法。通过观察、分析新闻媒介对旅游公共关系活动及其结果的报道情况，如分析报道的篇幅、持续时间、版面位置、内容性质、权威性和影响力等，测评旅游公共关系的活动效果。

(5)参照评估法。用以往类似的旅游公共关系活动为参照标准，比较分析旅游公共关系活动的效果。

(6)专家评估法。邀请公共关系专家，利用各种专业技术方法，综合评估旅游公共关系活动的效果。

在评估旅游公共关系活动效果时，应注意定性分析与定量分析相结合；注意中长期效益与近期效益分析相结合；注意标准性与变化性相统一，即在相对标准化考评内容和考评项目的前提下，根据特定的公共关系活动性质，适当变通其中的部分测评项目，确保测评结论的合理性。

思考题

1. 为何说旅游公共关系是一种服务型模式？
2. 旅游服务型公共关系工作的技术方式有哪些？
3. 如何根据形势确定旅游公共关系的目标？
4. 如何编制并执行旅游公共关系计划？

案例1

中国旅游业：今天和明天
——介绍美国福莱公司所做的一个公共关系项目

中国国家旅游局代表团1992年在美国进行了为期10天的正式访问。访问的目的是让美国政府官员、各大旅游公司旅游代理商、旅游协会和商业新闻媒介进一步了解中国旅游业的发展和变化。美国福莱公共关系公司受托为这次访问进行了一系列的公共关系策划。

一、背景

福莱公共关系公司在1991年9月为中国国家旅游局制定了一份公共关系计划，以便吸引更多的美国游客去中国观光访问。第一阶段的中心工作是组织中国高级旅游官员来美国进行考察访问，借此机会向美国旅游业显示中国开发美国旅游市场的决心。

经过近一年的调研和安排后，国家旅游局组成一个12人的代表团，从1992年7月3日至12日对美进行了为期10天的访问。代表团成员包括中国三大旅行社的高层官员。这三家旅行社是：中国国际旅行社总社、中国青旅公司和中国旅行社。国家旅游局局长刘毅率领的旅游局代表团在所访问的五个城市分别会见了美国商业部官员、美国各大旅游公司的执行官员，并为旅游界人士举行了大型的招待会。在纽约举行的新闻发布会上，代表团宣布将采取一些具体措施来协助美国旅游业促销中国旅游业务，新闻媒介对这一消息进行了大量的报道。

二、目标

福莱公司为代表团来访制定了五项具体目标：

——向美国旅游业介绍中国旅游设施取得的积极变化和进步。

——向美国旅游业介绍所提供的优惠价格，协助旅游公司了解中国市场，显示拓展美国市场的决心。

——结合“’92友好观光年”的宣传吸引更多人的兴趣。

——讨论合作促销工作以及其他方面的合作事宜。

——为中美两国达成旅游协议打下基础。

三、行程安排

福莱公司同假日饭店和西北航空公司进行协商后，他们愿意赞助代表团的住宿和国际国内机票。

在代表团来访之前，福莱公司同各大旅游公司、旅游协会以及政府部门官员进行了广泛的接触。进行这种接触的目的是为了向这些组织和官员通报代表团访美的日程和目的，以便安排会谈以及确定出席会谈人员，并让他们提前了解会谈的具体内容。

除此之外，福莱公司还为代表团的来访作了下列各项安排和准备。

住宿——福莱经过同假日和西北航空公司协商后，为代表团制定了一份以小时计算的详细的访问日程。代表团所到之处，交通部预先安排妥当，几次宴会的安排都是经过精心设计的。

象征意义的标志和辅助资料——福莱负责这个项目的工作小组设计了一组图案，主题是：“中国旅游业：今天与明天”。福莱把带有中国旅游象征的飞马图案印制在横幅旗帜上。所有的辅助资料上都印有这组图案，其中包括新闻资料和情况介绍资料。另外，在佩戴的名签上和宴会的座次排名卡上都可以见到这组图案。福莱为大型招待会印制的大型横幅标语格外引人注目。

情况介绍资料——福莱为代表团每位成员编写了一本内容全面的情况介绍资料。其中包括代表团访问日程、有关到访城市的简介、要会见的各大旅游公司简介以及所到之处的名胜古迹介绍。

留给旅游公司的资料——为了便于美国各大旅游公司执行官员更详细了解中国三大旅行社以及中国旅游业的发展变化，福莱编写了一本详细资料。

一切准备就绪后，代表团于1992年7月3日抵达美国，开始了五个城市的访问工作。这些城市是：首都华盛顿、费城、纽约、明尼阿普利斯和洛杉矶。代表团的主要活动如下：

同各大旅游公司举行会谈。这些公司是：美国旅行社、欧米茄环球旅行社、罗森布鲁斯旅行社、卡尔森旅行社和麦达格拉斯旅行社。刘毅局长在会谈中重点讲了中国旅游设施的改进。他也明确表明中国旅游业愿意同美国旅游业加强合作。会谈的双方签署了备忘录，表示将就改善市场拓展与促销工作继续进行协商。

为旅游界人士举行招待会。代表团分别在纽约和洛杉矶下榻的假日饭店为美国旅游界人士举行了大型招待会。福莱为应邀出席的客人分发了介绍中国旅游情况的小册子和有中国特点的纪念品。招待会大厅分几个区播放介绍"中国'92友好观光年"特辑的录像带，四周布置了许多风光图片，客人可以一边品尝中国食品，一边了解中国的旅游情况。招待会期间，刘毅局长作了10分钟左右的简短发言，重点介绍中国旅游业在未来几年的发展规划。

为旅游业新闻媒介举行新闻发布会。这个新闻发布会是以午餐形式组织的。在纽约的皇冠假日饭店举行。福莱准备的新闻资料中包括新闻稿和其他有新闻价值的信息。刘毅在新闻发布会上介绍了代表团访美的目的、未来展望，并宣布将采取一些积极措施鼓励美国旅游业做中国生意。随后刘毅局长回答了记者的问题。

中国驻美使馆为代表团举行招待会。在华盛顿访问期间，中国驻美大使朱启帧先生为刘毅局长和代表团举行了招待会。福莱为中国使馆提供了邀请名单。其中包括一些现任和前任的美国国会议员、知名人士、前驻中国大使和其他商业界人士。

四、效果

同旅游公司的会谈非常成功，美国各大旅游公司利用这个机会直接向国家旅游局询问许多事项，并使代表团了解了大公司所关注的问题。双方均认为会谈为将来的合作铺平了道路。为旅游界人士举行的招待会共有400多人出席。福莱公司分发了大量的促销中国旅游的资料。招待会的成功之处不仅仅在于达到提供信息的目的，而且也实现了加深旅游界人士对中国旅游的印象的目标。

此外，通过新闻发布会以及随后的新闻报道，把刘毅局长宣布的几项积极措施以及中国旅游业的发展信息传递给了美国旅游业；通过使馆招待会，直接联系了一批美国政府部门和私人公司的重要人士，为促进两国旅游业和商业打下了基础。

通过这次成功的访问，中国国家旅游局对福莱的办事效率加深了印象，也对福莱的工作充满信心。他们决定继续合作，实施第二阶段的公共关系项目。国旅、青旅和中国旅行社官员也对福莱的工作表示赞赏，并希望加强同福莱的合作关系，扩大中国旅游业的公共关系工作。除了做好代表团访问的后续工作外，第二阶段的项目包括全美范围内的新闻媒介联系、旅游座谈会以及为美国旅游业定期编写中国旅游信息简报。

福莱公司这次公共关系策划首先确定了这次公共关系活动的总目标和各项具体目标，在此基础上设计了公共关系宣传的主题："中国旅游业：今天和明天"。整个公共关系工作都紧紧围绕着目标而展开，加上精心的设计和周到的安排，使中国国家旅游局代表团的访问获得了成功，达到了预期目的。由此可见，成功的公共关系策划必须有明确的目标；如果公共关系活动缺乏目的性，就可能导致公共关系计划方案的设计得到与愿望相反的效果，或浪费时间、精力、财力在非公共关系身上，或增加公共关系问题的复杂性，公共关系活动就可能成为无效劳动。

（摘引自《公共关系案例》，中国财政经济出版社，1994）

案例 2

非常时期上海演练“危机公共关系”

不久前,国际足联在事前没有任何预兆的情况下断然宣布:受“非典”影响,2003 年女足世界杯易地举行。因为主办权的失去,意味着上海等四座主办城市的所有商业合同全面失效。据记者掌握的资料,这些商业合同的总金额可能高达数亿元人民币。

然而,上海受“非典”影响的程度远不止于此,这座国际化大都市的旅游、航空、会务等行业,正经受着前所未有的考验。如何重塑自己的国际形象,成了上海市政府“后非典时期”的一大工作任务。

早在 2003 年 2 月,上海市政府就曾秘密向几家国际知名公共关系公司实施其“对外形象推广项目”的招标活动。现在看来,重塑上海的国际形象,让更多的外国人重新回到上海、信任上海,上海“国际公共关系计划”的意义尤显重要;而各公共关系公司已提交或正在起草的招标方案,在“非典”这一特别时期,极有可能被要求进行有针对性的紧急修改。

一、国际公共关系秀的特殊背景

这是一个为期 7 年、价值数百万美元的项目,上海市政府破天荒地将其交给国际知名的公共关系公司来运作。

2003 年 2 月 14 日,上海市政府秘密召开简报会,上海市政府新闻办在会上传达了“对外形象推广招标项目”的意愿及具体设想。经记者多方求证,基本确定参加了简报会的 5 家公共关系公司名单:万博宣伟国际公共关系、爱德曼国际公共关系、凯旋先驱公共关系、博雅公共关系和奥美公共关系。业界另传 21 世纪公共关系等可能也参与其中。

据博雅公共关系的一位工作人员透露,这是一项为上海在全球造势的浩大工程,仅公共关系合同就高达数百万美元;而业界流传的另一个数据是,上海每年为支持这一整体项目实施的花费高达 2 亿至 3 亿元人民币。项目为期 7 年,即从今年项目确定到 2010 年上海世博会的举办。

"这次招标可以看作是对上海市委书记陈良宇去年12月底一次重要讲话精神的具体落实。"上海市新闻办的陈先生告诉记者。据悉,上海市社会科学院很快作出相关报告,并建议挑选若干家公共关系或广告公司具体操作城市形象对外推广。

上述公司之所以能够被上海市政府邀请,正是因为它们的国际化背景,以及它们所具有的为政府作策划的丰富经验。比如,万博宣伟做过北京申奥和上海申博的公共关系,博雅曾为香港做过"动感之都,就是香港"的城市品牌形象案例,奥美公共关系做过上海《财富》论坛的公共关系推广,爱德曼公共关系也一直与政府部门保持着长期良好的关系。

其实,上海并非中国政府公共关系市场的吃螃蟹者,除北京申办2008年奥运会时曾聘用万博宣伟提升其国际形象外,广东省政府也已就树立政府形象开展过类似活动,比如其去年曾邀请公共关系公司培训政府各部门新闻发言人,以保证其形象和讲话有利于政府形象的提升。

二、SARS阴影下的政府危机

公共关系"由于SARS的蔓延影响到投资者对中国经济的信心,中国新一届政府已接受了有关危机处理的速成培训"。2003年4月21日的美国《华尔街日报》这样称。

爱德曼国际公共关系(北京)的董事阿利斯泰尔·J.尼古拉斯则告诉记者,政府的领导层已认识到成为全球社会一分子将承担新的责任,其中之一就是在遭遇危机时进行有效的沟通。"由于外国人纷纷取消了到中国旅游的计划,国际体育赛事和商业贸易会议不是被推迟就是被取消,中国政府能否成功举办包括北京奥运会和上海世博会在内的重要活动,取决于在SARS后重建形象的努力。"北京现代城市形象研究所所长居易告诉记者,"非典"对中国所有城市都是一场突如其来的灾难,疫情城市或相关区域更是首当其冲。人们关注疫情并开展防护的行动和过程,必然隐含着对相关城市的抵触,因而也必然使疫区城市的形象受到破坏。网络舆论之所以出现"北京人自信力大减"的说法,就是明证。

相反，上海却因此成为特例。其人口之多、城市之大、交通流量之大与疫情之轻微间的反差，几乎到了令人诧异的地步。而在包括世卫组织在内的所有人经历了从怀疑到证实的过程之后，对上海不由得更为刮目相看。因为面对“非典”，这样的结果只能归结为两大原因，一是运气，这是世卫组织流露的观点；另一个就得归结于上海的科学防范和系统严密的城市管理体系。而前者只能是说说而已，后者才应该是本质所在。疫情成为提升形象的机遇。4 月 23 日，上海市政府针对“非典”疫情发布了“八项严格规定”，这是上海继 16 日“十项措施”以后的一个新举措，它表现出了上海市政府应对突发灾难的应变能力。

除了强有力的政府手段之外，比较有上海特色的“非典”防范消息大概有这样三条：一是上海在“非典”防范中采用了国际标准的五级分类警报体系，现在处于次高的“橙”色级；二是 4 月 22 日上海外资委专门向 200 多位外商企业、跨国公司的地区总部(包括外资代理机构)在沪负责人开会通报了上海的“非典”防范情况，并公布了上海专门为外籍人士设立的位于上海肺科医院的“非典”定点诊治机构；另一条是上海市人大在 4 月 25 日召开的常委会上通过了修改《上海市环境卫生条例》的决定，为预防“非典”，上海决定对随地吐痰行为的罚款提高到 200 元。《关于加强预防和控制传染性非典型肺炎的决定》也会在近期召开的上海市人大常委会第四次会议上讨论并制定。

“这样的效果很明显，每年纳税 2 亿元、被誉为上海市纳税大户的嘉里中心，由于‘抗非’措施得当，到目前为止，没有发生一起中外客户退租事例，仍保持着办公楼 100%和公寓楼 80%的租用率。”嘉里中心物业经理王先生 5 月 15 日告诉记者。

“‘非典’对上海既有难以避免的负面影响，也有特殊时期提升城市形象的积极意义。只要上海目前的疫情没有进一步恶化，人们完全有理由相信，上海确实是真正意义上的有着现代科学管理水平的国际化大都市，因而也是更值得信赖的城市，更具有发展前景的城市。当然，对上海而言，这也是一个极为难得的城市形象的优化和推展机遇，甚至‘上海人’的形象也许因此而大为改观。”居易教授说。

据介绍，近来一些受“非典”疫情影响的国际化大都市正准备进行新一轮城市形象塑造，以弥补“非典”对它们的创伤。当“非典”来临时，新加坡政府在维护城市形象方面做了很多工作；在“非典”之后，新加坡将会对城市形象作一些新的推广。

三、国际公共关系方案紧急修改

现在看来，上海为了重塑国际形象，有可能适当调整原本的“对外形象推广项目”。

根据记者多方求证，基本了解了该项目原来的框架。其 2003 年 2 月份提出的项目招标内容共分四项：第一部分就是设计上海形象，即能够用精练的语言将上海介绍出来，包括口号、Logo，以及外国人怎样看上海等。

第二部分是协助举办“首届上海国际文化发展论坛”，这是一个由文化部和上海市政府举办的论坛，计划在今年晚些时候举行。公共关系公司要做的主要是对论坛进行国际化包装，并寻找相应的赞助商。

其余两项则是策划知名人士访沪：通过中标公司的全球网络协助，在今后 8 年里，每年分两批邀请对国际政治、经济、文化、体育等有重要影响力的名人和国际著名媒体负责人到沪参观访问，以扩大上海在国际上的知名度和关注度。

“政府的意思是，受邀公司可以竞标所有项目，也可以只竞标其中某项。说实在的，这个项目相当庞大，且实施起来也比较复杂，要在短时间内竞标整个项目几乎不大可能，所以公共关系公司一般只准备参与当中一部分竞标。”爱德曼公共关系一位工作人员告诉记者。

5 月 15 日，记者致电上海市政府新闻办公室时，上述信息没有被否认。但对于方案是否会修改，新闻办的一位先生很隐讳地说：“现在是非常时期，真正要改，也应该是打赢这场硬仗后的事情了。”“因为政府抗击‘非典’的原因，这一段时间我们也正在等候政府下一步要做什么。”参与竞标的万博宣伟国际公共关系公司高级顾问王星蓉告诉记者。

“国际公共关系”的作用有多大？一些专家提出了不同看法。他们认为，“国际公共关系”并不能代替政府，面对类似于“非典”这样突发事件的打击，政府还需要极强的应变能力。复旦大学陆雄文教授就此打了一个形象的比喻:“国际性的公共关系不能代替政府,公共关系公司可以为你做一个一夜光彩的新娘妆,但不能保证一辈子的光彩。”北京现代城市形象研究所所长居易也认为,在城市形象的推展方面,包打天下的公共关系公司是没有的,所以过分依赖和夸大国外公共关系公司在整体提升城市形象方面的作用是毫无根据的。

上海城市形象和上海城市公共关系的真正运作者,仍然必须是上海本身。

(资料来源:《新闻周报》2003 年 5 月 27 日,http://www.cb-h.com 中国商报网)

第六章　旅游公共关系的工作方法

学习目的

- ●掌握旅游公共关系调研的方法
- ●熟悉旅游公共关系传播方法
- ●了解旅游公共关系谈判程序

基本内容

旅游公共关系调研方法

●旅游公共关系调研的主要内容

组织形象、公众态度、组织环境

●旅游公共关系调研的程序和方法

调查对象、调查内容、问题设计、调研推进、结果分析、反馈改进

旅游公共关系传播方法

●旅游公共关系传播的方式

媒介传播、"活动"传播

●旅游公共关系传播的方法

策划新闻事件、召开新闻发布会、创作公关传播文案

旅游公共关系谈判方法

●旅游公共关系谈判的原则

互利原则、以信为本、要素对称

●旅游公共关系谈判程序及方法

分析情报、组织班子、拟定计划、模拟谈判、正式谈判、评估总结

第一节　旅游公共关系调研方法

一、旅游公共关系调研的主要内容

旅游公共关系调研是对与公共关系决策相关的数据进行计划、收集和分析并把分析结果向管理者沟通的过程。旅游公共关系调研的基本目标，是描述旅游组织所处的公共关系环境，诊断旅游组织的公共关系问题，预测环境中的可控或不可控因素的变化方向与影响程度，帮助旅游组织寻找发展机会。

旅游公共关系调研的内容主要包括：

1.旅游组织的形象调查

旅游组织形象调查的主要内容包括：①知名度——公众对旅游组织的名称、标志、产品或服务的了解程度和知晓公众的范围；②信誉度——公众对旅游组织所提供的产品、服务及相关推销方式的信任程度；③公众评价——公众对旅游组织的服务、经营管理、社会活动、人物形象等各方面的评价。

2.旅游公众态度和意见调查

旅游公众的态度和意见调查的内容主要包括：①公众动机——即探明形成公众某种印象与评价的主观原因；②公众意见——旅游组织应定期征求内外部公众意见，特别是对于改进旅游组织工作的意见、建议。

3.旅游组织社会环境调查

旅游组织公共关系状态调查，还要广泛调查收集一切同旅游组织有关的社会环境资料。调查的内容诸如：社会上发生的重大事件及对旅游组织和旅游业的影响、公众中的有关社会思潮等等。

二、旅游公共关系调研的程序和方法

旅游公共关系调研的基本程序是：确定调查对象、拟定调查的内

容、问题设计、调研推进、结果分析、反馈与改进。

（一）确定调查对象

旅游组织状态调查可分为局部状态调查和全面状态调查。局部状态调查是选择一类或几类公众进行调查，其目的是摸清组织在该部分公众中的印象如何，探索改善公共关系状态的措施，为组织有关决策服务。全面状态调查是在各类公众中进行普遍、综合的调查，这是全面考察旅游组织状态的一种手段，为组织制定经营战略服务。

（二）拟定调查的内容

调查工作一般是从四个方面进行：①旅游者满意度调研；②组织知名度和美誉度的调查；③旅游组织形象要素调查；④旅游组织内部期望形象调查。

在旅游公共关系调研中，旅游者满意度调研是最主要的调研内容。旅游满意度调研的基本目标是：确定满意度的关键决定因素，测定当前的满意水平，为管理者提供建议，长期跟踪满意水平。

旅游者满意度调研的基本方法涉及：调研策略、数据收集程序 、抽样程序、一般类型的问题——如过滤性问题、整体等级、表现等级、未来使用和购买意向、类别或品牌使用信息、人口统计或生活方式信息——和分析。旅游者满意度调研一般应选择四种类型的旅游者，即忠实者（因完全承诺具体顾客服务）、背叛者（因没有必须回来的理由）、趋利者（出于低价格、冲动、赶时髦和为买而买）和受制者（旅游者受制于旅游产品供给者）。衡量满意度的指标主要设定：①基本旅游者满意度——旅游者按主要满意度变量为旅游组织或旅游产品排名；②旅游者价值测量。其理论依据是：市场中的旅游者按感知价值来购买、价值建立在旅游者希望得到的利益的基础上、价值应与旅游者期望支付的成本相比较、旅游者将利益与成本相比来评估他们的市场选择。从理论上说，完全旅游者满意是确保旅游者忠诚和旅游组织及其产品市场业绩的关键。

（三）问题设计

确定了调研内容后，下一步的工作是设计调查表格。调查表的设计是旅游组织状态调查的重要一环，调查表格的设计要具备目的性、全面性、多样性、明确性，要有利于对调查结果的评分统计。旅游组织状态调查也可就组织声望高低等某一方面内容专门进行调查。一份优秀的问卷一般能考虑到以下四方面的因素：①问卷能提供必要的决策信息；②考虑到应答者；③符合编辑和数据处理的需要；④问卷可以服务于许多管理者。

问卷调查法是利用问卷表（或叫访问调查表）进行旅游公共关系状态的调查的方法。这一方法的关键是设计好的问卷表，在设计时应注意的是：①所提的问题应明确，用词要简洁，应避免含糊不清的问题；②设问时要防止“一问、二答”及所造成的答题困难；③要辩证地考虑答题的准确性与可信程度的关系，对抽象问题的回答最好有较明确的分级参照语；④问卷设计应避免诱导，以防造成应答的偏见。

问卷设计过程中的工作包括：

(1)确定调研目的、来源和限制因素。

(2)确定数据收集方法。

(3)确定问题的回答形式——比如是选择开放式问题、封闭式问题和量表应答式问题。

(4)决定问题的用词——用词必须清楚，选择用词时应避免应答者误差，考虑到应答者回答问题的意愿和能力。

(5)确定问卷流程和编排——运用过滤性问题以识别合格应答者，对合格者以一个能引起兴趣的问题开始访谈，先问一般性问题；需要思考的问题放在问卷中间，提示在关键点插入；把敏感性问题、威胁性问题和人口统计问题放在最后等。问卷设计中一般应先问易于回答的问题，有时可以提出一个使人感兴趣的问题，以激起应答者继续答卷的兴趣；前边问题的回答应对后边问题具有启发性，或为后面的问题提供必要的信息；敏感性问题（如收入状况及对旅游动机的影响、宗教信仰等）、开放性的问题（不为应答者提供备选答案的问题，答题化时较多）应放在问卷表后面，即使有些答题者此时不愿回答，也不会给答卷质量带来太大的影响。

(6)问卷的评估——问题是否必要、问题是否太长、问卷是否回答了调研目标所需的信息？邮寄和自填式问卷的外观设计（避免看上去杂乱、给开放式问题留足够的空间、考虑问卷的着色编码、问卷中的说明应当用明显字体)。

(7)获得各方面的认同。

(8)预先测试和修订。

(9)在问卷上附加实施调研信息——管理者说明、访问员说明、通话纪录单、可视辅助材料和其他附录、实地调研单位等。特别要写好介绍词,以促进应答者认可该项调查研究的合理性。介绍词应该说明该项调查研究的重要性、调查研究组织的身份、回答问卷的至关重要,要使应答者确信不存在对或错的回答,并向应答者承诺他的回答将会得到保密或不被认出。

(四)调研推进

调研过程中采用的方法主要有:问卷调研法、文献研究法、谈话调查法、专家预测法和趋势预测法。

问卷调研最好采用匿名的方式进行,这样将有助于管理层得到公众最真实的想法。相对而言,聘请专门的调查公司或咨询公司进行旅游公共关系调研的效果比内部公共关系部门好,因为公众往往认为前者更客观、更公正,可信度高。寄发调查表,最好直接写出收件人的姓名,要尽量避免寄发"××办公室收"之类的信函,以免有寄无回。寄发调查表时就要考虑到表格的回收,往往在寄发调查表时,附一张调查说明书,除说明如何回答答卷以外,还应对公众的协助表示感谢。有时,为了提高调查表的回收率,还应采取奖励措施。

文献研究法是旅游公共关系调研中收集有关公众情报的基本方法。这个方法通过检索、分析文献资料等收集情报。文献资料的收集整理工作诸如:①公共关系人员从报刊杂志上广泛收集的国内外政治、经济和国家时事政策资料;②从专业性的旅游报刊上收集有关旅游动态的情报资料;③查阅旅游组织的各类报表和档案,全面了解旅游组织的历史和现状;④从上级机关查阅收集的文献资料等。资料的整理工作包括剪贴、分类、装订、登记、编目、归档等。现代旅游组织应借助计算机辅助管理手段,提高资料收集整理的速度和使用效率。对收集到的与旅游组织公共关系有关的资料应作纵向和横向的分析。纵向分析主要了解有关公共关系问题产生发展的过程、相关的影响等，横向分析主要了解对同一问题的不同观点及相应的依据、观点的可信度等。在旅游公共关系调查中，应将定性和定量资料收集方法结合使用。

谈话调查法又称访谈研究，即通过与调查对象的交谈获得信息。谈话调查可以分为直接面谈、电话交谈等形式。谈话调查法灵活、应答率高，有利于同时观察被访者的非语言行动，有利于对旅游组织的环境进行调节。在进行谈话调查时，应依仗旅游公共关系人员的形象以及他的社会地位、角色、职务等给公众的基本提示，努力接近被调查者。调查之前应列好访谈提纲，谈话可按一定程序进行；也可按照特定的议题作自由式谈话，边谈边形成题目。调查访问时遇到拒谈情况，应灵活处理。

专家预测法主要是通过专家意见的反复征询与沟通式反馈，最终取得较为一致的专家见解。趋势预测法是通过较长时间的追踪调查，对各阶段数据进行比较，从而探求旅游组织公共关系状况的发展趋向。旅游公共关系目标及公众对象的不同，是采取不同公共关系调研方法的出发点。

(五)结果分析

收回的表格中包含着大量的信息，应及时加以整理。资料整理的直接目的是确定旅游组织形象等状态的好坏，方法是将有关调查项目的评分加以平均，根据得分高低，判断旅游组织公共关系状态。资料整理还包括对各项具体指标的统计整理，但究竟指哪些具体指标，主要应根据实际需要和表格上的内容来确定。

结果分析的程序是：

(1)确认和编辑整理；

(2)编码——包括编码定义和编码过程(列出答案、合并答案、设置编码、输入编码)；

(3)数据录入——智能录入、数据录入过程、光学扫描、数据自动清理、调查结果图表化、单向频次表(关于百分比的基数、为具有多种答案的单向频次表选定基数)、交叉分组表；

(4)数据的图形化——线性图、饼状图、柱性图(包括简明柱形图、聚类柱形图、堆积柱形图、多行三维柱形图等)；

（5）描述性统计——集中趋势的计量、离散程度的计量、平均值或百分比及统计检验。

（六）反馈与改进

旅游公共关系调研的反馈必须建立在有效沟通的基础上，反馈过程应过滤掉与调研目标不和谐的“噪音”，提高注意力的集中度，注重调动评估者的选择性知觉。在反馈过程中，取得管理层的信任是极为重要的，应通过反馈建立信任，并促使管理层使用调研信息。

调研的反馈主要集中在调研报告上，调研报告必须表述研究的细节（包括调研目标、主要背景内容、调研方法的评价、以表格或形象化的方式展示调研结果、调研结果摘要、结论和建议），调研报告必须能像一个参考文件一样发挥作用，能够建立并保持研究的可信度。

旅游公共关系调研报告的组织框架包括：①目录；②调研目标；③调研方法的简要陈述（执行性、如何开展调研）；④调研结果的摘要（有何发现、意义如何）；⑤分析与结果（分析类型/表格图形/解释性正文）；⑥结论和建议（解释调研结果并形成建议，提出可能的管理措施）；⑦详细介绍（详细的分析和调研结果、详细结论、详细的调研方法论）；⑧局限性；⑨附录（如必要）。

旅游公共关系调研报告的主要方式为口头汇报。口头汇报资料主要包括：汇报提要、视觉辅助、执行性摘要、最终报告的复印件。进行口头汇报时应注意的问题是：数据的真正含义是什么、它们有什么影响？我们能从数据中获得些什么？在现有条件下，我们应做些什么？将来如何能进一步提高这类研究的水平？如何能使这些信息得到更有效的运用？调研报告中容易出现的问题是：篇幅象征质量的错觉、解释不充分、偏离目标或脱离现实、过度使用定量技术、虚假的准确性、调研数据单一、资料解释不准确。在使用汇报软件时，应避免虚张声势的图表。

旅游公共关系调研是否有益于旅游组织改进工作取决于如下因素：①问题是否得到了正确的界定；②调研的设计对眼前的问题是否有针对性；③使用的抽样程序是否正确；④收集资料的方式是否合理、及时；⑤分析资料时所使用的分析工具是否正确；⑥从统计资料结果推出结论的过程是否符合逻辑；⑦建议是否从结论的基础上合乎逻辑地推出。

第二节　旅游公共关系传播方法

一、旅游公共关系传播的方式

旅游公共关系传播活动的形态很多，开展活动之前，应根据传播工作的目标和内容，制定传播计划，确定中心活动，配合选用多个附属性活动项目，形成旅游公共关系的传播阵势。

媒介传播是精心策划的全方位、多媒体、多形式的综合性传播，强调战略性和策略性，谋求轰动效应。媒介传播方式是旅游公共关系传播的最基本的方式，应根据媒介性质、形象定位、公众特性、目标定位、传播费用、组织战略、市场策略等，选择最恰当的传播媒介，组建最佳的媒介体系，在最恰当的时机推出媒介传播作品，以期取得最佳的传播效果。

(一)旅游公共关系媒介传播

公共关系媒介传播渠道主要有：大众媒介、户外媒介、组织媒介等。大众媒介具有公开、快速、科学色彩浓、娱乐价值高、社会权威性大、容易形成轰动效应的特点，能够使公众无可置疑地相信它所刊载、刊播的内容。因此大众媒介总是旅游公共关系传播的首选媒介。具体可分为：

(1)常规媒介传播。利用电视、报纸、广播、公共关系广告、传播手册、明信片和制造公众口头传递的信息进行传播。

(2)户外媒介传播。户外媒介主要指户外广告牌、路侧灯箱、公益告示牌、车箱流动广告等等。户外媒介在提醒公众、强化公众记忆、展示旅游组织形象方面，具有极其重要的作用。在进行户外媒介传播时，应突出个性和特色，强调新奇化、简明化、规模化、艺术化、公益化的要求，特别要强化旅游组织的公益形象和热心社会事务的形象。

(3)旅游组织媒介传播。旅游组织媒介包括内部报刊、广播、闭路电视、黑板报等，结合组织人际媒介、实物媒介等进行综合运用，可以有助于内外沟通协调。

选择旅游公共关系传播媒介依据的原则是：

(1)根据旅游公共关系工作的目标和要求。如果传播目标是提高旅游组织的知名度，可以选择大众传播媒介；如果传播目标是对客体产生较深的影响，而且对信息的反馈要求及时，就应考虑人际传播方式；如果传播目标是缓和内部紧张关系，则可以通过人际传播与群体传播结合的方式进行。

(2)根据不同传播对象选择传播媒介。主要考虑的因素是目标公众的经济状况、受教育程度、职业习惯、生活方式以及接受信息的习惯。

(3)根据传播内容和传播媒介的特点选择传播媒介。不同的媒介在传播功能上存在着差异，例如平面媒介适合于理性传达、电视媒介的传播信息量大、网络媒介的传播速度快等。如果传播只对本地区有意义的信息，就不必要选用全国性的传播媒介；只对一部分特定公众有意义的信息，就没有必要采用大众传播媒介；对个别旅游者的投诉，则只需面谈或书信往来即可。

此外，旅游公共关系传播选择传媒还要考虑旅游组织的经济承受能力。

在旅游公共关系传播中，实像传播的方法越来越受重视。实像传播通过对直观可靠的实物信息综合处理，可以通过展示形象的细节强化形象信息的真实性，使旅游组织及其产品形象"活"起来，烘托出一种全景般的氛围，充分调动旅游受众的观赏美感。实像传播的主要操作方法有样品展览、示范表演和对服务场所进行"蓝图设计"——服务场所的有形展示可以用可视、可听、可触等不同类型对服务项目进行高密度展示，或用变换视觉因素、视力角度的方式强化展示服务环境、设施和活动、事件。旅游公共关系传播中的实像传播还包括接待人员的形象展示，因此旅游公共关系传播服务人员在服饰、形体语言、服务距离等方面都要进行全面、细致的设计。

(二)旅游公共关系"活动"传播

旅游组织通过举办与组织相关的具有较强的娱乐性、新奇性和公众参与性，能够吸引公众积极参与的社会文化活动、商业文化活动、公众生活活动，来传播旅游组织，并由此带动大众传播媒介的报道，达到公共关系传播的目的。

1.活动传播的主要内容

(1)生活情趣活动。即以现实生活中的情趣性活动(如结婚仪式、祝寿仪式、贺节仪式等)为原型，或以生活中带有美好意味的典故、传说为素材，策划出富有情趣色彩和象征意义的活动，以此为“媒介”，开展旅游公共关系传播。

(2)文化娱乐游戏活动。将旅游组织的公共关系传播内容巧妙地融入文化、娱乐、游戏、体育活动之中，开展娱乐、游戏性公共关系活动，有效地吸引公众参与到活动之中，在娱乐、游戏中接受旅游组织的公共关系传播。

(3)专题庆典活动。组织形象展示活动、旅游文化节活动、知识比赛活动、生活技能比赛活动等，都可以有效地传播旅游组织。举办专题庆典等活动时，应选准活动的主题、安排重要人物到场剪彩祝贺，吸引公众注意力。

(4)“赞助”传播。旅游组织赞助一些公众所关注的，以公益性、慈善性、服务性、娱乐性、大众性为主题的社会活动，自觉履行旅游组织所承担的社会责任和义务，从而完善旅游组织的道德人格形象，强化与目标公众的情感关系，扩大顺意公众的规模，展示旅游组织的实力形象，以增强旅游组织传播活动的效果。

2.策划旅游公共关系传播活动要求

(1)主题鲜明。根据旅游公众的兴趣和娱乐心理，策划出符合其心理需求、无明显商业色彩的活动，扩大公众的参与规模与程度。

(2)形式生动活泼。旅游公共关系传播活动应力求在情节安排上具较强的戏剧化效果，以生动、欢快和轻松的现场气氛稳住现场公众，并以他们的参与再吸引更多的公众。或充分利用公众好胜心理和公众的获利动因，设置较有吸引力的奖品、抽奖项目等，强化活动效果。

(3)时机要恰当。旅游公共关系传播活动应安排在公众的闲暇时间、重大社会纪念日、开业之际、新产品或新服务项目推出之际、旅游组织合并合资或迁址之际、组织社会公共福利活动之际、旅游组织荣获重大荣誉之际、重要人物处于旅游组织之际、发生重大责任事故之际、采取重大决策措施之际等，这些时间是旅游组织发展过程中的关键阶段，这些时机成功的公共关系活动容易引起公众的注意，形成公共关系的轰动效应，从而获得良好的公共关系效果。

(4)活动要形成系列。旅游组织应定期举办主题相似、具有内在联系、开展时间稍长的公共关系活动，可以形成公共关系活动的规模效应、“工程”效应，从而吸引更多的公众参与到活动之中，接受公共关系的影响。

如果是举办赞助活动，必须遵循以下基本原则：①社会效益原则。开展赞助活动必须着眼于社会效益，优先赞助文化教育活动、社会慈善事业、福利事业和公共市政建设等，以获得公众的普遍好感。②相关原则。旅游组织赞助的活动对象应当与公众生活或旅游组织的经营内容相关联，以获得直接的公共关系传播效果。③合法原则。赞助的对象(即接受赞助的单位和个人)要符合法律道德要求、社会利益和公众利益，赞助方式要严格遵守政策法律。④实力原则。旅游组织开展赞助活动应根据组织的经济实力支出能够承受的经费，并达到一定的传播规模。一些旅游组织在“以最小的投入，获得最大的报酬”原则下，赞助活动向捐资组建赞助性基金会、参与社会问题的传播与解决、以长期稳定的“赞助工程”实现赞助活动的“名牌效应”、刻意赞助有很高新闻价值的社会重大活动等方面拓展，取得了很好的传播效应。

专题活动在旅游公共关系活动传播中占重要地位。常见的专题公共关系活动有开业典礼、文艺演出及电影招待会、交际舞会、展览会、对外开放参观、游览、赞助活动以及宴请等。专题活动有鲜明的目的性、明确的诉求对象，是有计划、有步骤开展的目标公众参与的公共关系主题传播活动。作为一种新型的传播模式，专题活动能强烈地吸引公众的参与，有效推进公共关系的目标管理。

策划旅游公共关系专题活动的步骤是：立项、可行性研究、主题创意、方案论证。活动设计应突出主题，把握高潮。整个活动应设计合理的评估标准，贯彻程序化、标准化管理规范。还要注意的是，活动的审批手续必须齐全，以避免出现不必要的麻烦。

设计旅游公共关系专题活动需要考虑的因素有:①明确举办专题活动的目的。②确定活动日期。③各种设施保证。④首先要选择适当的地点。⑤在多数情况下,公共关系主管必须考虑公众分布情况、活动性质、活动经费以及可行性等因素。⑥通知参加者。与活动有关的人士,如公司经理、地方官员等,都应及时通过电话或书信方式通知到,一般应在活动举办前4～6周通知;较远的、中转时间长的、较重大的活动,需要再提前一些。⑦安排日程以及费用预算。

以设计和举办旅游展览会和纪念庆典活动为例。

旅游展览会是旅游目的地和旅游企事业单位为拓展旅游产品和旅游商品和有关成果的一种专题活动类型。展览活动是一种复合型公共关系传播活动,具有双向沟通功能,并有很高的新闻价值。旅游展览会的种类很多,按展览的地点分为露天展览和室内展览,按展览的内容分为综合展览和专项展览,按展览的规模分为大型、中型、小型、微型展览,按展览的性质分为贸易展览和宣传展览,按展览方式分为静态展览和动态展览。

设计和策划旅游展览会的要素有:①确定展览主题,选择展览类型。确定主题主要应考虑公共关系目标和公众类型这两个因素。②确定展览的内容与形式。应科学确定展览内容,应科学设计展览形式,应制定好活动计划。③作好经费预算。④培训讲解及示范操作人员。⑤搞好参展单位和展品的设置安排。⑥准备好各种辅助材料。⑦布置好展览场地。⑧安排好有关配套活动。

纪念庆典活动是旅游目的地或旅游企事业单位根据本身及其所处社会环境中有关的重大事件、纪念日、节日等所举办的各种仪式、庆典和纪念活动。纪念庆典活动的类型主要有:①节庆活动,即利用盛大节日而开展的公共关系活动。②纪念活动,即利用社会上或本行业、本组织各种具有重要纪念意义的周年纪念日而开展公共关系活动。③典礼仪式,如奠基典礼、落成典礼、开业典礼、开幕典礼、周年庆典、签字仪式、颁奖仪式、捐赠仪式、就职仪式、授勋仪式等。

在策划纪念庆典活动时要考虑以下因素:①确定纪念庆典活动的主题,选择适合于主题的实际内容来巧妙地开展公共关系活动。②选择纪念庆典活动的形式。③安排纪念庆典活动的程序及工作任务。④精心拟定邀请宾客名单并发出请柬。⑤确定主要发言代表及亮相人物。⑥安排纪念庆典活动的辅助活动，可以有制造气氛的辅助活动和增进情谊的辅助性活动。⑦纪念庆典活动的具体实施。

二、旅游公共关系传播的方法

（一）媒介传播方法

1.策划新闻事件

策划新闻事件就是旅游组织围绕某个公共关系目标、通过巧妙的策划与安排有意引起新闻媒介关注，引导大众媒介给予传播、报道。这种无偿利用大众传媒进行公共关系传播的方式，关键就在于策划的事件"新"、"特"、"奇"，具有较高的新闻价值。策划新闻事件可以围绕特殊的时间（如母亲节、植树节、"中国电影周"等）、特殊内容的纪念会或活动、特殊人物或相关事件等进行。

策划新闻事件可以借助旅游组织的一系列活动进行，也可以搭乘社会重大新闻进行。社会重大活动，如重要外交活动、社会事件、名人活动、大型比赛与表演等，具有较大的新闻价值，是新闻媒介关注的热点和报道对象。旅游组织要通过巧妙策划，去参与或为其提供场地、人员、设备等方面的服务，使旅游组织成为整个活动的有机组成部分之一，进而成为新闻报道的基本内容或背景内容之一，达到特定的传播目的。

2.召开新闻发布会

新闻发布会是旅游组织召集新闻记者、政府公众、社区公众等，宣布某一信息（如荣誉、事故真相等）的一种特殊会议，这是旅游组织让公众了解有关信息的最简捷、有效的途径之一。新闻发布会发布的信息要确有新闻价值，并创造条件尽可能满足记者的业务工作要求，以借助其新闻报道，达到公共关系传播的目的。

举行新闻发布会前，应根据所确定的主题，选定发布会的时间地点、划定邀请范围。发布会程序的编排应紧凑，编排程序时注意制定对付冷场或混乱局面的方案。准备好主持人发言稿、答记者问的备忘录、散发给记者的新闻统发稿和其他传播材料等，便于记者快速成稿发稿。

准备的资料数量应充足，切忌造成某些记者领到、而另一些记者领不到的情况。另外，还应准备好扩音录音器材；如有需要，还要备好电话、电传等设备，以备记者急用。

注意妥善安排本单位领导和嘉宾的座席，如有社会名流出席，应突出其身份，借以扩大影响。排放记者席名牌时，既要分清主次，又要注意一视同仁，以避免出现纷乱和不愉快。应在进场处备有签到簿和签名笔，置备适当的礼品或纪念品，赠送出席者。

工作人员数量要适当，过多会扰乱会场，过少会影响工作。所有工作人员都应明确本次发布会的目的、内容、对象等概况，并能各司其职、礼貌待客。发布会进行过程中，工作人员应避免随意走动。应安排摄影人员，专门拍摄会场情况，以便进行传播和留作纪念。活动过程中或结束时，注意听取出席者的反映，检查发布会准备、组织工作状况，发现问题及时解决或补救。

新闻发布会结束之后，要检验发布会的效果是否达到了自己的预期目的。全面收集各到会记者所发稿件，进行归类、分析，以评估传播效果。要注意发现会议内容的疏漏、失误，以便及时补救；对照签到簿，核查发稿率，供日后选择邀请对象时参考；对已发的新闻稿中的佳作写作者，应给予特别的联系并致谢意。

（二）旅游公共关系传播文案创作方法

1. 旅游公共关系传播文案的特点与创作要求

旅游公共关系传播文案是旅游公共关系传播活动中通过媒介或其他形式向公众传播和介绍旅游组织形象内容的应用文传播作品，主要包括传播标语、口号，标题、正文和附文等。

旅游公共关系传播工作要适应旅游公众的文化性需要，在传播文案的主题内容、传播风格上，要用艺术手法勾画出旅游公共关系主题的文化意境，营造相应的文化氛围。

旅游公共关系传播文案的立意要切合公众需要的主题，从根本上引导公众产生强烈的参与意愿。还可借助人们的逆反心理、名人效应等，强化传播文案的鼓动性和有效性。

旅游公共关系传播文案的传播用词，尤其是标题、标语、口号等方面的用词，要富有动作色彩，文案标题具有表现传播意境、渲染中心主题、引起公众注目的功能。旅游公共关系传播文案在生动感人、具有美妙意境的同时，必须真实具体，符合客观实际，力戒主观虚构和夸张。文案中的语言要准确、简洁、鲜明，不能堆砌词藻、华而不实。

旅游公共关系传播文案的标题类型有直接标题、间接标题和复合标题等。直接标题以简明、确切的文字直接表明公共关系传播主题，清晰明了；间接标题是以耐人寻味的词句，艺术地勾画传播意境，引导公众将注意力转向正文和图片；复合标题由引题、正题、副题三种标题组成，引题用于说明信息意义或交代背景，正题用来点明传播的主要事实，副题补充说明正题内容。

旅游公共关系传播文案标题的创作方法有：直陈式、新闻式、对比式、提问式、顶针法和比喻法、回环法、演化法、重叠法、押韵法等。

2.旅游公共关系传播作品的设计

旅游公共关系传播作品设计，既要强调形象塑造，又要符合美学要求，谋求旅游公共关系文化与艺术境界的统一。

旅游公共关系传播作品的表现形式一般有图画式、文字式、实物式和综合式等，应根据旅游公共关系决策所确定的传播目标、媒介、活动类型，决定旅游公共关系传播作品的表现形式。在传播作品的创意中，应突出旅游公共关系的服务功能和传播色彩。在进行旅游公共关系传播作品布局设计时，应运用视觉规律，强化传播主题。

第三节　旅游公共关系谈判方法

一、旅游公共关系谈判的原则

公共关系谈判是旅游公共关系中最经常的活动之一，它是谈判双方为了各自特定的利益目标，遵循互利原则，通过对话沟通方式达成协议的协调过程。在公共关系的各种传播手段中，谈判是运用比较广泛的一种手段。

旅游公共关系谈判必须遵循的原则是：

1. 互利原则

在维护组织信誉、树立组织形象、遵守职业道德的前提下，旅游公共关系谈判要体现双方的平等合作关系。成功的谈判是达到双，所以必须要把谈判看成"合作的事业"。

2. 以信为本的原则

协议或者合同文本的语言要准确，双方都要认真地、全面地履行本方应承担的所有责任。合同或协议要求对方的利益满足到某一程度，本方应相应地达到这一要求，不能打折扣。

3. 谈判要素的对称性和非对称性

应对谈判地点、谈判人员的数量、谈判中所要提出的要求、对谈判结果的最低预期值等影响谈判的要素作出有利于自己的策划，形成"抗衡"。在谈判双方的谈判要素不对称时，应找出双方之间的差距，明确自己的优势和劣势；在谈判准备过程中，作出扬长避短的计划，作好驾驭冲突的精神准备。

二、旅游公共关系谈判程序及方法

公共关系谈判程序是指从谈判的准备阶段到谈判进行乃至谈判结束后的总结评估等各个阶段中必不可少的工作环节，具体包括：调查研究、选择谈判人员、拟定谈判计划、举行模拟谈判、正式谈判、总结评估等。

(一)搜集分析情报，搞好调查研究

这是策划谈判的先决条件和基础。调查研究的内容包括本方情况、对方情况、背景情况等。首先通过自我分析和评估，检验本组织对实现谈判目标的能力、本组织到底有哪些可以运用的实力、本组织在谈判中可以作出的让步的最大限度和等。

对对方情报的收集、分析，其具体内容要视谈判的性质而定。一般包括：对方的经营能力、经营布局及近期发展计划、市场营销的地位，对方对资金的需要程度、在谈判中可以亮出的"王牌"和运用的实力，对方的主管部门和"拍扳人物"、对方谈判人员的素质（包括他们的知识结

构、谈判风格和经验、情感特性、人际关系等),对方与其他竞争者谈判的情况等。如果是涉外谈判,还必须了解对方所在国的政治、经济、文化法律背景、宗教信仰、历史文化传统、道德规范、风俗、语言表达方式、价值观念等因素以及政局、投资风险、获利回收期、以往的谈判信用等。

(二)选择谈判人员,组成谈判班子

应根据谈判任务对谈判人员的素质要求,选择谈判人员,组建谈判班子。公共关系谈判人员应具备的素质是:①在公众中有良好的形象和影响力,有较好的谈判声誉,以取得对方的尊敬和信任;②有丰富的谈判经历或一定的谈判方法和良好的判断力,能洞察对方的意图和问题的症结;③具备相关的专业知识和法律知识。谈判是一个复杂多变的事项,需要丰富的经验、多方面的信息、各种专业知识,在谈判中还要不断观察和研究对方,所以谈判人员不能太少。谈判班子一般应包括行政负责人、业务专家和法律专家。如有必要,可在谈判的不同阶段,对谈判人员进行一定的变更。谈判小组的负责人是本组织的关键人员,同时还应具备较强的谈判、协调和"拍板"能力。除此之外,还可以聘请有关专家和过去曾与对方进行过谈判的人做顾问,指导策划。

(三)拟定谈判计划

策划好谈判目标、谈判计划、谈判策略等,是在谈判中应对自如的先导工作和基础。谈判计划包括下列内容:确立目标、制定策略、准备谈判的行政事务等。①确立目标。先指出一个意向目标,作为调查研究的导向;再根据对占有信息的分析,修正意向目标,从而确立一个较合适的目标。谈判目标应分为下限目标、上限目标和区间目标三个层次。②制定谈判策略。谈判策略是实现谈判目标的基本纲领和指导原则,在计划中,应根据谈判每一阶段的内容,针对谈判对手的特点,制定相应的策略。此外,谈判策略还应考虑:如何选择谈判时机、控制谈判时间、选择谈判地点,是否需要代理人或者第三者、是否需要进行场外谈判等。③与谈判有关的行政事务的策划。应尽可能准备有说服力的谈判工具,如报纸新闻、统计资料、影像、图表、卡通、电视录像、艺术表演、实物模型、录音带、专家的权威言论等。这些工具的恰当运用比语言更具可靠性,在某种意义上更能说服对方。

（四）举行模拟谈判

模拟谈判是谈判计划的假设执行，目的在于检验谈判计划是否周密、谈判人员的适应能力等。情况比较复杂的谈判，模拟谈判是很有必要的。模拟谈判可以暴露出本方谈判计划中的薄弱环节和疏漏之处，从而及时加以修订。还可以锻炼和提高谈判人员的心理素质和方法，如论点表达不准确、提出问题不适时、耐心不够、配合不默契、插话不适当等弱点都可以在模拟谈判中显示出来。通过纠正，帮助谈判人员作好充分的心理准备，树立充分的信心。

（五）正式谈判

1.开局

开局阶段必须创造和谐的谈判气氛，使谈判双方相互了解。开局阶段，要善于察颜观色，把握住对方和自己的情绪，在较短时间内，营造出轻松和谐的气氛。

2.概谈

概谈阶段是有所保留地让对方了解自己的目标及想法，使双方对所探讨的问题取得初步一致的意见。应用简洁明了、友好轻松和态度诚恳的言辞概谈。概谈之后，要让对方有一段时间思考和发表意见，以摸清对方的真实意图。应注意倾听对方的陈述，留心观察和捕捉对方的真实信息，发现问题的症结，据以分析和寻找对方的“突破口”。在对方陈述时可以随时提出疑问并要求澄清，以牵引对方的思路，同时诱发对方过早地“暴露”目标。

3.报价

报价是一方或双方向对手提出自己的所有要求的阶段。报价要既明确又不过于绝对，以留有退却或进取的余地。谈判者有时可以“先发制人”地提出问题，以试探和刺激对方的反应；根据对方的反应，分析判断其意图，再调整自己的策略。在交锋环节以前不要过早暴露自己的真正目标。在不理解或不明了对方的问题时，千万不要回答。对于不应该正面回答的问题，可以绕开。不要对所有问题都作针对性的回答，有时可以只回答问题的一部分。在回答问题时，可以突然进行反问并迫切要求对方回答，变被动为主动。如遇到难以马上回答的问题，可以采用缓和的辞句避开。

4. 交锋

交锋阶段是双方原则、立场、观点的正面“碰撞”，是整个谈判的高潮。交锋时既要坚持自己的基本原则，朝自己所求的方向努力；又要防止把观点强加于对方。交锋尽管免不了出现唇枪舌剑或富有戏剧性的紧张局面，但双方的态度应该是建设性的。谈话内容可以较为广泛，但不能涉及双方观点以外的内容；在注意用实例来强化自己的立场的同时，注意倾听对方佐证其要求的实例。交锋时应巧妙地推销自己的观点，以免可以先倾听后阐述，并相机缩短与对方的心理距离。尽量避免针锋相对的争论，不到迫不得已，不要正面反对对方的观点，使对方下不了台。从讨论问题的秩序来说，应先易后难，不要一开始就急于说服对方。可以把正在争论的问题和已经解决的问题搅和在一起，这样往往可以“一揽子”解决。在谈判陷入僵局时，可以先谈其他问题以打破僵局，或通过幽默的话题以调节紧张的气氛；也可以软硬兼施，或通过时间压力使对方签约。

5. 妥协

伴随交锋发生的妥协，是双方有条件的让步，是互相满足或者主动给予对方相应的优惠，是交锋的“润滑剂”。妥协的目的是为了争取对方相应的让步和优惠，所以要以尽量小的妥协争取对方较大的让步。在重要的问题和条款上争取让对方先妥协，而在次要问题上可以酌情先妥协，争取主动。如果口头作了欠周到的妥协，只要未签协定，就可推倒重来。每次妥协的幅度不能太大、节奏也不能太快，可以将一个让步分为多次，让对方认为你已多次让步，再让就很困难了。有证据地向对方说明，你在同其他企业谈判这个问题时，从来没有作比这一次更大的让步，或你的让步程度确实能给对方带来较大的好处。把自己处境中的困难用算账的方式告诉对方，对方会认为你的让步是实事求是的、不可能再继续让步。如果对方是一个并不精明的谈判对手，你可以把一些次要问题说得很重要，来表示你作出的让步，让他认为自己取得了胜利；你在“其他问题”(实际是重大问题)上再力争时，他可能会让步。

6. 协议

协议是双方对讨论的内容基本上不再有异议，达到较为理想的状况，然后签订协议、结束整个谈判。应该坚守最后防线、珍惜谈判结果，要使对方觉得我方所得到的每一步的利益都是来之不易的，甚至会觉得已将我方逼到了让步的极限，于是放弃压我方继续让步的想法，维护我方谈判结果。临达成协议前，可以用轻松的、平和的口吻比较全面地阐述问题，比较两方面的得失时要稍微着力强调对方取得的利益或对对方有利的方面。

(六)评估和总结

评估和总结对今后工作的提高极为有益。评估和总结的内容主要有：本次谈判的成功率及目标分析、准备阶段所收集的情报是否准确、谈判策略的运用是否得当、谈判队伍的总体水平评价等。

思考题

1. 旅游公共关系调研的意义何在？
2. 如何设计旅游组织公共关系状态调查？
3. 在旅游公共关系媒介传播中应注意哪些问题？
4. 如何把握旅游公共关系谈判中的要素对称？

案例

中国——未来50年
——'99财富全球论坛国际公共关系案例

主办单位：财富杂志
咨询单位：奥美国际公共关系集团(上海、北京、香港)

项目背景

如果说评选财富500强是财富杂志一项创举，那么每年挑选世界经济热点举办财富全球论坛不愧为颇具远见、魄力和创意的公共关系实例。1999年9月27日至9月29日，世人所瞩目的财富全球论坛在中国上海成功召开。在此之前财富论坛已举办了4届，分别在新加坡城、巴塞罗纳、曼谷和布达佩斯举行。今年这一盛事恰好选在中华人民共和国成立50周年的前夕，财富不仅挑中上海——当今中国最具经济潜力和活力的城市为论坛地点，还以“中国——未来50年”为主题，吸引了全球商界、政界、学术界各精英人物参与探讨。奥美公共关系公司有幸成为财富论坛的合作伙伴，协助世界上最优秀的商业杂志进行,99财富论坛的新闻媒体宣传工作。

项目调查

历届财富论坛都通过恰当选择论坛的地点、时间和主题来吸引全球商界和政界翘楚的踊跃参与。所以对于财富来说，论坛并不缺乏对各国媒体的吸引力，其关键在于怎样管理众多媒体的报道要求和设备支持，并确保财富的讯息能很好地被传达。奥美公共关系通过其在中国、亚太区及欧美各地的成熟媒体网络，联络财经商业线的资深记者，事先了解他们对论坛报道的期望和要求；同时也征询参与论坛的财富500强CEO是否愿意接受采访的意向，以期综合各方的要求，并在短短的论坛期间内达成各方的报道宣传目标。

项目策划

目标和策略

——借此激发新思维并促成合作伙伴关系的良机，扩大财富全球论坛在商界的影响力和权威性。

——让全球各地、亚洲、中国的百姓、大众媒体、商业媒体更好地了解财富的编辑人员、风格内容和方针，从而增进财富杂志的前瞻性和领导地位。

——通过中国政府的大力支持和东道主上海市政府各部门的紧密合作，为创造未来中国市场的商机铺平道路。

目标受众

共计有近千位各界人士参加了本次论坛，其中包括：

——300多位来自世界各地的CEO或公司内仅次于CEO的高层管理人士，如福特的杰克·纳赛尔、通用电气的杰克·威尔奇、时代华纳的李文、可口可乐的艾华士等 200 多位中国国企 CEO，如海尔集团张瑞敏、联想集团柳传志等。

——中央和地方各级政府的官员，如：国家计划发展委员会主任曾培炎、国务院新闻办公室主任赵启正、信息产业部部长吴基传等。

——各国政要，如：美国前国务卿基辛格、新加坡咨政李光耀、美国前财政部长鲁宾等。

——400 多位来自世界各地的媒体。

——论坛主要赞助商包括美国国际集团、安达信公司、中国银行、英国电讯、戴尔电脑、高盛公司、北方电讯、指定航空公司国泰航空以及东道主赞助商上海市政府。

挑战

对这样一个大型的国际活动来说，媒体工作无疑是至关重要的，繁杂的组织工作稍有不慎，引起媒体不满和注意，就可能对论坛产生负面影响。我们面临的挑战有：

——大数量的媒体(300 多位海外记者，200 多位国内记者)确认和邀请，必须跟每位记者进行多个来回的沟通，明确制证手续和要求。

——论坛的媒体工作不可能单独进行，与其他十几项同时进行的工作有千丝万缕的联系，而其它各项工作又都是 10 多个不同的公司、部门负责，须与各方沟通清楚、理清工作程序，磨合工作方式和习惯。在这方面所用时间可能会比具体执行本身还多。

——论坛期间的新闻中心规划管理工作，须兼顾场地布置、有线无线电讯设备、照明设备、电视转播设备、电脑网络甚至媒体餐饮等多方考虑。对于 CNN 和 CCTV 这样的重要媒体，还需灵活安排，作特别配合。

——新闻媒体的报道需求。须在论坛各区域通行证复杂严格的条件下，既满足众多中外媒体的不同的报道需求，又要顾及到上百位与会者繁忙的个人及会议安排等因素，作出对双方皆宜的采访安排。

项目实施

论坛前期(4月～8月)

论坛前期媒体工作自4月份开始，奥美协助财富会议部总裁倪德瀚及宣传总监麦特威与相关的政府各部门沟通，并协同计划安排各阶段的媒体活动。各项活动和准备工作有：

——综合各地区和国家的主要商业财经记者和编辑名单，开始发出征询函，取得该媒体是否愿意参加报道的答复。

——6月10日在上海举行国内主要媒体和境内海外主要媒体的情况介绍会。介绍论坛的各方面的准备情况。

——7月，开始向欧美和港台的境外媒体和境内媒体发函邀请，并就论坛进展、媒体申请制证领证要求、媒体采访CEO要求申请、电视媒体技术要求等细节进行多次来回沟通。

——同时，与各政府部门磋商媒体到达接待细节(如市内班车停靠地点、建议住宿的酒店、电视媒体器材入关手续等)和论坛期间各新闻活动的安排细节(如开幕典礼时江泽民主席致辞、李光耀和基辛格的午餐致词以及各种新闻简报会)。

——8月，与论坛会址、将要建成的上海国际会议中心有关部门负责人多次协调，确认安排5楼新闻中心各区域的媒体工作设备和工作间布置。

——准备媒体新闻资料夹，发布有关论坛进展、科技圆桌会议、论坛通讯系统、盖洛普对中国消费行为调查等4篇新闻稿。

——统筹计划各媒体工作区域的人员配置，并对各支援者进行培训。

论坛期间(9月27日～29日)

财富论坛提供的舞台上，与会政要纷纷发表演讲指点未来经济风云，全球商界精英脑力激荡探讨经商实务，200多位国内企业家首获良机与全球商界巨擘交流，吸引500多位中外记者参与报道。自9月26日起，奥美公共关系管理的财富新闻中心开始全面运作，为论坛所管理服务的媒体活动包括：

——600 份新闻资料翻译和装订，300 多位海外媒体报到领证；论坛媒体活动区域引领说明。

——管理媒体参加科技圆桌会议、开幕典礼时江泽民主席致辞、开幕典礼夜的焰火、媒体晚餐、李光耀和基辛格的午餐致词等活动报道。

——联络组织 20 多场政府、CEO 和主赞助商举办的即时新闻简报会。

——即时撰写发布论坛有关新闻稿 6 篇。

——为媒体的采访报道工作提供行政上的支持，协助媒体安排专访场地和寻找联络有关专访对象的渠道。

——新闻中心所设立的音视技术工作室为 30 多家中外电视广播媒体如 CNN、CCTV 等提供转播和其他播出技术支持。

项目评估

——出席本次，99 财富论坛的各国媒体人数为历届之最，可能是自香港回归以来，在亚太地区内媒体参与人数最多的活动之一。奥美公共关系通过其全球各洲的公司网络组织邀请 17 个国家和地区的 300 多位记者前来报道。

——论坛的媒体工作运用了多种最新的通讯和网络技术手段，成功满足了电视、报纸、杂志、广播以及新崛起的因特网媒体报道和设备上的要求。

——并且，在历届论坛和同类大型国际性活动中，首次用内联网络的技术协助安排将媒体采访要求沟通给各位与会者。

——同时，奥美公共关系也帮助财富了解在中国的作业方式，协同财富同中国和上海市政府，以及其他 10 多个工作组设立好工作框架、理顺彼此间的沟通渠道。

（资料来源：www.chinapr.com.cn 中国公共关系网）

第七章　旅游公共关系策划与旅游CIS

学习目的

●理解旅游公共关系策划原则
●掌握旅游CIS的系统组成
●了解旅游CIS导入程序

基本内容

旅游公共关系策划

●公共关系策划的作用

塑造旅游组织形象、改善旅游组织环境、保证旅游公关工作的推进

●公共关系策划的要求

针对性、创造性，艺术性、敏感性、适度性、可操作性、公正诚实性、最佳效益性

●旅游公共关系策划的内容

组织形象、组织环境、组织行为、诱导公众、信息媒体

●旅游公共关系策划的侧重

公众分类策划、目的任务策划

●旅游公共关系策划过程

分析信息、明确目标、提出构架、制定实施方案

旅游CIS

●旅游 CIS 的特点

系统性、差异性、文化性、传播性、操作性

●旅游 CIS 的系统组成

理念识别系统(MI)、行为识别系统(BI)、视觉识别系统(VI)

●旅游 CIS 策划导入

导入的时机、导入的程序

第一节　旅游公共关系策划

一、旅游公共关系策划的作用与要求

(一)旅游公共关系策划的作用

旅游公共关系策划,是旅游公共关系人员为了实现塑造旅游组织形象、改善旅游组织环境这一根本目标,在认真调查研究、全面准确地掌握信息的基础上,找出旅游组织需要解决的具体公共关系问题,分析比较各种相关因素和条件,遵循科学的原则与方法,运用自己的知识和经验,充分发挥想像力、创造力,确定旅游公共关系活动的主题与战略,并对公共关系行动方案进行科学有序的运筹、谋划和设计的智力服务过程。

旅游公共关系策划以客观的公众分析为前提,以最好的活动效果为目标。根据任务和目的的不同,旅游公共关系策划大致可分为两种主要类型:一种是为了解决公共关系某个方面的具体问题,围绕一次或几次公共关系专题活动而进行的策划。另一种是围绕旅游组织总体形象的设计和塑造而进行的整体与系统策划。前一种策划侧重于具体的战术性策划,一般由旅游组织的公共关系人员来进行。后一种策划侧重于旅游组织公共关系工作的基本战略和长远规划,必须有旅游组织决策者的参与和领导,并广泛听取职业公共关系专家和内外部公众的意见,进行缜密的策划与论证。

公共关系策划是旅游公共关系工作的核心和关键，其主要作用是：

保证旅游公共关系工作的计划性。旅游公共关系工作的高度计划性，是通过策划来体现和保证的。科学的公共关系策划，可以使旅游公共关系活动的目标准确、对象具体；可以选择最有效的传播方式和手段，保证公共关系工作的有效性；可以有计划地安排活动的进程与次序，合理地分配和使用活动经费，争取最好的效益；可以根据策划中提出的具体指标，有准备地在活动进行过程中收集公众反馈的信息和各种资料、数据，为活动结束后的效果评估提供依据。

保证旅游公共关系工作的连续性。旅游组织的公众和环境等因素都处在不断变化之中，旅游公共关系工作要通过自我调节，使旅游组织最大限度地适应公众和环境的变化，并促使这种变化向积极的方向转化。旅游公共关系策划通过对以前公共关系工作的总结和评估，设计出形式上新颖独特、内容主题和效果前后一致的公共关系方案，并从总体上对公共关系活动的指导思想进行把关，以保证每次公共关系活动从内容到形式都能起到塑造和宣传组织形象、密切与公众关系的良好作用。

保证旅游公共关系工作的创造性。通过策划，旅游公共关系人员比较全面、系统地收集信息，更加准确地了解公众的意见、组织工作中存在的问题以及开展公共关系活动的主客观条件，为创造性地进行公共关系工作提供了坚实的基础。精心设计最能体现创造精神的活动项目和顺序安排，把握最佳的活动时机确保创造性公共关系的成功。

保证旅游公共关系工作的最好效果。旅游公共关系策划把公共关系活动真正放在坚实的科学基础之上，确保其目标、对象的准确性，活动内容、方式的可行性，防止了因单凭经验和主观随意性而造成的失误。策划从效益角度进行创意和设计，确保公共关系活动投资少、效益好，以较少的投入获得最大的综合效益。

提高公共关系人员的工作水平。旅游公共关系策划要求公共关系人员全面地了解情况，掌握研究各种相关信息，运用自己所学的知识，吸收、借鉴别人的经验，最大限度地发挥自己的聪明才智，提出创意和构思，在虚心听取有关专家的意见后，进行认真的论证、取舍和修正、完善，最后形成一个主题鲜明、形式独特、措施具体，有较强科学性、艺术性和可行性的公共关系活动方案。参与实际的公共关系策划，是公共关系人才尽快成长的一条重要途径。

丰富、发展旅游公共关系的理论和实践。旅游公共关系策划需要有科学理论的指导、科学方法的保证和丰富的实践经验。因此，它是旅游公共关系理论和实践的一个非常重要的结合点。在旅游公共关系策划中，已有的理论不仅起着一定的指导作用，而且也经受实践的检验，并不断得到局部的更新和完善。同样，实践在理论的指导下，从内容到形式都有所突破，反过来又必然促使理论研究向新的深度和广度拓展。

此外，旅游公共关系策划对旅游组织的整体工作还起着重要的促进作用。策划是对旅游组织工作的全面总结，有助于旅游组织树立公共关系意识——如公众意识、服务意识、沟通意识、形象意识等，有助于旅游组织工作的创新。

（二）旅游公共关系策划的原则和要求

为使旅游公共关系策划过程更加科学合理，使所形成的方案更加符合实际，必须遵循公众利益优先、独创性、计划性和灵活性的统一等原则。具体要求是：

1.针对性

在设计旅游公共关系方案时，必须明确公共关系活动的主体、目标要求，所设计的各种方案都必须是针对特定的活动主体和活动目标的。例如北京长城饭店作为一家涉外饭店，主要面向高档次的外国游客服务，因此它的一系列公共关系活动都是针对以外国高级代表团、旅游团为主的公众展开的，具体的活动项目也侧重于能引起国内外大众传播媒介的兴趣和外国政府及驻华机构的礼宾部门的注意。

2.创造性

旅游公共关系活动是一种以传播信息为主要手段的社会活动，要想在信息社会独树一帜、为公众所注目，所设计的公共关系方案和所发布的信息就必须具有创造性。公共关系人员要独辟蹊径，打破常规的思维方式，发展逆向思维和超常思维。当然，旅游公共关系策划的创造性应符合社会发展的客观规律，要以健康向上的人生观和真善美的内容吸引公众，尊重科学性。

3. 艺术性

旅游公共关系所策划的活动要新颖奇巧，使公众能够“一见钟情”，能带给公众一定的艺术感染力，使参与活动的公众有一种艺术享受的感觉。从传播心理考虑，公众更倾向于自己所熟悉的传播形式和艺术形式，所以旅游公共关系活动还要与公众的传播习惯相结合。

4. 敏感性

旅游公共关系人员要善于捕捉信息，并能从各种信息中抓住可供利用的线索，把握转瞬即逝的机会，确定开展公共关系活动的最佳时机。旅游公共关系策划应注意收集的信息包括：环境信息、市场信息、消费群体信息等。

5. 适度性

旅游公共关系策划一定要考虑到与相关因素相结合，保持实施过程中的弹性。适度的方案虽然没有达到尽善尽美，但具有极高的实用性。

6. 可操作性

旅游公共关系策划的创造性、科学性、艺术性、敏感性、适度性都要同可操作性联系在一起。旅游公共关系策划是在特定环境中实施的，就应考虑到环境的特殊性，策划要建立在环境允许的范围之中，实施方案的技术手段应与所具有的物质条件相符。

7. 公正诚实性

在旅游公共关系策划阶段和所形成的方案之中，要遵循旅游公共关系工作职业道德的一系列要求。在公共关系方案的策划实施中，对待公众、同行竞争对手、决策部门和协作部门都要诚实，所提供的信息应真实可靠，所作出的承诺要及时兑现，不能以不正当手段挖对方的墙角，不能提出无原则的要求。

8. 最佳效益性

旅游公共关系策划在处理经济效益和社会效益关系时，应将社会效益放在策划的第一位。同时在策划中要尽量设法使有限的投入发挥较大的作用，使旅游组织内部的各个方面能切实感受到公共关系的实在效益。

二、旅游公共关系策划的主要内容

(一)旅游公共关系策划的主要内容

1.旅游组织形象策划

旅游公共关系工作的核心内容是为旅游组织创造良好形象。旅游组织的形象策划要同对旅游组织现有状况的分析结合进行,针对旅游组织在不同时期所面临的主要问题确定活动的具体目标和工作的重点及不同的工作形式。

旅游组织的形象策划要与旅游组织的行业特征、产品特征、服务特征和人员特征相一致。就旅游形象策划的总体方法而言,可借用国际上所流行的CI导入系统。即以改变旅游组织形象为手段,为旅游组织输入新观念、新感觉、新识别方法,使旅游组织更加引起外界的注意,争取社会认同,从而提高经营业绩的技法。

旅游组织的形象策划既包括为组织树立形象、创造形象的内容,还包括维护组织形象的内容。对于有一定历史、作出一定成绩并有了一定知名度的旅游组织而言,维护已经形成的形象是极为重要的工作目标。公共关系人员应为旅游组织设计各种常新的活动,引导组织在原有的基础上不断创新,从而在公众中树立一种充满活力、不断进取的良好形象。

2.旅游组织环境策划

环境的形成和发展不可能同旅游组织的发展目标完全一致,有时还可能出现与旅游组织的追求相反的情况。作为旅游公共关系活动的主体,旅游组织不能只是被动地依靠环境和适应环境。旅游组织在面向环境推出自己的形象和行为的同时,还要主动地了解环境中存在的各种不利于组织发展的因素,采取措施引导和影响环境的发展,或者通过有意识的活动,改造环境中的某些成分,最终为自己创造环境。

旅游组织的环境分为人文环境和自然环境这两大部分。人文环境包括所处环境中的社会及文化背景、民风民俗等。作为当地社会成员的一分子,旅游组织要为人文环境的净化和发展作出贡献。同时可以巧妙地利用人文环境所提供的条件，策划出高水平、有特色的旅游公共关系活动。例如20世纪80年代中期，香港旅游部门利用香港春节期间的喜庆活动和香港龙舟大赛，向美国游客和各界公众推出了东方文化系列公共关系节目，在美国传播媒介播出后，引起了美国人的极大兴趣，改变了美国等一些西方国家对香港的不正确认识。自然环境的存在和现状是不以人的意志为转移的，但可以充分利用环境中的积极因素，回避或改造其消极因素。

3. 旅游组织行为策划

旅游组织行为的策划是旅游公共关系总目标和组织形象策划方案的具体化，是实现组织CI策略的具体过程。它主要包括：

（1）生产行为的策划。旅游组织生产行为的策划是在保证生产正常进行的同时，注意纠正可能不利于社会公益的因素。例如及时有效地治理“三废”、科学合理地设计生产工艺程序等。

（2）营销行为的策划。旅游营销行为的重点是方便旅游者购买及向旅游者提供良好的服务系统。旅游营销人员要有良好的职业道德和过硬的服务本领，站在公众的角度提供高质量的服务，从而建立良好的组织信誉。

（3）广告行为的策划。旅游公共关系广告应做到真实性与艺术性的完整结合。旅游广告内容要真实，忌用各种似是而非、夸张造假的手段哄骗公众；广告要有艺术性和新奇性，符合传播媒介、特别是大众传播媒介的工作规律。

（4）接待交际行为的策划。旅游接待交际行为的前提仍然是与公众之间建立一种互相信任、互相理解、互相协作的平等竞争关系。就具体操作过程而言，接待交际行为的安排要有实际内容，一般性的交际接待活动以解决组织当前所面临的一两个紧迫问题为好。接待活动的场所、时机、参与人员要与活动内容相一致。

（5）竞争行为的策划。竞争行为首先要符合有关公约、法律、规定和条例，遵守旅游行业的职业道德和约定俗成的一些惯例。不应以打击对手或损害对方利益作为抬高自己的手段，有时还可以主动地向竞争对手提供帮助。当自己的实力和其他条件在竞争中明显地处于落后状态时，要敢于承认事实，并采取实际行动向对方学习。

(6)领导行为的策划。旅游公共关系人员是决策层的智囊和参谋，对领导行为的策划当然也是公共关系行为策划的重要内容。要协助组织领导实现领导行为的科学性和艺术性相结合；要设计一些可以充分展示领导人风采的社会活动，使他们能经常在社会公众面前亮相，以提高旅游组织的声誉。

4. 诱导公众态度与行为的策划

旅游公共关系工作将公众态度的转变作为活动的重要追求目标，通过向公众提供大量用以作出判断的各种旅游信息或有针对性地设计一些特殊的活动，影响公众的态度发生变化并作出行动反应。在旅游公共关系策划中，要随时掌握公众心理的变化情况，留心公众的反应，以便及时调整活动安排。应有意识地安排与公众原有思维定势相应或相同的内容，以利公众在比较中接受。有些时候，可以根据公众中存在的明显不符合社会公德和有损社会风气的行为，策划开展引导性活动，将提高旅游组织的知名度、美誉度和改善社会风气结合起来。

5. 信息与媒体的策划

旅游公共关系的信息的策划可从内容和形式这两方面着手。信息所表达的内容应该是真实的、新鲜的，表达信息内容的形式要同内容本身相协调。如层次较高的观念性内容、理论性内容，宜选用文字传媒，便于公众仔细研究、品味；侧重于造声势或展示特色产品外形等内容时，宜选用电视、路牌等形象媒介，用艺术性较强的形式在较短时间内引起公众的注意。在进行较大规模的公共关系活动时，要注意使各种媒介中所出现的信息围绕同一主题、目标，但形式又要有所区别。

旅游信息和媒介的活动策划有三种类型：①引起公众对旅游组织或其产品注意的策划；②调动公众情感的策划；③促使潜在旅游者公众行为转化的策划。所有类型的刺激都要求突出重点内容、实物目标，在形式上增加刺激度。

(二)旅游公共关系策划的侧重

1. 针对不同公众的公共关系策划

旅游公共关系策划既要从公共关系主体出发，更要考虑到各类公众的不同情况。

首先，要对内、外公众有必要的区分。针对旅游外部公众的策划要围绕使他们了解、认识旅游组织，并在行动中支持旅游组织这一目标进行。在旅游公共关系策划中要着力加大面上信息的传输，在形成整体印象的基础上，再根据不同的外部公众对象策划各具特色的活动。例如对顺意公众，以开展肯定他们的态度和行为的活动为主，并向他们提供组织发展变化的最新信息；对逆意公众，要以恰当方式引导他们将原有态度和组织所希望的态度进行对比，在无意识中放弃原来的态度；对流散性公众，要设计出在极短时间内能引起其注意的活动，或采取其他方式让他们自觉地将信息带走；对聚散性公众，要及时采取针对性措施平息事态，防止不良信息的无限制扩大。对文化素质较高的公众，在设计活动时要充分注意到尊重其社会地位和判断能力，向他们提供丰富的正反面材料，精心选择活动的环境、内容档次，使他们在满足高品位文化追求的同时，对旅游组织产生好感。对文化素质较低的公众，提供的信息要以正面为主，要注意活动的普及性和气氛的热烈性，以典型示范的方式促使他们对活动产生兴趣，并可在活动中设法向他们提供一点儿实惠，满足其追求现实利益的心理要求。

针对内部公众的策划以求实为主，设法解决内部员工最迫切的问题，为他们体现个人价值创造一种良好的环境与气氛。因为内部公众熟悉组织的各方面状况，对他们不必进行层次较浅的一般性信息传播，而要针对其在不同时期所关心的不同问题，提供水平层次较高的行业部信息，向他们公开旅游组织的必要的决策过程，并吸引他们参与决策过程，使其感到主人翁的准确位置，增强社会责任感，激发他们的工作热情。

2.根据旅游公共关系工作的目的、任务进行策划

(1)关于新形象塑造的策划。新组织形象塑造重在提高知名度，在策划中要注意寻找并着力宣扬新组织的各种独特之处，在策划活动中也要尽量出新，使公众有耳目一新之感。

(2)关于原有形象改造的策划。在原有形象改造的策划中，要尽量回避或设法化解组织在以前经营中的各种不利因素，尤其是曾经给公

众留下过不良印象的事件，突出组织改造中的新创造和给公众的新奉献。

(3)面对危机时的公共关系策划。在危机公共关系策划中，首先要设法尽快解决引起危机的主要问题，防止事态进一步扩大；其次要设法稳定公众情绪，使公众的注意力向积极方向转移，使社会的议论中心逐步脱离引发危机的事件，减轻组织的社会压力；要积极向社会表明自己的诚意和解决问题的决心，利用这一机会树立旅游组织"信"、"诚"的形象；要取得新闻界的理解与配合，在不隐瞒真实情况的同时，向新闻界通报本组织的实际困难和解决问题的态度、措施，以取得新闻界的同情、支持。

三、旅游公共关系策划的基本过程

(一)分析相关信息，明确公共关系目标

旅游公共关系策划应在广泛收集有关信息的基础上，对与公共关系策划直接相关的各种信息进行分析，准确、有效、及时的信息是旅游公共关系策划的重要依据。

旅游公共关系策划应选择符合公共关系目标、公众易于接受的合适、准确的信息。这些信息主要有：①旅游组织形象信息。着重掌握分析旅游组织的整体印象、服务形象、市场状况、人员素质反映、未来目标与公众期望的吻合度、组织的社会责任能力和效益等。②公众状况信息。着重掌握分析公众主体——旅游者的构成、地理分布、态度行为、社会文化背景、使用传播媒介的习惯、主要消费方向和消费习惯等。③旅游公共关系活动的基本环境和条件。如旅游公共关系活动的自然环境和人文环境、公共关系活动的相关条件——活动实施人员的素质能力、活动经费与物质设备条件、活动的实施时机等。应正视各种积极和消极因素，不能为促成活动的实施而夸大或隐瞒所存在的问题。④各种媒介信息。着重掌握分析大众传播媒介、物体信息媒介和人体信息媒介。

公共关系策划是将旅游公共关系目标具体化的过程。在公共关系策划中，应遵循公共关系目标和组织发展目标相一致的原则，并注意到总目标在不同时期、不同形势下的特殊表现形式。公共关系目标应具有

可操作性，过高的目标不但会挫伤公共关系人员的工作积极性、浪费组织的资源，还会影响整个公共关系计划的实现。公共关系目标定得太低，不仅对组织而言没有任何价值，同样也会浪费组织资源。

（二）分析主客观条件，提出基本构架

旅游公共关系策划所要分析的主要条件是：公共关系人员对公共关系活动的认识情况和实际驾驭能力、组织对公共关系活动的承受能力、社会公众的承受能力和兴趣指向、完成策划的技术手段和工具等。

旅游公共关系策划应依据组织、环境、任务等不同类型来确定公共关系活动的主题、内容、方式方法和使用的媒介等。根据旅游公共关系活动的工作方式划分，旅游公共关系策划的基本构架有：①宣传型公共关系。即把握有利的活动时机，以多种媒介与公众进行双向沟通，在短时间内使公众了解组织，形成有利的社会舆论环境。②交际型公共关系。通过人际交往为主要形式的公共关系活动，增加旅游组织及活动的人情味，解决旅游服务中的一系列问题。③服务型公共关系。以优质旅游服务为主要手段，树立起公众对旅游组织及其产品的信心。④社会型公共关系。以开展社会性、公益性、赞助性活动为主要手段，以投资的形式为全社会提供服务，淡化商业性而增强文化性，追求长远和整体的利益。⑤征询型公共关系。以舆论调查、民意测验、资料分析等形式，了解公众对组织的评价，及时发现组织所存在的问题，为组织下一步的发展提供咨询。

在进行旅游公共关系策划时，无论设计哪一种类型的活动，都应按照活动基本构架的特征，设计出相应的活动，保证内容与形式的统一。

（三）制定实施方案

旅游公共关系方案是在确定公共关系目标和公众信息的基础上，结合公共关系的研究成果制定出来的。公共关系方案一般包括以下几个方面：①项目的名称及项目的目标；②项目的负责人、实施者及各自的责任；③项目筹备、实施的程序设计和时间表；④项目所涉及的对象及各种条件分析；⑤项目所需的传播媒介、器材设备、外部环境等；⑥项目的经费预算；⑦项目的成果考核标准和考核方法。

旅游组织生存和发展的主动性，要求尽可能摆脱对单一环境的过分依赖。在旅游公共关系策划中,假使是一项具体的活动,都应考虑多方面的适应和应变能力,设计出可供选择的数套初步方案。即使在决策或实施阶段发生变化,第一方案被否定或无法付诸实施,可以马上改选其他方案。因而,在实施方案时应注重收集来自公众的各种信息,有针对性地调整或修改原有方案中的某些部分,或设计出新的活动来充实原有方案,使之更为完善。

当最终进入实施阶段时,必须选择科学合理且又可行的最佳活动方案,寻找实现公共关系策划目标和主题的最佳方式,并力争使最终结果尽可能接近自己理想的设计目标。选择方案时主要须考虑:①方案与活动时机的关系。选择方案时要尽量避开时间的不利方面对活动可能造成的影响。如当国家或地区有全民性的节日、庆典活动时,不宜实施以追求喜庆、热闹为特点的旅游公共关系活动,以防被全民性的喜庆活动所"淹没"。同样,当社会上处于冷峻、严肃的气氛中时,也不宜选用喜庆轻松的方案,以免引起社会公众的反感。②方案与活动类型的关系。应在所设计的数套方案中选择最适当的活动类型。③方案与国家法规、职业道德规范的关系。选定方案时不仅要考虑公共关系活动本身或旅游组织的局部利益,还要衡量方案是否有违犯国家法律、政策和职业道德的地方。凡有违法和违背职业道德嫌疑的方案要坚决摈弃。

在旅游公共关系的实施过程中,还必须有针对性地消除和减少来自实施主体、沟通、实施环境或突发事件等方面的障碍。

实施主体的障碍主要有目标障碍、公共关系实施方案障碍和实施人员障碍。为排除目标障碍,实施人员在开展工作之前应检查:①公共关系目标是否切合实际并可以达到;②是否可以比较和衡量;③是否指出了所期望的结果;④是否是实施者在其责权范围内所能完成的;⑤是否规定了目标完成的期限。

公共关系实施方案障碍主要有:①工作内容实施方法不正确;②各种工作内容之间配合不好;③公共关系实施时机决策失误;④工作进度安排不科学;⑤预算分配不合理;⑥实施机构不健全、实施人员配备不合理;⑦公共关系实施制度不完善、不具体。所以旅游公共关系实施方案应由实施能力强、具有实施经验的公共关系人员来设计。设计过程中，因多征求实施人员的意见，力求实施方案科学、适用、有效、节约。

实施人员障碍主要为：①实施人员的职业道德素质和工作能力欠佳，工作不认真，没有积极性；②实施人员之间关系紧张，工作不协调；③实施人员心情不愉快，身体健康状况较差等等。排除实施人员障碍的关键是选择优秀的实施人员，建立起一套有效的激励和约束机制，并进行严格培训。

沟通障碍主要有语言障碍、习俗障碍、观念障碍、心理障碍和组织障碍。公共关系实施中的语言障碍主要有：语音混淆、语意不明、语义误解、语法不通、用词不妥、文字差错、标点错误，以及对受众文化背景不理解。公共关系实施中的习俗障碍主要是因为不同文化背景下的人们在道德、礼仪、习惯、传统、风俗及宗教信仰等方面的差异而导致的沟通困难。影响公共关系实施的观念障碍主要有：保守观念、封闭观念、落后观念、自私观念、迷信观念、金钱第一观念、极端观念、片面观念、急功近利观念等。心理障碍主要是人们的认知、情感、态度等心理因素对沟通造成的困难。包括先入为主和道听途说所形成的偏见、情绪失控所造成的感情冲动、"权威效应"所造成的盲目崇拜等。组织障碍主要表现为：①信息传递环节过多，导致信息失灵；②机构臃肿造成沟通缓慢；③条块分割造成沟通"短路"；④多头领导造成信息不统一；⑤沟通渠道单一导致信息量不足；⑥沟通媒体、渠道形象不好造成公众对信息的不信任。

旅游公共关系实施环境障碍主要来自：①政治环境制约因素，包括目标国家的各种政策、法规的管制以及政治形势、政策变化的影响；②经济环境制约因素，包括目标国和目标政府的经济体制、经济政策、经济形势的影响；③科技环境制约因素，包括各种新知识、新技术、新工具、新材料、新产品、新能源等的影响；④竞争环境对抗与干扰因素，包括竞争对手的知名度、美誉度、市场占有率以及所开展的各种公共关系宣传活动等的影响；⑤自然环境制约因素，包括地理条件、气候、自然资源、生态等的影响；⑥国际政治、经济环境制约因素，包括国际形势、外交关系、战争、流行或传染性疾病、国际市场与金融形势等的影响。

突发事件障碍是指对旅游公共关系实施产生严重干扰的突然变

化。主要有:①人为的事故或纠纷,如公众的投诉、新闻媒介的批评、不利舆论的冲击等;②自然变故,如暴风雨、火灾、地震、疾病等。突发事件往往来势迅猛,影响范围大,后果严重。遇到突发事件,公共关系实施人员应保持清醒头脑,积极与相关方面配合,认真剖析原因,寻求消除危机或减轻危机后果的方略。

第二节 旅游CIS

一、旅游CIS及其特点

(一)旅游CIS的内容

公共关系界对CIS目前有三种解释:一是英文"Corporate Identity System"的缩写,含义为"企业识别系统"或"企业设计系统"等;二是英文"Design Coordination & Corporate Image",可译为"设计协调与企业形象"、"企业系统形象设计"等;三是英文"Corporate Image Strategy"的缩写,译为"企业形象战略"。

对CIS的核心内容也有三种不同的见解:①美式"视觉型"CIS。美国CIS的设计者不参与企业的理念系统(MI)和行为系统(BI)的设计开发工作,只负责视觉统筹设计(VI)。通过标志等视觉信息来沟通企业理念和文化、整合企业形貌,达到社会大众认知、识别的目的。②日式"文化型"CIS。日本型CIS的核心——企业理念,是为了整合和强化全体员工的归属意识,属于以自我推广为基础的企业文化活动。日式CIS属于MI和VI并重型的CIS战略。③中式"自律型"CIS。即将CIS划分为"软件系统"、"硬件系统"这两部分,前者由MI与BI组成,主要是市场调查、企业诊断、产品分析、经营方针、企业精神、市场战略、竞争策略、营销计划与促销活动、公共关系事务策划等等;后者主要是企业商标、标准字等视觉系统的设计制作。软件系统是CIS的灵魂,硬件系统是CIS的表象。

总之,CIS的内容包括三个方面,即:理念系统(MI,Mind

Identity)、行为系统(BI，Behavior Identity)、视觉系统(VI，Visual Identity)。理念系统是组织高层的思想系统和战略系统，是 CIS 设计的根本依据和核心；行为系统是组织运行的所有规程策略，是动态的识别形式，规范着组织内部的组织、管理、教育以及对社会的一切活动，实际上是组织的运作模式；视觉系统是指组织视觉识别的一切事物，分列项目多、层面广，是静态的识别符号，也是 CIS 中直接向社会传递信息的部分。CIS 就是整合 MI、BI、VI 的完整的企业形象战略体系，是塑造企业形象、增强企业竞争实力的最有效武器。旅游 CIS 是将旅游组织特别是旅游企业理念和组织文化通过同一的视觉识别设计，予以视觉化、规范化、个性化和系统化，运用整体传播方式加以整合性宣传，使公众对旅游组织和旅游企业产生一致的认同感，从而使旅游组织和旅游企业实现最佳的旅游经营和发展目标的战略。

(二)旅游 CIS 的特点

旅游 CIS 通过对 MI、BI 和 VI 的协调统合，对内可以强化旅游组织特别是旅游企业的向心力和凝聚力，增强旅游组织特别是旅游企业的适应能力；对外可使社会大众更明晰地认知该旅游组织，建立起鲜明统一的组织形象，并为组织的未来发展创造整体竞争优势。

旅游 CIS 的主要特点是：

1. 系统性

旅游 CIS 的整体性由三个互相联系的子系统构成，完整而有效的 CIS 应该是旅游组织理念文化、组织、管理、目标、宗旨、发展战略、社会责任等组织深层次的“灵魂”与组织外在形象的整合。旅游 CIS 设计的基本内容是形成统一的旅游组织识别系统，使组织形象在各个层面上得到有效的统一。具体地表现在组织的理念行为及视听传达的协调性，产品形象、员工形象与组织整体形象的一致性，组织经营方针与其精神文化的和谐性，强化旅游组织的整体形象，并以此协调旅游组织内部各方面的关系、员工人际关系以及旅游组织与外部公众的公众关系。

2. 差异性

差异性是旅游 CIS 的最基本特征，旅游 CIS 战略强调以独特鲜明的个性，远离竞争者。无论在 MI、BI 还是 VI 或其他方面，旅游 CIS 要求在符合行业形象特性和产品形象特性、符合公众的正常心态和社会文化的要求的前提下,强调自己的个性化特色、强调差异性。

3. 文化性

旅游是一种文化消费活动,旅游文化与旅游经济是互动的;旅游CIS战略区别于一般经营策略的一个显著标志,就是它强烈的文化色彩,即通过有效地作用于公众的文化心态和文化需要心理,产生出强大的文化冲击力。旅游CIS战略特别强调美学方法的引进,尤其重视技术美学(如设计美学、行为美学、商品美学等)和文化美学的应用。在美学方法指导下,旅游CIS战略根据公众的文化思维和审美情趣,力求把产品形象、旅游组织和旅游企业形象的标准化与审美形态的独特化结合起来,形成融真、善、美于一体的品牌美学形象,以此开拓和发展公众市场。

4. 传播性

旅游CIS的所有方面都要可视化、可知化、可感化、可转化,无论是MI、BI还是VI,都能够转换成视觉符号和形象符号,直观形象地展示在公众面前,在实际操作中严格按照《CIS手册》的技术参数、标准和样本进行。

5. 操作性

旅游CIS的操作必须有一套渗透宣传旅游组织理念的具体方法、一套可具体执行的行为规范和一套能直观体现理念的视觉传达计划。CIS计划作为旅游组织与旅游企业运行的重要依据,所设计的每一个细节都必须是可具体执行的。旅游组织CIS的导入及实施周期较长,作为塑造组织形象的CIS应随着组织内外环境的而变化不断地进行。

旅游CIS与旅游公共关系的切合点是旅游组织形象,但实现这一目标的模式存在明显的不同。在形象塑造的着眼点上,旅游公共关系往往着眼于形象的某一个方面,各个突破后经过聚合,形成旅游组织的整体形象。CIS战略的策划是先整体形象,然后再按照总规划开展具体的宣传活动,强化旅游组织与旅游企业的整体形象。在心理机制上,旅游公共关系主要依赖于好奇心理和需求心理,强调适应公众的情景性关心点。而旅游CIS战略则强调通过全方位的反复宣传,让公众在深刻领会策划意境的基础上，产生文化性联想和文化性需求，进而认同旅游组织及其产品。在信息内容上，旅游公共关系一般选择比较专题化的内容，旅游CIS战略则以整个旅游组织与旅游企业作为策划对象和宣传内容，涉及组织和企业的文化理念、行为规范和识别系统，在内容上就具有明显的整体性。在时间上，旅游公共关系带有一定的随机性，在时间选择方面带有一定的偶然性；旅游CIS战略则比较强调战略规划，由于采用了一致性机制和战略性规划，能有效形成时间上的积累效应和共振效应，从而对公众施加综合性的影响。在变化性上，旅游公共关系比较注重根据客观环境、公众需求以及社会组织的情形，随机性地确定宣传主题和方式，具有较大的灵活性与变化性；旅游CIS战略表现出较强的规范性要求，活动与活动之间的一致性比较明显。

二、旅游CIS的系统组成

（一）旅游组织理念识别系统（MI）

1. 旅游组织理念识别系统的基本内容

旅游组织理念系统（MI）特指带有个性的组织经营活动的思想或观念，这是旅游CIS的基本精神所在和原动力，主要包括：组织使命、组织精神和组织目标等。

旅游组织的使命包括经济使命和社会使命，前者是为了推动国家或地区经济的发展、产业经济结构的调整和旅游行业经济效益的提高，后者是为适应和满足社会发展的需要。旅游组织的价值观和组织目标都必须与使命相一致。旅游组织的价值观主要表现在经营管理姿态和行为规范这两个方面，它要求全体员工在共同遵守旅游组织与旅游企业既定的经营管理方针的同时，遵循相应的社会和旅游组织规范。

旅游组织的精神是建立在共同价值观和共同信念的基础上的，具有旅游组织特色的群体意识。这种意识包括共同的理想追求、价值准则、思想作风、道德情操、工作态度、行为规范等。旅游组织的精神是通过领导者的引导、宣传、教育、示范，员工的积极参与、配合，在长期的实践工作中逐渐形成的。它将旅游组织的经营思想、方针目标、管理方式、发展规划等化作一种增强组织向心力和凝聚力的意识，推动旅游事业的发展。

旅游组织的目标指组织所要达到的目的和标准。它体现了组织的追求,是组织理想和信念的具体化。

2.旅游组织理念识别系统的特点与功能

良好的旅游组织理念应具备鲜明的识别性、明确的目的性、直接的实践性和确定的主体性。旅游组织理念是旅游组织经营管理的核心,是形成良好旅游组织形象的关键。旅游组织理念的功能有:①规范与引导旅游组织及其员工的行动方向。旅游组织理念往往把组织共同的价值准则、道德规范、行为准则洗练成一两条富有哲理和极大感召力的口号,约束和引导组织及其员工的行动方向。同时,还以强大感召力将全体员工的注意力集中到组织目标上来,主动地发挥积极性、创造性。②凝聚与整合功能。共同的目标、价值观和理想为组织提供凝聚力,促使组织内部朝着相同的利益和目标一体化发展。此外,良好的旅游组织理念,还可以在相关行业乃至整个社会产生重大影响。

3.确立旅游组织理念识别系统的思路

构建旅游组织理念通常的思路层次是:①本组织是什么组织;②本组织应是什么组织;③本组织将是什么组织。具体概括的方面主要有:旅游服务领域、旅游服务质量、旅游服务效率、旅游组织的社会责任、旅游组织的气氛、旅游组织的行为规范等。通过对这些问题的认识、检讨,结合组织特点进行有侧重的选择和组合,便可设计出自己的理念。

4.旅游组织理念识别系统的渗透实施

要使旅游组织理念内化到组织之中,成为组织的行为标准,并贯彻落实在行为上,必须对其进行长期的强化,通过各种手段进行渗透实施。一般的实施途径有:①教育。这是渗透组织理念最常用的方法,尤其是在CIS导入的初期,采用让员工经常朗读组织理念手册或把组织理念制成歌曲让员工吟唱等灌输教育的方式比较有效。②象征性活动。开展一些富有特色的活动,如仪式、庆典等来宣传组织文化,构筑组织理念。③激励。通过目标激励、民主激励、精神激励、情感激励和物质激励等方式,激励旅游组织员工进取、参与、实践的热情,树立旅游组织的良好形象,发挥组织的最大社会效益和经济效益。

（二）旅游组织行为识别系统（BI）

1. 旅游组织行为识别系统的基本内容

旅游组织行为识别系统（BI）的内容主要分为对内、对外这两大部分。对内的行为主要有：业务培训、员工教育、奖惩活动、工作环境、职工福利及研究开发项目等；对外的行为主要有：市场调查、广告活动、公共关系活动、公益文化活动、促销活动、竞争策略以及与各类公众的关系等。旅游组织行为识别系统的导入，就是调整、完善旅游组织的内外活动，使其规范化、契约化，充分体现旅游组织的理念。

旅游组织行为识别系统的要素有：战略（Strategy）、结构（Structure）、体制（Systems）、作风（Style）、人员（Staff）、技巧（Skill）、共同的价值观（Shared values）。导入旅游组织理念系统就是要对这七个因素进行合理、科学的处理、规范，使之互相统一、协调，从而改善旅游组织体质，增强组织活力。在对旅游组织行为进行规范化管理时，主要应实现的目标是：指挥系统的规范化、组织决策的规范化、服务流程的规范化等。通过一系列规范化管理，规范旅游组织和旅游企业的一切活动和全体员工的行为，使旅游组织和旅游企业从观念、思想、意识到行为上达到完全统一，从而有效地塑造和提升组织形象。

2. 旅游组织行为识别系统的规范

旅游组织行为识别系统的规范，就是从行为方面围绕理念识别系统来规范组织的行为模式，通过组织结构设计、员工教育培训、公共关系宣传和广告活动、社区活动和其他大型活动，使员工全面遵循行为识别系统的规范要求，以此来塑造旅游组织的行为形象，直观展示旅游组织理念识别系统的文化境界和风貌。

（三）旅游组织视觉识别系统（VI）

1. 旅游组织视觉识别系统的基本内容

旅游组织视觉识别系统（VI）的基本内容包括两大部分：基本要素和应用要素。基本要素包括旅游组织名称、标志、标准字、标准色、造型等，应用要素主要包括旅游组织办公事务用品、接待用品、产品包装、广告、服装制式、各种标识、规范手册等等。

2. 旅游组织视觉识别系统的设计原则

旅游组织视觉识别系统是综合反映旅游组织整体特色的重要载体，是旅游组织形象外在的符号化的表现形式，必须表现出旅游组织的经营理念。设计旅游组织视觉识别系统时，要遵循一定的美学原则，讲究统一与变化、对称与均衡、节奏与韵律、调和与对比、比例与尺度、色彩的联想与抽象的情感等等，通过独创性的符号立意来表现个性。视觉识别系统作为一种静态的抽象符号，必须切合公众的心理需要，使其在不知不觉的感情体验中接受旅游组织的视觉信息，引起情感共鸣，从而产生强烈的视觉震撼。在运用图案、色彩时，应考虑各种公众对象，特别是不同历史传统、文化和宗教传统的民族形象思维习惯。还应该注意有关法律的因素，不能使用法律上禁止或限制使用的符号、图案，也不能抄袭或借用其他组织的视觉系统。

3.旅游组织视觉识别系统基本要素开发

(1)组织名称设计。一个好的名称，可以折射出旅游组织的经营理念，体现出旅游行业的特征，展示出旅游组织的行为风采。旅游组织的名称要做到好认、好读、好记、好看，做到“音”、“意”、“形”的完美统一。设计名称时应在新颖独特、富于时代气息等方面进行精心创意，并要考虑到特定公众的民俗风情、语言习惯，不能犯忌。

(2)标志设计。标志作为一种综合了文字、图形和色彩等要素的视觉符号，具有象征性、联想性、抽象性等特点。标志设计的模式有：①旅游组织或旅游企业名称与标志、品牌名称、色彩统一化，使组织外在形象一体化，强化信息传递效果；②旅游组织名称与产品品牌不同，刻意强调品牌之间差异化，目的是快速占领市场，提高市场份额；③旅游组织标志、造型同一化，但色彩不同，用视觉效果强化旅游行业特性；④旅游组织和旅游标志部分相同、部分差异，用以区别同一组织不同的业务活动。设计标志时，应做到构图简洁、清晰，易辨认、易记忆，具有独创性，易于传播使用。

标志设计的题材主要有：旅游组织和品牌名称或其名称含义、旅游组织和品牌名称的字首、旅游组织品牌图案和其名称字首组合、旅游组织和旅游文化或经营理念、旅游组织和品牌的传统历史或地理名称等。标志设计的常见方法有：具象法——即把所要表现的内容形象进行艺术加工，形象地表现出来；表述法——即直接把旅游产品、旅游服务项目、经营宗旨等内容，制作成标志；象征法——即借助某种具象来象征旅游组织和旅游所要表现的内容；抽象法——即把旅游组织和旅游的某个特色内容，用一定的图案加以展示；文字法——即直接对旅游组织和旅游、旅游产品品牌名称的文字进行艺术加工；纯标识法——即直接运用独特的表音符号或单纯图形作标志等。标志设计要遵循“几何、规则、简洁、自然”等绘图规范，符合公众的审美心理。

(3)标准字。标准字是指在造型外观和文字的配置方法方面不同于普通字体的特殊图形文字。标准字本身的说明性，能够清晰、明确地传达名称、内容以及补充说明图形标志的内涵，因而具有更强的传递作用。标准字设计应做到语意准确、概括理念、富于典故色彩、单纯简短。选择的名称要与旅游组织的事业领域、经营内容和产品特性有密切的联系，成为旅游组织经营哲学意境的生动展示和形象化的表达。旅游组织的名称应具诗意美感，使公众看到名称就能产生美好的遐想和旅游体验冲动。另外，名称要考虑民族风俗、法律文化和涉外文化，以免造成纠纷。

在旅游组织视觉识别系统设计中，名称、标志、标准字等基本要素应组合成一个有机的系统，才能起到独特的认知识别作用。组合原则是：①在二维空间的静止画面上，创造引人注目的效果；②在同时出现的版面竞争上，制造强有力的表现力；③在长期出现的、多样产品的情报传达上，塑造统一的设计形式。在确定多类基本要素的组合关系时，应根据视觉的心理特点确定组合关系，同时必须遵循同一性、系统性的目标。

以旅游星级酒店 VI 系统规范项目(适用于四星级以上酒店、宾馆)为例，其 VI 系统具体包括以下 6 个方面：

(1)基本形象：象征图形创造、徽记设计(酒店名称的图案表达)、提供一整套代表颜色的选择、提供整个酒店连贯使用的字母和数字图示的选择(酒店各种应用型指示牌)。

(2)基本用品：公函信纸(常用)、公函信纸(小规格)、便笺(常用)、常用型信封、小信封、行政电话记录卡系列、贺卡、贺卡信封。

(3)常用办公用品：常用信纸、常用便笺、常用信封、告示传达纸、致贺卡、电话记录卡、不干胶便签、邀请卡(通用)、宾客意见卡、便签簿(函文起草纸)、服务项目目录、临时告示牌、“工作进行中”告示牌、包装纸、牛皮纸信封(大)、牛皮纸信封(小)、内部办公信封、员工申请表格、员工身份证、财务报表夹套、餐饮部成本报告夹套、航空信封。

(4)酒店一般性图案：建筑物内指示(只作展示，使用标准文字和数字)、内部运作指示(包括大堂副理、电梯、邮件告示牌、客房号码、休息室、旅游观光指示、购物指示等)——同样使用标准字体和数字展示、内外交通工具指示(同样以标准文字及数字展示)、内外方位指示(以标准文字及数字展示)、员工姓名徽记、酒店旗、豪华客车徽记、行车吊牌、旅行袋、客房锁匙牌、酒店巴士徽记、雨伞、帽徽、高级文员徽章、酒店T恤衫、餐厅标志系列、宴会厅标志系列。

(5)文具用品：

A. 预订、接待方面：入住登记卡、迎宾小册、房价及房号卡、预付款收据、预订表格、退房表格、旅行图表格、旅行图修改表格、旅行图取消表格、旅行图、征询要求表格、营业销售记录表、备用登记信封。

B. 行李、邮政和咨询方面：行李吊牌、行李不干胶标签、行李寄存牌、行李寄存收据、行李收讫报告表、发出行李报告表、退房书、电话留言条、留言纸、便笺(客用)、预约电话纸、机票通知单、市区地图、酒店地理方位卡。

C. 客房部方面：香皂盒、客房文具夹、电话服务介绍、“请勿打扰”表示牌、“整理房间”表示牌、“服务员当班”指示、电话拔号盘、圆珠笔、便笺、浴帽袋、玻璃杯包装纸、卫生袋、通用火柴盒、针线包、擦鞋布、洗衣袋、多用途塑料袋、电话电传单、明信片、信封、宾客信封、泳池毛巾标签、火警出口图示、遇火警时的措施指示、毛巾、角质鞋擦、衣架、烟灰盒、闭路电视告示、洗衣单、干洗单、加急单、洗衣盒、衬衫袋、衬衫标签、衣领支座、客房餐牌、微型吧价目表、微型吧停用通知单、餐厅牌、衬衫板、加急回复卡、物件损坏通知卡、商务简介或简介卡、健力俱乐部简介卡。

D. 餐饮部方面：早餐餐牌、餐牌、中国菜式、日本料理、池畔烧烤、饮料牌——一般饮品、饮料牌——钢琴酒廊、饮料牌——大堂酒廊、饮料牌——楼层酒廊、饮料牌——池畔酒吧、宴会菜牌封套及内页、地点卡、“提供各级”指示、“最低消费”台卡、宴会营业夹、活页纸、结账单夹、人员安排表——咖啡厅、纸巾、搅酒棒——通用、搅酒棒——夜间俱乐部用、鸡尾酒果签、饮品垫、方糖包装纸/袋、牛油封色、午餐盒系列、各式点心盒系列、面包袋系列、牙签袋、饮料吸管包装、餐台/托盘移动卡、每日特别介绍卡、筷套、饮料优惠卡、餐台安排表——餐厅和宴会、宴会台布局设计、台码卡——咖啡厅、客房送餐服务菜牌、特别饮料介绍卡、宴会签到簿、火柴盒——餐厅用、酒吧账单、餐厅账单、餐券、餐桌牌设计。

(6)系列制服设计:以实际运作提供各类员工制服。

三、旅游 CIS 策划与导入

旅游组织导入 CIS 的内在动力是为了统一和提升组织形象,解决旅游组织在管理发展方面的实际问题,增强旅游组织活力,为组织以后更大的发展找到战略制高点;外在动力是在旅游产业的国际性挑战面前,加强旅游组织的“非物质”竞争和战略竞争能力,适应来自旅游消费者、传播媒介和社会环境的挑战,跟上世界旅游发展的潮流和步伐,以保证旅游组织在激烈的市场竞争中取胜。

(一)旅游组织导入 CIS 的时机

旅游组织导入 CIS 的时机主要有:①新公司成立或合并为集团企业之时,导入 CIS,能迅速有效地统一旅游组织和旅游形象,提高公众对旅游组织和旅游集团的认知、识别能力。②创业周年纪念之时,一方面可以表明事业的兴旺蓬勃,增强员工的向心力和凝聚力;另一方面也可确立更长远的发展战略。③旅游企业扩大经营范围、实行多元化经营之时,可以建立起与旅游组织和旅游实体相吻合的旅游企业形象。④进军海外市场、迈向国际化经营之时,导入 CIS,可以创造竞争的条件和优势,谋求旅游企业长期发展的战略出路。⑤新产品开发与上市之时,可以促进产品销售打开局面。⑥旅游企业经营理念需要修整与再确立之时。⑦变更企业名称、进入历史新阶段之时。⑧消除负面影响、实现危机反弹之时。⑨视觉系统陈旧、设计升级换代之时，等等。

依不同的情境，我们也可以将旅游 CIS 分成 11 类：①重新塑造经营理念的 CIS；②强化旅游企业体质的 CIS；③旅游企业多角化的 CIS；④旅游企业合并的 ClS；⑤开发旅游产品的 C1S；⑥顺应世界潮流的 C1S；⑦统一世界市场形象的 CIS；⑧创新视觉形象的 CIS；⑨提升旅游组织士气的 CIS；⑩以商标渗透海外市场的 CIS；⑪使旅游企业活性化的 CIS。

(二)旅游组织导入 CIS 战略的基本程序

1. 提出 CIS 计划

CIS 计划一般由旅游组织高层负责人、组织所聘专家顾问提出，计划包括构建 CIS 的目的、背景、计划方案、施行细则、费用预算、组织实施等。组织应依据战略性、个性化、整体性的原则，对 CIS 计划进行全面论证。

2. 制定 CIS 企划案

CIS 企划案包括：标题、提案的目的、构建 CIS 的理由和背景、CIS 的计划方案、具体施行细则、导入计划、CIS 计划的实施者(组织者、推进者、协办者)、实施费用等。在制定具体计划时，应坚持循序渐进的原则，切忌仓促随意。

3. 成立高级主管和专家共同组成的 CIS 委员会

确立 CIS 导入的时间日程，确立 CIS 导入的方针与政策，全面检讨企业的现行状况；提供 CIS 设计的全部企业资料，确立 CIS 导入的价值取向，审定 CIS 设计的各种方案，协助 CIS 设计人员开展设计工作，对旅游组织的理念、行为、视觉识别和传达系统进行设计；负责 CIS 设计的内外推广，负责对 CIS 设计效果进行检验等。

4. 成立 CIS 执行委员会

预测 CIS 导入的具体时段，预测 CIS 导入的费用，提出 CIS 设计的论证报告，对企业内部进行 CIS 论断。

5. 组织导入 CIS 前的调查和分析

对旅游组织现状及外部环境进行调查，调查研究的内容主要包括国内外旅游市场调查、旅游企业内部调查、竞争对手情况调查等。通过调查，把握旅游组织外部环境和内部自身的综合信息，并以此为依据，制定出旅游组织生存发展的战略。

6. 公布和实施CIS方案

对公司内外发表CIS设计的结果。通过全员培训渗透实施CIS新概念，将CIS设计在组织和旅游企业内部全面推行。反馈组织和旅游内部对CIS设计的意见，调整修正CIS计划以为以后的CIS设计作准备。

7. 导入CIS效果评估

旅游组织在实施CIS战略时，必须遵循一些共同的准则，如建立共识、推行CIS过程的循序渐进、必须建立CIS推行的监测系统、对CIS设计系统进行管理和维修等等。

思考题

1. 旅游公共关系策划有哪些基本要求？
2. 如何确定旅游公共关系策划的主攻方向？
3. 不同旅游组织CIS的异同何在？
4. 旅游组织导入CIS应选择哪些时机？

案例

香港旅游业的国际公共关系活动

香港旅游协会根据调查研究、分析认为，美国来香港的旅客将大有增长的潜力。据有关调查表明，不少美国人对香港还不十分熟悉，很多美国旅客都把香港当作前往亚洲其他地区的中转站，似乎香港不算是特别有吸引力的旅游地。根据这种情况，香港旅游协会聘请美国伟达公司来帮助他们推行一项庞大的争取美国游客的公共关系活动。

为增强香港的吸引力，招徕更多的美国旅游者，1980年7月，伟达公司制定了一项全面的公共关系活动。这项活动的重点是突出香港现代化设施与古代文化有机结合的特点。这项活动的公众是一些高阶层的游客，也就是那些消费能力很强的人士，包括度假观光者、商界行政人员和专业人员。该计划要达到的目标是：促使更多的美国人首次或再次来香港游览，并希望人们最少能住四天。为了实现这一目标，该协会实施了以下的公共关系活动：

1.电视宣传

在哥伦比亚广播公司制作的"60分钟广播"中播放一集推广短片。这个节目是全美国收视率最高的节目之一。另外，还在香港拍摄了一套介绍香港事物的专辑，在美国日间的妇女节目里一连五天播放，收看的观众达到2000万。

2.刊物宣传

伟达公司还在美国最畅销的杂志上刊登有关香港的资料，使更多的美国人了解香港。美国合众国际社曾发表一篇题为《香港值得一游》的文章，介绍香港。

3.卫星传播

伟达制作了有关香港旅游生活方式的13辑录像带，并通过卫星传播到美国300家电视台。

4.特别活动

1983中，在香港举行国际龙舟比赛。利用此次机会，香港旅游协会要求伟达公司通过一个旅游团体，邀请美国选手参加。美国国内各种报纸、电视台、电台详细报导了这场国际龙舟邀请赛。这项比赛由香港旅游协会主办，是香港一年一度之盛事，对促进旅游业的发展有极大的作用。

经过四年的不懈努力，这项争取更多美国旅客来香港旅游的公共关系活动获得了极大的成绩。据统计，1983年以来美国的旅游者增长率为19.5%；同时，每人的消费平均增长幅度高达41%。此外，每个旅客平均逗留的时间也延长到3.7天。

宣传性公共关系利用种种传播媒介，迅速将组织的有关信息传播出去，形成有利的社会舆论，创造必要的声势或气氛。伟达公司为香港旅游协会进行的这一次公共关系活动就是利用大众传播媒介进行广泛宣传而取得成功的。在开展宣传性公共关系活动时，媒介的作用是很重要的，它既决定宣传的效果和范围，又使公众信服。伟达公司在新闻媒介、播出栏目和时间的选择以及制造新闻等方面都是非常成功的。

（摘引自《公共关系案例》，中国财政经济出版社，1994）

第八章　旅游公共关系危机

学习目的

●了解旅游公共关系危机的类型

●掌握旅游公共关系危机的预防

●熟悉旅游公共关系危机的处理程序

基本内容

旅游公共关系危机

●旅游公共关系危机的类型

行为不当危机、突发事件危机、媒介误导危机、恶性竞争危机、政治法律危机、环境保护危机、经营管理危机、组织人事危机

●旅游公共关系危机的特征

必然性和偶然性、突发性和渐进性、破坏性又具建设性

旅游公共关系危机的预防

●旅游危机公共关系的原则

真实性、公开性、公众利益首位、及时沟通、积极预防、正视危机、巧妙转化

●旅游公共关系危机的预防机制

全员危机教育、危机预警系统、危机管理小组、危机管理制度、危机应变小组

旅游公共关系危机的处理

●旅游公共关系危机的处理程序

设置危机控制中心、掌握现场第一手情况、确定危机对策、组织落实、总结检查、公之于众

●旅游公共关系危机的处理方法

制定危机处理计划、实施危机隔离、选择危机处理方式、危机善后处理

第一节　旅游公共关系危机

一、旅游公共关系危机的类型

危机是旅游组织及旅游企业在事业发展和经营过程中，所遇到的一些导致局势逆转、具有不确定性因素的突发事件或至关重要的时刻，对旅游组织及旅游企业的生存和发展有着巨大的威胁。旅游组织及旅游企业所面对的危机是多方面的，主要分为：

（一）行为不当危机

这是由于旅游组织及旅游企业行为不当，如旅游服务质量低下、未兑现服务承诺等，使旅游者的利益受到损害，甚至危及生命财产安全，从而导致公众反感、激起公愤，使旅游组织及旅游企业的信誉、形象恶化的事件。

（二）突发事件危机

按照突发事件同旅游组织及旅游企业利益的关联度，以及事件的归咎对象，突发事件危机可分为内部突发事件危机与外部突发事件危机。内部突发事件危机发生在旅游组织内部，主要直接影响本组织。外部突发事件危机发生在旅游组织外部，影响多数组织的利益，旅游组织是受害者之一，如自然环境变化、他人的恶性蓄意行为等造成了旅游公众的利益受损，引起公众对旅游组织及旅游企业不满的事件。旅游公共关系突发事件还可以分为人为突发事件、非人为突发事件，前者是指与旅游组织有直接关系的人的行为所造成的突发性事件；后者是指非旅

游组织内的人的行为所造成的突发性事件，如不可抗力的自然灾难或其他特殊原因造成的重大伤亡事故，如飞机失事、火车脱轨、轮船沉没、食物中毒、火灾等恶性事故，社会上突然出现的大动荡等。人为突发事件相对于非人为突发事件而言具有可预见住、可控性的特点，如果平时采取相应的、有效的措施，大部分是可以避免或减轻损失的。非人为突发事件大部分不可预见，具有不可控性，造成的损失通常是有形的。相比之下，非人为突发事件的处理易得到旅游组织内外部的同情、理解和支持。

（三）媒介误导危机

这是指由于新闻媒介的误解或失实报道，引起公众对旅游组织及旅游企业产生不满或反感等信任危机的事件。新闻媒介的不利报道，有些是新闻媒介的报道内容准确无误，但事实对旅游组织非常不利影响，使组织处于被动地位，受到严重影响；或是新闻媒介的报道不正确或歪曲事实，对旅游组织造成威胁性的影响。

（四）恶性竞争危机

这是旅游组织及旅游企业受到外部其他组织或个人的不正当竞争，如假冒伪劣、坑蒙诈骗、恶意宣传等，使旅游组织及旅游企业所面临严重的信用危机或经营危机，从而发展成公共关系危机的事件。

（五）政治法律危机

这是指由于国家的政治体制、政权格局、政府态度、政策法规以及国际关系、外交政策等的变化，对旅游组织及旅游企业的发展造成不利，甚至构成潜在威胁的事件。国际贸易战是旅游组织及旅游企业面临的主要政治法律危机。

（六）环境保护危机

这是由于旅游组织及旅游企业一味追求利润，不顾社会效益和环境问题，生产、销售对环境、资源造成污染、破坏的产品而引起公众抗议和反对，造成旅游组织及旅游企业形象受损的事件。

（七）经营管理危机

这是由于旅游组织及旅游企业在战略决策、投资选择、经营运作、财务管理等方面的管理失误或产品质量等人为因素造成的服务及产品质量信誉危机，以及给公众利益造成了损害、带来了严重的后果，使旅游组织及旅游企业的发展和生存面临危机的事件。

（八）组织人事危机

这是指由于旅游组织及旅游企业组织规模过大、高层人事变动、规模性裁员等引发的管理系统失灵、资源配置分散、权力纷争、精英人物退出、员工遭遇挫折信心动摇等的一系列事件。

旅游公共关系危机所造成的损失可以分为有形损失和无形损失这两类。有形损失是指直接给旅游组织带来人员伤亡或财产重大损失，无形损失主要是指事件以后对旅游组织形象的严重损害。有形损失明显、难于挽回、易于评估；而无形损失尽管在始发阶段损失不明显，但如果任其持续和发展，其慢性损失将是巨大的。对无形损失可以通过采取相应的措施加以挽救。如果不采取紧急有效的措施，随着时间的推移，旅游组织的形象越来越坏，最终必然使组织蒙受更大的有形损失。

二、旅游公共关系危机的特征

旅游组织及旅游企业所面临的是一个高风险、高不确定性的市场环境。危机几乎成为旅游组织及旅游企业生存发展过程中的一种伴生物。

旅游公共关系危机是必然性和偶然性的辩证统一。正如比尔·盖茨所指出的，“这个世界上惟一不变的就是变化”。变化意味着各种市场要素的重新组合、意味着稳定状态的被打破、意味着新的环境机遇，也意味着可能发生的危机。只要旅游组织及旅游企业开展经营活动，就可能遇到危机。但是，旅游组织及旅游企业的危机往往是由偶然因素促成的。旅游公共关系大系统是开放的，处在外界的物质、能量和信息的变化流动之中，其任何一个薄弱环节都可能因某一偶然因素而导致失衡、崩溃，造成危机。

旅游公共关系危机既是突发的，又是渐进的。旅游组织及旅游企业的危机往往是在意想不到、没有准备的情况下突然爆发的，具有突发性特征。然而，酿成旅游组织及旅游企业危机的因素是在一个累积渐进的过程后爆发的，如果这些因素在此过程中未能得到有效的控制，就会不断放大、膨胀，到一定程度时发生连锁反应，导致旅游组织及旅游企业和公众之间突发性的关系恶化，形成危机。

旅游公共关系危机既有破坏性又具建设性。旅游公共关系危机的发生，足以表明旅游组织及旅游企业存在着不可忽视的问题，所以也就为旅游组织及旅游企业检视自身状况，认识危机、正视危机作了有利的提示。旅游公共关系危机在本质上或事实上固然起破坏作用，但只要勇于面对、善于应对，是可以化被动为主动、化危机为机会，为旅游组织及旅游企业重新建立富有竞争性的声誉、树立良好形象和处理重大问题创造机会的。

第二节　旅游公共关系危机的预防

一、旅游危机公共关系的原则和理念

关于危机公共关系的处理原则，在国际公共关系界有多种观点。如英国公共关系专家布莱克教授提出的危机处理原则是：立即作出反应，向新闻界提供全部和准确的情况、尽最大可能安抚受害者和他们的家属。危机公共关系专家杰斯特提出的“三 T 原则”是：以我为主提供情况，提供全部情况，尽快提供情况。加拿大 DOW 公司制定的危机处理原则要点是：诚实第一，永远诚实；同情心，人道主义；公开化，坦率；有预见性，不被动应付。

综合而言，旅游组织及旅游企业开展危机公共关系活动，必须遵循真实性、公开性、公众利益首位和及时沟通的原则。旅游组织及旅游企业在处理危机事件时，不论是否具有主观上的过错，都必须及时向公众如实通报事件的真相、发生的原因、已经和可能造成的损失、正在采取和即将采取的措施等等；决不能故意隐瞒事实真相，更不能嫁祸于人、推诿责任。即使因危机突发而未能弄清全部情况，也要及时如实告诉公众，并表明对待危机的正确态度；不能置公众意愿于不顾，封锁消息、保持沉默。

危机事件的发生会使旅游组织及旅游企业遭受损失，同时也给公众利益带来危害。当两者无法兼顾时，旅游公共关系应当坚定不移地将公众利益放在首位，一切策划活动都必须围绕保障公众利益进行。对因旅游产品质量、旅游环境污染等给公众造成损失或危害的，旅游组织及旅游企业不仅要承担道义责任，而且要根据损失的大小和自身的承受能力，尽可能为受害者提供必要的经济补偿和物质赔偿，决不能推卸责任。

旅游公共关系危机的发生具有较大的突发性、随机性，难以预测。这就要求旅游公共关系人员在认识上高度重视危机公共关系工作，确立如下基本理念：

1. 积极预防，防患于未然

旅游公共关系人员在日常工作中应时刻警惕破坏因素，使旅游组织及旅游企业远离危机事件。一般而言，除了自然灾害、火灾、突发性流行病等非人为突发性事件以外，大多数危机事件都有一个演变的过程，先由失误而形成危机隐患、由隐患形成"苗头"，然后爆发出危机事件。旅游公共关系人员不能坐视危机事件的前期酝酿、恶化，而应以消除隐患为首选措施，把可能的危机消灭在萌芽状态。

2. 正视危机，及时处理

危机的出现大多有一个由小到大的发展过程，危机发生后，特别在危机初发阶段，旅游公共关系人员如果能面对现实，面对公众，正视危机，不回避，不避重就轻，不推卸责任，迅速作出相应的改进措施，实事求是地解决危机问题，就能争取公众的同情和谅解，重新获得公众的信任，渡过危机，获得新的生存机遇和发展机会。

3. 巧妙转化，化解危机

危机可能使旅游组织及旅游企业付出巨大代价，面临巨大风险，包含导致失败的因素，但同时也孕育着成功的种子。发现、培育，以便收获这个潜在的成功机会，是危机管理的精髓。危机是对旅游组织及旅游企业公共关系能力的巨大考验和挑战，从危机中发现机遇、化危机为转机，是旅游危机公共关系的理想境界。转化危机的关键是：如实兑现危机中对公众的承诺，做好善后工作；对旅游组织及旅游企业的形象重新设计、准确定位；综合运用多种手段和渠道，全方位传播新的组织形象；更新经营战略，提升管理水平，全面改善旅游产品及服务的质量，为社会创造更大的价值，为公众带来更多的利益。

二、旅游公共关系危机的预防

旅游公共关系危机具有突发性、叵测性，会给旅游组织及旅游企业造成形象、经济等方面的损失。强化危机意识，视危机出现为必然，认真做好危机预防工作，是危机公共关系的关键。

危机预防有助于防止危机的产生。任何公共关系危机的形成都有一个过程，这一过程一般包含潜伏期、初显期和爆发期这三个阶段。无论危机处在哪个阶段，都会显现出程度不同的危机征兆。旅游公共关系危机的预防，就是根据危机形成过程的阶段特征，采用各种监控手段，对危机征兆进行监测，以便在危机形成的潜伏期、初显期就准确地发现危机苗头，分析危机发展的趋势，采取果断的措施，把危机消灭在萌芽之中、化解于爆发之前。

危机预防有助于减少危机的形成。旅游公共关系危机的形成原因存在于影响公共关系状态的四类因素，即社会组织因素、相关公众因素、传播媒介因素和社会环境因素。在这些因素中，主要原因在于旅游组织及旅游企业自身。危机预防管理工作，实际就是一种有组织、有计划、有科学规程的公共关系危机控制工作。只要旅游组织及旅游企业从对内部因素的有效控制做起，对相关的危机因素进行必要的预防，就有可能减少危机形成的概率，把危机的发生减少到最低程度。

危机预防有助于提高危机处理水平。危机管理水平由人员、经费、物质设备、组织结构、信息、策略等多方面因素决定，如果上述各方面处于准备充分和运行良好的状态，就为危机处理打下了良好的基础，危机管理的水平就高。所以，旅游组织及旅游企业公共关系危机预防的同时，也是一种未雨绸缪的危机处理准备过程。

旅游公共关系危机预防的措施主要包括强化全员危机意识、设立危机预警处理系统、建立危机管理小组并确保其良好运行、建立危机管理制度、组建危机应变小组和进行必要的物质条件准备等。

1. 对全体员工进行危机教育，树立全员危机意识

危机意识主要在形象意识、公众意识、服务意识、效益意识中体现出来。旅游组织及旅游企业应该将危机管理和危机公共关系作为现代管理的重要组成部门，建立危机管理机制。

2. 设立危机预警处理系统，制定应变计划与对策以应付危机

由于各种潜在的危机因素在世界范围内的发展，危机准备变成了新的主动的危机公共关系。旅游组织及旅游企业应对内外部相关因素进行日常监测，特别注意与员工、供应商、公众和媒体的沟通中的障碍。应及时汇总筛选危机信息，分析、预测和发现旅游组织及旅游企业潜在的危机。编制危机管理手册，拟定危机管理计划，对旅游业的常规性危机作必要的事先准备及风险评估，制定出详细的危机公共关系方案；一旦危机发生，即可对不同的公众采取不同的措施。

旅游公共关系危机的预警分析，主要分为危机迹象监测、识别、诊断、评价这四个方面。危机迹象的监测首先应确定监测的对象，把最可能引发危机的影响因素或最可能出现危机的实践领域作为重点对象。对监测对象的活动过程进行全过程的关系状态监测，及时对监测信息进行整理、分类、储存，建立监测信息档案，形成系统有序的监测信息成果。对危机迹象的识别建立在有确定的识别指标、综合的比较分析和准确有效的描述基础上。危机识别指标一般采用公共关系状态指标和公共关系危机状态指标。在深入分析危机迹象产生的原因、合理预测危机迹象的发展趋势之后，作出危机迹象诊断，并对危机迹象进行损失性评价，以明确旅游组织及旅游企业在这些危机迹象的冲击下，公共关系、经营管理、相关公众、社会环境可能造成的现实和潜在危害。

3. 设立危机管理小组，形成旅游公共关系危机管理的组织保证

危机管理小组成员应具备临危不惧、反应迅速、决策果断、擅长表达的能力和全面的素质，及时预测、发现潜在危机，制定危机管理方案，在危机发生后处理危机。为保证危机管理小组的工作效率，小组领导人必须由具有较高威望、有影响力的领导担任，以利于尽早作出权威决断，调动物质技术和经费等各方面的力量处理危机。一般说来，危机管理小组成员由公共关系部、营销部、保卫部等部门的负责人组成。

危机管理小组的具体职责是：全面清晰地对公共关系危机进行预测；针对组织可能存在的各种公共关系危机制定防范方针和政策；为处理公共关系危机制定有关的策略和步骤；指导与监督整个组织各部门公共关系危机预防管理的措施；编制公共关系危机管理的经费预算；进行全员式公共关系危机教育培训；在危机事件发生时负责对危机事件的处理，或进行指导和咨询。

4. 建立危机管理制度

旅游公共关系部门应对组织所处的社会、政治、经济、技术环境，进行全面的分析考虑，关注那些危及公众的不可预测的突发性事件；为本组织所有可能发生的事件制作一个详细的一览表，所列事件分成突发事件和灾难两种；对环境中不确定的方面还要作一定的不可预测性准备。旅游公共关系部门应详细列明在危机或突发事件发生时应通知的人员名单，包括姓名、职务、工作、电话（含家庭电话）等。在危机中所有可能涉及的人、各个环节负责人都必须有替补人选，防止危机发生时因主要负责人不在而造成混乱。有关人员都要具有参与意识，不仅参与制定预防危机计划，而且要明确自己的责任。

5. 组织危机应变小组进行专门训练

展开情景模拟、角色扮演等各种危机管理的模拟训练。从不同角度预演危机处理程序。危机应变小组的训练主要包括：公共关系专业培训，应对危机事件的能力培训，危机事件的应对策略培训，危机处理案例库的建设，综合性模拟演习。综合性模拟演习的主要目标是对突发事件作出反应，帮助公共关系人员预测可能影响本组织的意外事件，创造合理的沟通反映。在演习中，特别要注意各部分公共关系人员的分工与协作职能的落实，堵漏补缺。

应准备好预防和处理危机的物质条件，这些条件主要可以分为经费准备、设施准备和信息资料准备这三类。在危机预防管理阶段，一般应有日常的公共关系危机经费预算，危机发生后的经费也需要事先有所准备。设施准备主要是开展危机监测的各种工具和危机信息处理的各种工具，相关人员应学会使用和操作。

信息资料准备一般指下列能随时取用的书面材料：利害攸关者的

地址、电话和电传，包括董事会、董事会秘书及董事会办公室，法律及其他方面顾问、外部审计员、主要银行关系户，分支机构的负责人，主要客户和供应商，旅游企业的主要股东，工会领导人，地方政府部门官员及社区事务负责人，公安、警察部门及负责人，医院及医疗界权威人士；主要传媒联系人；所有员工的传记性资料；所有设备和负责人的照片；设备和机构统计等等。

第三节　旅游危机公共关系的处理

一、旅游公共关系危机处理的程序

正确的旅游公共关系危机处理程序，能有效解决危机中的问题。这一程序主要包括的工作步骤有：

（一）成立危机管理小组，设置危机控制中心

危机管理小组的组成人员应包括旅游组织及旅游企业负责人、公共关系部门负责人、经过培训的危机处理人员（包括指定新闻发言人和值班人员）。危机管理小组所要做的工作主要有：①立刻设置处理事件的专门机构。由本组织一名主要负责人任机构领导，公共关系部会同各有关职能部门人员组成有权威性、有效率的工作班子，并保持班子人员的稳定性。②迅速而准确地把握事态的发展，制定总体方案并通告全体人员，以统一口径、协同行动。③确定中心发言人，及时向外界公布事故的真相，并将组织处理事故的基本方针和基本对策公诸于众。④公开、坦诚地对待公众，保护公众利益。如本组织员工伤亡，应立即通知其亲属，并提供一切条件，满足职工家属的探视或吊唁，并组织周到的医疗工作和抚恤工作。⑤追查原因，挽回影响。

（二）深入现场，掌握第一手情况

旅游组织及旅游企业负责人和公共关系部门负责人应及时弄清危机事件情况，掌握事态的发展和控制情况。突发性危机事件发生以后，应立即通知有关人员，组成由旅游组织负责人、公共关系人员以及有关职能部门人员组成的事故处理小组，立即奔赴现场。事故调查人员赶到现场后，应该保持镇定，想尽一切办法保护现场，迅速与目击者或当事者取得联系，了解事故发生的有关情况、人员的伤亡程度和人数、事态的发展及控制情况等，迅速、准确地查清事故的原委。应根据现场情况与公安、消防、卫生等部门取得联系，采取紧急措施救人、救物，使损失减少到最低程度。随后，应将在现场听到的、看到的所有情况认真记录下来，在可能的情况下可用照相机、摄像机拍摄现场，用录音机录下某些内容。在全面收集有关信息的基础上将材料进行分类整理分析，认真查找事故的真正原因，形成事故分析报告，并上交有关部门。

（三）收集信息，确定危机对策

在掌握第一手情况、了解公众和舆论反应的基础上，从公众利益为先的角度，研究和确定危机处理对策，处理好与危机受害者、受害者家属、新闻媒介、政府部门、社区等方面的关系。公共关系人员处理突发事件要有强烈的责任意识，勇挑重担。在通盘考虑事件的处理策略以后，尽快采取措施稳定局势，力争化不利因素为有利因素。

事件发生后，对于事件反应最为强烈的自然是与本组织或事件本身有利害关联的组织和个人以及新闻单位。对被害者所要做的工作有：认真了解受害者的情况，冷静地倾听被害者的意见，向受害者表达歉意，实事求是地承担相应的责任，了解和确认有关赔偿损失的要求。给受害者以足够和同情，并尽可能提供其所需的服务，尽最大努力做好善后处理工作。如受害家属提出过分的要求，要大度、忍让，切忌在事故现场与受害者发生争辩。在合适场合单独与其讲理，有分寸地让步，尽快实现物质补偿。

突发事件以后要主动面对新闻界。在组织内部统一了对新闻界的口径（如何向新闻界公布事故、公布时如何措辞等）后，应迅速通知有关新闻媒介到场；如果危机事件的程度及影响较大，应设立临时的接待室或新闻中心，为所有到达现场的新闻记者提供安全的工作地点，并提供必要的设施。旅游组织要指定权威人士向新闻界发言，公开表明组织对事件及处理的立场和态度，表示出与新闻界合作的态度，争取新闻媒介的同情。向新闻界所提供的消息应准确，在事实未完全明了之前，不要对事件发生的原因、损失以及其他方面的任何可能性进行猜测，不轻易地表示赞成或反对的态度。说明事故时应简明扼要，尽量避免使用专用术语。应与新闻媒介保持随时联系，提供连续性的跟踪信息，及时纠正不正确的信息。重要事项应以书面材料的形式发给记者，以帮助新闻界作出正确的报道，避免报道失实。应指定专人负责处理谣言，及时宣传正确的信息。如果谣言影响面广或后果严重、公共关系部门可考虑召集新闻记者来取得证据、提出问题和澄清事实，新闻记者曝光的信息有助于阻止谣言流传。还可以通过与本组织没有直接联系的有声望的第三者发言人的评论戳穿谣言。注意从公众的立场和观点出发，引导新闻界报道公众所关心的消息。当记者发表了不利报道时，如是属实报道应虚心接受，通过该报向公众致歉，通报公众希望了解的有关事项，并说明造成问题的原因以及采取的补救措施，明确而鲜明地表示旅游组织敢于承担社会责任、知错必改的态度。在可能情况下，公共关系人员应随记者走访有关受害人，并当场提出解决方案与其协调。如不利报道不实，应尽快向有关媒体提出更正要求，并提供全部与事实有关的资料，但在处理过程中应注意避免产生敌意。面对新闻界咄咄逼人的提问，要保持冷静；回答记者问题一定要有证据，不要说假话。不要拒绝记者提问，即使不能回答也要说明原因。但应控制住自己，对那些诱惑力极强的问题不要随便回答。当新闻记者要求证实他们所获得的信息时，只能证实不可改变的事实，而不要去推测起因。对待所有记者要一视同仁，防止弄巧成拙。

突发事件发生以后，要及时向各方面公众通报情况。①要向上级主管部门进行实事求是的汇报，并定期报告事态的发展。及时与上级主管部门取得联系，求得主管部门的指导。事故处理后，还应详细报告处理经过、解决方法以及今后预防措施等。②对业务往来单位，也要尽快如实地传递有关事件的信息、通报正在采取的对策；如有必要，还要派公共关系人员直接到各个单位去巡回解释。③对消费者，要通过梗概性的书面材料或报纸公布事故经过及其处理方法和今后的预防措施。如有消费者团体前来询问，应热情接待、诚实地告知事件真相。④如果突发事件影响到当地居民的生活，旅游组织应出面向当地居民登门致歉、赔偿损失。对于较大的突发事件，必须综合运用多种形式和传播渠道，从多个侧面、多个角度来进行沟通，打消公众的诸多猜疑，改变组织在公众中的形象。

突发性事件发生以后，公共关系人员应处在各个关键的场地。公共关系部经理作为组织与外界联系的关键人物，应居于核心地带，并向办公室秘书随时通报自己的位置、保持随时联系。应安排公共关系人员在突发事件场地的入口处指示新闻媒介的活动地点，注意将新闻记者、参观者同现场目击者分开，所有新闻记者和参观者的问题应由有关负责人回答。在一定范围或区域内，公共关系人员有权制止摄影师的活动，以防止可能产生的影像报道失实的情况，失实的影像报道比文字报道更有害。要指定一名精干稳重的公共关系人员在接待室简要回答问题，提供接待服务。应指定一名联络员活动于所有公共关系场地和其他重要地点，随时报告事态进展情况，并附有评论和建议。

旅游公共关系部门应聘请有经验的沟通顾问担任危机沟通负责人。危机发生后，人们感情上和管理上的压力非常大，而专业沟通顾问经验丰富，这有助于使处于危机之中的组织迅速协调各方面的资源和力量控制损害。公共关系部门应准备好危机沟通设备，在危机发生后，要保证沟通渠道畅通。旅游公共关系人员必须事先准备好必要的沟通设备，做到有备无患，防止由于沟通不畅而造成不必要的混乱。公共关系人员可根据旅游组织的规模和条件考虑备有：①供新闻记者用的房间，里面应有电话、桌椅、打字机、复印机、传真机、纸笔及饮料等；②电话专线，保证紧急情况下电话和传真畅通。此外，在电话受阻时可用准备的短波收音机、移动电话、网络等对外联系。

（四）组织力量，落实措施

在全面调查了解事件的有关情况以后，对不同的对象确定相应的对策。公众及舆论不仅重视旅游组织及旅游企业的宣言，更注重旅游组织及旅游企业处理危机的行动。旅游组织及旅游企业的负责人应亲自组织和协调力量，甚至亲赴危机处理第一线，制定和落实得力的危机处理措施。落实危机处理措施的情况要及时向公众和媒介宣布，并详细记录在案。

(五)总结检查,公之于众

在危机处理尾声阶段,危机管理小组在认真做好善后工作的同时,应对危机处理情况进行全面地检查、评估,并将检查结果向旅游组织及旅游企业的相关层面报告,并向公众和媒介公布。有些重大事故可采取谢罪广告的形式在报上刊登,以表明旅游组织及旅游企业敢于承担责任的态度。

以上工作程序应该和危机应急方案相衔接,并根据具体情况予以调整。

二、旅游公共关系危机处理的方法

(一)制定危机处理计划

危机处理计划的制定过程为:

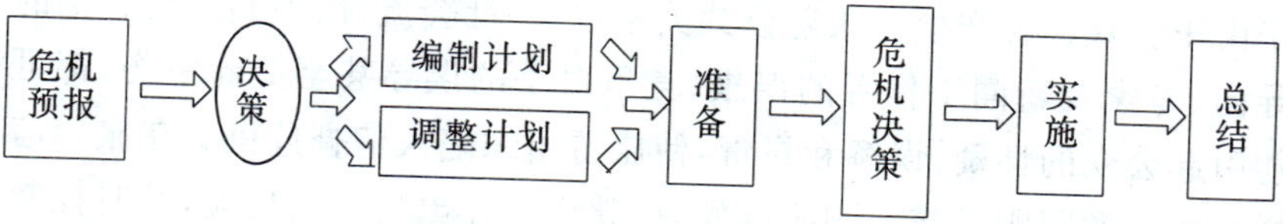

制定危机处理计划有两种基本的方式:权变计划方法、部分计划方法。旅游公共关系危机具有不确定性,权变计划的方法就是全面地考虑每一类危机可能发生的各种状况,并提出相应的处理办法。权变计划实际上是全面考虑对付不同危机状况的不同行动方案,是由处理各种危机状况的具体计划有机组成的一个综合计划。虽然旅游公共关系危机具有不确定性,但有些危机或危机的有些状况是可以估计到的。部分计划方法就是对事先可以确定的那部分情况制定计划;特别是制定首要行动计划,一旦所预料的危机爆发,马上就可以按危机处理计划采取行动。部分计划方法是侧重于研究某一种危机中事先可以确定的具体行动方案。权变计划方法和部分计划方法是相互补充、相得益彰的。

(二)实施危机隔离

危机发生后,首先要做的就是隔离危机,以免造成更大的损失或不利影响。危机隔离主要从人员隔离、事故隔离这两方面着手。危机发生后,应在人力上进行明确的分工:一部分处理危机,另一部分维持正常的工作。不能因发生危机造成日常管理无人负责、日常工作陷于停顿而使组织蒙受更大的损失。对危机的隔离应从发出警报时开始，报警信号应明确危机的范围，以便为处理危机创造有利的条件，并使其他部分的正常工作秩序不受影响。

(三)选择危机处理方式

旅游危机公共关系策略是在处理危机事件过程中，针对公众心态和需求所进行的决策定位。它既要为维护、恢复和发展旅游组织及旅游企业的形象服务，又要适应公众的心理特征和个性背景。针对不同的危机形态，旅游危机公共关系的处理方式主要有：

1.快速反应方式

这是指针对那些应该及时处理才不致扩大影响范围的旅游声誉危机事件所作的行为果断、反应迅速的处理方式。快速反应方式主要适用于由于公众误解产生的旅游公共关系危机。社会流言、不利社会舆论的导向、专家及新闻工作者的误报、竞争对手的误导甚至造谣中伤，都可能引起公众的怀疑、误解和指责，使旅游组织陷入信誉危机。在旅游信誉危机问题刚刚显露或刚刚爆发时，就迅速作出理智的反应，及时控制危机的范围，尽力抑制危机的发展，不仅可以有效地解决本次危机的有关问题，而且可以使某些后果更为严重的危机消于未发之际。

2.从容处理方式

在处理突发事件时，旅游公共关系人员虽然要作出快速反应，但更要倾向于选择稳妥的阶段性控制的决策方案，以保证能控制突发事件事态的发展。在信息有限的情况下，旅游公共关系人员可能采取反常规的决策方式，但要克服急于求成的情绪，在对危机的表象进行控制以缓和局势以后，应对危机环境中的天时、地利、人和等诸因素进行全面的综合考虑，从容进行解决危机的根本性决策。需要指出的是，从容而为的处理方式，主要针对只危及旅游组织及旅游企业自身的一般性危机。如果是突发的恶性旅游信誉危机，危及的对象是其他组织和广大社会公众，则不适用这一方式。

3.标本兼治方式

处理突发性旅游公共关系危机的首要决策指向必须针对表象要害

问题，以起到“立竿见影”的效果；在“治标”的基础上，再谋求“治本”之道。所以，在危机发生的初期，旅游组织领导人必须对事态予以足够的重视，处理要得当。从公开性和主动沟通的角度考虑，危机发生后，旅游组织及旅游企业应设立专线电话，并将电话号码告知公众，并配备训练有素的公共关系人员应对危机期间外部打来的大量电话。虽然大多数旅游组织及旅游企业所遇到的危机事件是短期的事故，但这些危机事件对旅游组织及旅游企业的影响可能是长期的。

4. 迂回式

如果单凭自身之力无法控制和挽回危机局面，应依据不同情况，采取迂回战术，依靠权力机构、权威人士等关键公众向社会发布信息、提出约请，或提出改善危机处理方式，以影响或调解环境系统。也可以直接邀请公正、权威性机构来帮助解决危机。

有些旅游公共关系危机，由于时间较长或危机性质较严重，往往会出现“意见领袖”，他们往往被公众认作“代言人”，并具有足够的权威性和知名度，对其他公众有较大的影响力，甚至能左右公众舆论。这时，旅游组织及旅游企业应主动与这些“意见领袖”沟通、协商，争取他们的同情、理解和支持，借助他们的影响力来说服公众。

5. 延伸发挥方式

对一些比较容易控制的公共关系危机，旅游组织及旅游企业在处理危机的同时，应有意识在此基础上延伸开去，借助处理危机之际的传播效应，提高组织及企业的知名度或美誉度，或者对组织及企业的公共关系形象进行系统的调整。

在旅游组织及旅游企业面临受害性危机时，应采取更积极的“进攻”方式处理危机。通常的途径有：诉诸法律，利用法律武器维护组织利益；借助大众传媒，澄清事实真相；策划公共关系活动，通过广泛的公众参与，提升旅游组织及旅游企业的声誉和形象。

（四）公共关系危机善后处理

危机事件处理完后，危机管理工作并没有结束，还有许多的善后工作需要进行。否则，危机事件就有可能死灰复燃。善后工作主要包括：①继续与媒介保持关系，争取媒介的理解与合作，并通过媒介发布危机事件的善后进展情况。②尽量控制危机的影响面，避免危机影响产生连带效应。③开放现场，或将与危机事件相关的原始管理记录公之于众，表明旅游组织及旅游企业对公众的坦诚。加强多方沟通，重建信任感。④善待危机被害者，诚恳、周到地做好伤亡者的救治与善后安置工作。耐心听取被害者关于赔偿损失的要求以确定如何赔偿，并尽量避免因法律诉讼而带来的组织形象再度受损。⑤危机管理改正。对危机管理流程、危机管理计划等进行修正，重塑组织形象。

附录

公共关系危机处理方法

——［英］迈克尔·里杰斯特《危机管理》

一、做好危机准备方案

1. 对待危机持积极的态度；
2. 使组织的行为与公众的期望保持一致；
3. 通过一系列对社会负责的行为来建立组织的信誉；
4. 时刻准备在危机过程中把握时机；
5. 组织一个危机管理小组；
6. 分析组织潜在的危机形态；
7. 制定种种预防危机的对策；
8. 为处理每一项潜在的危机制定具体的战略和战术；
9. 组建危机控制和检查专案小组；
10. 确定可能受到危机影响的公众；
11. 为最大限度减少危机对组织信誉的破坏，建立有效的传播渠道；
12. 在制定危机应急计划时，多倾听外部专家的意见；
13. 把有关计划落实成文字；
14. 对有关计划进行不断的演习；
15. 为确保处理危机时有一批训练有素的专业人员，平时应对他们进行培训。

二、做好危机传播方案

1. 时刻准备在危机发生时，将公众利益置于首位。

2. 掌握报道的主动权，以组织为第一消息来源，如：向外部宣布发生了什么危机、公司正采取什么措施来弥补损失，等等。

3. 确定信息传播所需要的媒介，如：名称、地址及联系电话。

4. 确定信息传播所需针对的其他重要的外部公众。

5. 准备好组织的背景材料，并不断根据最新情况予以充实。

6. 建立新闻办公室，作为新闻发布会和媒介索取最新材料的场所。

7. 在危机期间为新闻记者准备好通讯所需设备。

8. 设立危机新闻中心，以接受媒介电话询问；若有必要，一天 24 小时开通。

9. 确保组织有足够的训练有素的人员来应对媒介及其他外部公众打来的电话。

10. 有一名高级公共关系代表参加组织危机管理小组，该小组须在危机控制中心工作。

11. 如有可能，把危机控制中心设在一间安静的办公室内，以确保危机管理小组的领导和新闻撰稿人在里面有效地工作。

12. 准备一份应急新闻稿，留出空白，以便危机发生时可直接充实并发出。

13. 确保危机期间组织的电话总机人员能知道谁可能会打来电话，应接通至何部门。

三、做好危机处理工作

1. 面对灾难，应考虑到最坏的可能，并及时有条不紊地采取行动。

2. 在危机发生时，以最快的速度建立“战时”办公室或危机控制中心，调配训练有素的人员，以实施控制和管理危机的计划。

3. 新闻办公室应不断了解危机管理的进展情况。

4. 设立热线电话，以应对危机期间外部打来的电话，让训练有素的人员来接听热线电话。

5.了解公众,倾听他们的意见,并确保组织能把握公众的情绪;可能的话,通过调查研究来调整组织的计划。

6.设法使受到危机影响的公众站到组织的一边,帮助组织解决有关问题。

7.邀请公正、权威的机构来帮助解决危机,以确保社会公众对组织的信任。

8.时刻准备应付意外情况,随时准备修改组织的计划,切勿低估危机的严重性。

9.要善于创新,以便更好地解决危机。

10.别介意临阵退却者,因为有更重要的问题要处理。

11.把情况准确地传达给总部,不要夸大其词。

12.危机管理人员要有足够的承受能力。

13.当危机处理完毕后,应吸取教训并以此教育其他同行。

四、做好危机中的传播工作

1.危机发生后,要尽快对外发布有关背景情况,以显示组织已有所准备;准备好消息准确的新闻稿,告诉公众发生了什么危机、正采取什么措施来弥补。

2.当人们问及发生什么危机时,只有了解事故的真实原因后才能对外发布消息。

3.不要发布不准确的消息。

4.了解更多的事实后再发布消息。

5.宣布召开新闻发布会的时间,尽可能地减轻公众电话的压力,做好召开新闻发布会所需的各项准备工作。

6.熟悉媒介通常的工作时间。

7.如果报道与事实有出入的话,应及时予以纠正。

8.要建立广泛的信息来源,与记者和当地的媒介保持良好的关系,及时通过他们对外发布最新消息。

9.要善于利用和控制危机中的传播效果。

10. 在传播中，避免使用行话。

11. 确保组织在危机处理中，有一系列对社会负责的行为，以增强社会对组织的信任。

思考题

1. 旅游公共关系危机有哪些主要类型？

2. 为什么说旅游公共关系危机既有破坏性又有建设性？

3. 如何建立旅游公共关系危机的预防机制？

4. 为何要重视旅游公共关系危机的善后处理？

案例

斐济旅游局解决旅游危机的实例

一、危机的引发

位于南太平洋的斐济是个岛国，旅游是主要的创汇产业，对减少贸易赤字至关重要。1987 年 5 月 14 日，斐济发生军事政变，反对新选出的由斐济人组成的政府。政变部队冲进议会，将总理和 27 名议会成员押上卡车，劫往首都苏瓦郊区的军营禁闭起来。应该说，这样没有流血的军事政变是极温和的，但却引起世界震惊，舆论哗然。因为，斐济一直被看作是南太平洋上的一个安宁、民主的天堂。在这样的国家，哪怕发生极克制的军事政变，也是一场大的动乱。因此，同处南太平洋的澳大利亚、新西兰强烈谴责斐济的军事政变，新闻界亦广为报道。澳、新政府很快向本国人民发出“旅游告诫”，告诫人民不要去斐济旅游。两国的一些公司企业不再向斐济运客源和物资。

二、斐济旅游局解决危机的努力

1. 军事政变发生后的第四周，斐济旅游局召开 1987 年全国旅游会议，吸收全国各地的旅游界的行政和企业领导人、国内的航空公司、旅游经营商、新闻界人士参加，集中讨论、研究各项复苏计划。会议决定，在旅游局内成立一个“对付危机小组”(Tourism Action Group)，负责对付危机的各项事宜。

会议定出四项近期目标：

——竭力促进澳、新政府取消"旅游告诫"和各种禁运行为。

——向政府争取增加促销经费。

——向主要客源国提供国际机票和包价旅行的特惠价。

——组织主要客源国的客户来斐济作考察旅游。

会议特别邀请主要市场（澳、新）的组织出境旅游的大客户，澳大利亚旅游委员会、新西兰旅游宣传部、亚太旅协（PATA）的代表，并组织会后旅游，以使他们回国后将亲眼所见告诉同行们。

会议支持斐济太平洋航空公司（Air－Pacific）的一项建议，给从悉尼、墨尔本、布里斯班和奥克兰去斐济的包价旅行提供特惠价。航空公司与许多饭店、负责地面接待的旅行社一起，推出较正常的包价更有吸引力的旅行项目，如 7 天的日程，付 5 天的费用，其内容不变。

会上，政变后由英国女王派往斐济的总督（斐济是英联邦成员）宣布，批准旅游局追加斐济元 50 万元，用于实施复苏计划。这样，旅游局当年的促销费增加了一倍。

事件发生后，旅游局（包括驻外办事处）士气低落。旅游企业和各有关方面却认识到彼此相互依存的关系。在这种形势下召开会议，一是恢复了旅游局的领导中枢作用；二是动员全行业，紧密结合，共同对付危机。事实证明，召开会议，是在危机情况下所应采取的第一步行动。

2. 军事政变后一个月，旅游局成立"对付危机小组"（简称 TAG）。TAG 的中心目标是，尽可能迅速而有效地促使客源回升。TAG 成立后的第一件事是，促进澳、新政府取消"旅游告诫"，以总督的名义命令各驻外使馆致力于取消"告诫"的公共关系工作。参加 6 月旅游会议的外国代表回国后亦协助推动此事。在 TAG 成立的最初 10 天内，所有的驻外旅游办事处均被委以旅游局公共关系顾问的名义，鼓励他们广泛开展活动。到 6 月底，所有的发表过限制旅斐公告的国家均取消了"告诫"。同时 TAG 组织斐济的旅游公司企业及行业联合会做澳、新同行的工作，恢复往斐济运送客源和物资。

为了迅速恢复元气，TAG 重点在两个方面实施复苏计划。这两个方面是经营管理和市场开发。经营管理的目标是：尽快使旅游业的资金流动起来。军事政变以后，金融信贷大受影响。在饭店、交通、地面服务企业，员工的工资减少，太平洋航空公司的员工只拿50%的工资，许多饭店的员工每周只工作2天。经营管理就是要促使企业恢复正常经营，使整个旅游资金流动起来。

市场开发的目标是：准确、及时地沟通买卖双方。一是要建立现代化的传播系统，以真实的信息来纠正四散的谣言。二是区别不同的对象。国内旅游企业、航空界、外国旅行商、各国旅游者所关心的问题与需求各有不同，又都急需得到有关的信息。这就得掌握特点，供其所需。

3. 及时沟通。动乱之中，政局在希望与失望之间强烈摆动，往往是一夜之间就发生很大变化。TAG 要实现其复苏计划，很重要的一条是澄清事实，使世界了解这里所发生的一切。

在6月8日的旅游会议上，确定 TAG 为全行业的喉舌。TAG 的负责人也就是旅游局的发言人。随后一周，苏瓦的旅游局总部，驻伦敦、洛杉矶、东京的办事处都安装了传真机，增设商业用免费电话线(由对方付费)，旅游局总部与驻外办事处的电脑联网，电话24小时对外，以便与不同时差的世界各地及时联系。

一日午夜1点，一个大饭店的总经理打电话给 TAG 说，45分钟前，一枚炸弹在饭店花园内爆炸。TAG 立即打开传真机和电话，驻外办事处的经理亦被从睡梦中唤醒。凌晨6点，饭店总经理准备就绪，向国外通报事情经过："子夜时分，随着一声巨响，四间客房的窗玻璃破碎，无一人伤亡。住在这一侧的9名客人都已换了房间。警方立即赶赴现场。饭店照常营业。"各办事处随即将消息传递给驻在国的所有客户。上午9点，悉尼、奥克兰、东京、伦敦、洛杉矶的旅游客商、批发商、代理商及新闻单位的办公桌上，均放着这条消息。使他们可以对未来24小时的新闻作出反应。

为了及时通气，TAG 每天召开名为"观察点"(Observation Poct)的短会，向饭店、旅行商、航空公司、免税部门及行业协会等各方面通报过去24小时的情况，以及未来24小时需要做些什么。为使会议简明扼要，紧扣主题，所有与会者都站着。会议内容由与会者及时传达到全行业各个层次、各个方面。TAG 则通过信息网络，以传真发给国外各方。

斐济的实践告诉我们，如能在事后48小时内，直接与各界沟通，不是等着他们找上门来询问；如能提供已知的所有事实，而不是去推测动机或犯罪者，就会有利于复苏计划的实施。

4. 提供“有限期特价”。当事态趋缓时，提供一段时间的优惠价，并保证产品价值，是实现较快复苏的又一个办法。

军事政变后，太平洋航空公司（简称 AP）的客源立即减少了60%。公司立即将从悉尼出港的B747由每周4班改为2班、奥克兰至斐济的B737由每周5班减为4班。为了防止澳、新市场暴跌，AP将悉尼至斐济间的机票降至299澳元（正常价是450澳元）、奥克兰至斐济间的机票为399新元（正常的经济舱是505新元）。优惠价仅限于7月1日～9月30日，故称之为“有限期特价”。

在公布这个价格的前三天，在PATA的赞助下，TAG在斐济召开一个全澳客户（批发商）参加的会议。会议商定，澳大利业批发商可在特价的基础上再加价25%，具体的销售价与斐济的旅行商议定。以此刺激尽可能多的客户销售斐济。6月20日，斐济在澳、新的报刊上登出全页广告，宣传最新优惠价。6天后就有反应：除一家外，澳大利亚所有的批发商均推出了这项特价旅行，并全部遵守加价协议。6月19日，AP仅售出7000张机票（含7～9月的预订），而7月24日的销售量达19000张。

事件发生后，新西兰航空公司往斐济的班机停飞。7月19日，新西兰的旅行批发商报告，3天内接到700个预订。现在的问题是机座不够。AP反应很快，立即增加航班，所有的机座都可以使用特价。到1987年末，AP的澳克兰至苏瓦线的班机乘坐率达75%。加拿大国际航空公司、澳大利亚快达航空公司均作出相应的反应，提供特惠价。

5. 组织考察旅行。澳、新是斐济的主要客源市场。1986年，两国游客占接待总数的54.5%，1982年曾高达72%。军事政变后，两国的谴责又最强烈。为了扭转局势，TAG组织两国客户来斐济考察，TAG承担费用。

——TAG精心安排考察旅行。代表团一到，TAG先作一个坦诚的、无所隐瞒的简介，告诉客人们，他们想去哪儿都可以、愿意与谁交谈都办得到。实际上，在代表团抵达之前，TAG与那些不同情军事政变的某些社团和个人，如零售店店主交谈、达成协议，为了挽回业已失去的生意所造成的损失，应在代表团面前表现出乐观和一致；为了行业的共同利益，暂且不要表现出政治上的不满情绪。

结果，代表们对考察非常满意。考察团离境前，TAG征求过两次意见，反馈是积极的。PATA的代表在报告中称，考察团未遇到任何意外，军事与政治的控制亦不明显。他表示，还要再来，并要向亲友们推荐斐济。TAG向国内外广为报道这些反应。

可见，TAG是以那些中性观察者的实感而不是自己的声明来说服旅游者。旅行商的自然而然的倾向是，警告游客不要去不尽人意的地方。因为，一旦发生意外，他们就会失掉顾客和生意。所以，他们判断市场情况的根据是自己或行业代表的亲眼所见，而不是斐济的乐观而可以反过来解释的声明。也就是说，客户对出事地的坚定认可是最有效的。

6. 协调与公共关系。军事政变之初，在纳迪机场及其附近，处处可以看到武装人员，使来访的外国人感到紧张。TAG与军事政变领导人协商，解释说，旅游局充分理解机场需要警卫，但希望对入境游客的行李检查，能由机场的安全人员而不是军队来实行。几天以后，来访者见到的军队就不那么多了，机场的"军事形象"减弱了。

复苏计划的实施还有赖于国际旅游组织的帮助。1951年PATA成立时，斐济旅游局是发起者之一。现在，PATA来帮助斐济，在悉尼和洛杉矶召集旅行商开会，公布斐济的旅游局的复苏计划；并使澳大利亚旅游委员会警觉到，位于北美至澳大利亚之间的斐济不稳定，会影响整条线路的经营，促使澳旅委积极帮助斐济复苏。

外国企业公司也是很重要的，不少公司愿意帮助斐济。事件之后，日航的饭店发展公司辗转周折，找到正在墨西哥的高级领导人，并迅速得到支持斐济复苏的指示。TAG及时搞清海外各公司、团体的态度和需要，相机开展工作。

回顾斐济旅游局在军事政变时期的作为，有不少可鉴之处。

——事变后，急需有一个复苏计划，为整体复苏工程搭起框架。

——从一开始，就提出明确的复苏目标。

——在整个过程中，与各方面及时沟通、密切合作。

——要准备有反复。不能指望复苏工作会一帆风顺，9 月 25 日斐济发生第二次军事政变，由于有了复苏计划和前几个月的经验，旅游形势没有恶化。

——最后，一旦确认形势恢复正常，即取消对付危机的临时机构。TAG 成立时，准备保持六个月。结果，在形势恢复正常之后提前解散了 TAG。

（摘引自《旅游调研》1989.7）

第九章　旅游公共关系礼仪

学习目的

●熟悉旅游公共关系礼仪的类型
●掌握旅游公共关系的礼仪礼节
●了解主要客源国的礼仪禁忌

基本内容

旅游公共关系接待交际礼仪
●旅游公共关系接待礼仪
语言感化、服务侍候、微笑表达、赞美贴近
●旅游公共关系交际礼仪
旅游公共关系礼貌与礼仪
●旅游公共关系中的礼貌修养
●旅游公共关系人员的仪容仪表
主要旅游客源国礼仪

第一节　旅游公共关系接待交际礼仪

一、旅游公共关系接待礼仪

（一）旅游公共关系接待礼仪的特点与基本原则

接待是旅游公共关系的日常工作之一，它直接作用于公众的“首因心理”（旅游公众根据第一次获得的印象对旅游组织进行总体性价值判断，并一直影响以后的看法）、“近因心理”（公众往往根据最近的信息形成对社会组织的印象）和“晕轮效应”（公众根据某一方面的信息形成对旅游组织的整体性判断），影响到公众对旅游组织的信任和旅游组织在公众中的形象和信誉，对建立持久稳定的公众关系、扩大旅游组织的合作性公众队伍、展示旅游组织的文化品位都会产生直接的影响。

旅游公共关系工作在多数情况下，直接与旅游服务工作联系在一起。旅游组织的不同性质和不同的工作内容，使得旅游公共关系接待工作的内容极为繁多。在旅游接待工作中，应树立公众至上的公共关系意识，确立旅游组织与公众亲如一家的观念，不分公众社会地位高低贵贱，一视同仁地热情接待。在接待工作中，主动帮助公众解决实际困难，消除公众对旅游组织的陌生感，造成一种良好的交往气氛，给公众留下一个良好的第一印象。旅游公共关系人员的接待行为应情真意挚、朴实自然、举止大方。

接待交际行为的安排要有实际内容，每次的接待交际活动以解决旅游组织当前所面临的一两个紧迫问题为好。参与接待交际活动的全体人员都要有良好的精神状态，有符合自己身份的言谈举止，给对方以统一、实力、坦诚的印象。态度要热情大方，即使有求于对方或对方有求于自己，都不要显示出猥琐或傲慢的情绪，既要信心十足又要谦虚有礼，在交往过程中给对方留下可信可亲的印象。公共关系人员还要切记在接待交往活动中不拿组织的整体利益谋取私利，不与对方人员做私下交易。至于接待交际活动的具体形式，可根据每次活动的特定对象和不同内容确定，做到活动的场所、时机、参与人员等与活动内容相一致。“宾客至上”决定了旅游接待礼仪的特点。这一特点要求旅游公共关系接待服务必须遵循真诚、一致、合宜和主动的原则。

（二）旅游公共关系接待工作的主要内容

根据旅游接待工作的时间顺序和阶段划分，常见的接待工作有业务接待、组织会谈、组织联谊活动等方面的基本内容。

1. 业务接待

旅游业务接待工作的内容是很多的，在业务接待工作中，要注意布置好业务接待室。接待室直接影响着接待工作的气氛和公众的交谈情绪。就客观效果而言，接待室不仅可以标志旅游组织的实力、地位，展示旅游组织的精神风貌，而且可以显示对来访公众的尊重。接待室应具备较好的自然条件，如采光、通风、环境幽雅宁静；接待室的装饰应和谐、美观、宽松自然，在干净、清洁、整齐、明亮的同时，富有艺术性。

如果没有独立的接待室，也可在办公室中腾出比较安静的一角，使来访者可以从容不迫地提出询问和投诉。谈话过程中最好能避免他人干扰；如有条件，应该让来访客人一一分别对话。应该为等候的人准备座位、茶水、画报。接待室应设有电话，以便在谈及有关问题需要询问其他部门时，可以立即打电话出去。

2. 组织好业务会谈

主持好旅游组织与公众之间的会谈活动，这是旅游公共关系接待工作最本质的内容。为了确保会谈的效果，公共关系接待人员首先应在会议开始前安排有关方面的领导人在门口迎接公众的到来，以真诚亲切的方式表达欢迎之情。旅游公共关系接待人员要有熟练的主持会议的技巧，注意创造畅所欲言、轻松和谐的会场氛围。会议结束前注意“收拢”，所达成的结论应明确表决；如未取得一致，在总结时要积极寻找共同点和妥协点，以保持双方继续会谈的积极性。

3. 组织公众联欢活动

公众联欢活动的方式主要有公众联谊会、交谊舞会、文艺招待晚会、参观游览活动、节假日祝贺活动以及聚餐活动等。组织公众联欢活动，有利于创造和谐的氛围、提高公共关系工作的效率。只要运用恰当，它们都有助于增进旅游组织与公众之间的友谊，加强相互之间的交往联系，赢得公众的合作。

（三）旅游公共关系接待工作的策略

旅游公共关系接待工作与其他公共关系工作一样，也存在策略问题。巧妙地运用各种接待策略，可以有效地提高接待工作的质量水平。

1.语言感化策略

在旅游接待工作中，旅游公共关系人员主要是通过语言交流（包括体态语言和口头语言）来完成工作任务的。旅游公共关系人员应有意识地运用友善、和蔼的体态语言和口头语言，感化公众，获得公众的好感。在正确运用文明规范的旅游接待服务情景用语的同时，严格遵守旅游接待服务工作忌语的规定。

2.服务侍候策略

在旅游接待工作中，旅游公共关系人员要有强烈的服务意识，在心目中真正把公众视为上帝，一切以公众的需求为中心，把满足公众的各种需求作为自己最大的快乐；并把为公众服务的旅游公共关系宗旨转为具体的接待工作准则，强化“侍候”公众的观念，进一步提高旅游公共关系接待工作的感染力。

3.微笑表达策略

在旅游公共关系接待工作中，微笑能显示出热情、友善、和蔼、礼貌的感情，引发公众产生愉快的心绪和美好的联想。旅游公共关系接待人员应树立“微笑即工作”的观念，在心态上时时要求自己欣赏公众、努力寻找公众的可爱动人之处，使自己产生愉快的心态，为“发自内心的微笑”准备起码的心态。微笑应自然、动人，有效地感化公众。

4.赞美贴近策略

赞美公众，这不仅可以创造融洽的交往环境，贴近公众，而且可以赢得公众的友善。旅游公共关系人员在称赞公众时，应注意赞美的真诚性、可信性，赞赏要发自内心，赞美之词要恰到好处，赞美表达方式要亲切。

二、旅游公共关系交际礼仪

旅游公共关系活动包含广泛开展的社交活动，交际活动的成败，在某种意义上讲，直接影响到旅游活动的成败。要实现成功的交际，必须掌握一定的交际礼节。

（一）结识礼仪

1. 介绍礼节

介绍和被介绍是一种经常采用的社交形式。介绍的作用在于缩短人们之间的距离，扩大社交圈子，介绍还可以消除不必要的误会。在社交场合中，介绍有各种各样的方式。主要介绍方式有：①正式介绍。正式介绍是指在较为正式、郑重的场合所进行的介绍。在介绍时，最好是姓名并提，还可附加简短的说明，如职称、职务、学校、爱好和特长等等。②非正式介绍。非正式介绍是指在一般的、非正式的场所作的介绍。这种介绍不必过于拘泥礼节，以自然、轻松、愉快为宗旨。最简单的方式是直接报出被介绍者的姓名。③自我介绍。自我介绍是交际场合中常用的介绍方式，是打开与人交往大门的一把钥匙。自我介绍应及时、简要、明确，在等对方也作过自我介绍后才与之进行交谈。在刚开始交谈时，应多谈别人、少谈些自己，等彼此有了一定感情沟通后，再详细作自我介绍。

在被介绍相识的两个或几个人中，有一个地位较高者，宜将别人先介绍给他。年轻者应该被介绍给年长者，以示对前辈和长者的尊敬。在同性别的两人中，通常先把男士介绍给女士，然后再把女士介绍给男士认识。但当男士的年纪比女士大很多时，则应先将女士介绍给男士，以示对长者的尊重。

名片是现代人际交往的重要工具，在人际交往中发挥着重要作用。旅游公共关系人员在接待过程中，递送名片时要毕恭毕敬，双手奉上；接受公众的名片时，也要双手去接，毕恭毕敬。名片设计力求做到简洁、实用、美观；名片式样选择单面式样较好，即中文、英文都写在正面，背面的空白可留作记录专用。

2. 握手的礼仪

公众来临时，公共关系人员要主动向前迎去，做出握手的姿态表示欢迎。握手时应根据双方的熟悉程度和对方的性别，确定用力程度和时间长短。若是新相识公众，用力宜轻，时间不要太长；若为异性公众，男子只需握一下女士的手指部分，不必握满，也不宜太久。握手时目光要自然地注视对方，微笑致意。一般而言，男女之间，男方要等女方先伸手后才能握手；如女方不伸手，男方应点头致意。宾主之间，主人应向客人先伸手，以示欢迎。长幼之间，年幼的要等年长的先伸手。上下级之间，下级要等上级先伸手。

3. 称呼礼仪

在交往时，不论是用口头语言还是用书面语言，称呼都十分重要。对旅游者，男士一般称为“先生”或名字加先生；女士一般视具体情况称“小姐”、“夫人”或“女士”，知其姓名者最好加上姓名。美国和西欧一些国家有直呼其名、朋友间直呼教名的习惯，这样的称呼被认为是一种亲切友好的表示。但旅游接待人员不可以这样称呼，直呼游客的名字或教名是失礼和冒昧的。对旅游接待人员、服务人员的称呼，现在越来越多的游客称男性服务员为“先生”，称女性服务员为“小姐”或“夫人”。对工作场合以外的相遇，一般按交际场合的惯例称为“先生”、“小姐”等。

（二）问候交谈礼仪

问候要根据特定的时间、场合、对象用不同的问候方式。问候语要简短，不要多说废话；能够点头示意的，不要说上三言五语。双方都应多说关心的话，使人感到亲切、温暖，宜多用省略句、无主句、感叹句。问候方式是多种多样的，但问候语一定要口语化，切不可故弄玄虚，更不能粗俗不雅。不宜按照常规问候或使人无法应答和难以应答的特殊场合，应机敏地绕开令当事人难堪的话题，谈些无关的话，这也是获得和谐气氛的问候语。特殊场合下的问候，一定要慎重、自然、合乎情理。

与游客谈话时应注意以下几个方面：

(1)谈话时要首先弄清对方姓名、身份，弄清对方谈话的意图，以便自己谈话得体、有礼有节。谈话时态度要自然大方、和蔼可亲，切莫夸夸其谈、自吹自擂、强加于人。也不要过分谦卑，因为过分客气，不但难使客人领会你客气的用意，反而会造成误会而失礼。客人谈话时不论态度和内容如何，都应以和悦的态度注意倾听，不可左顾右盼。自己谈话时应注视客人，面向客人。有三位以上的客人在场谈话时，注意不要只与某一人长谈而冷落其他人，至少应间断地向其他客人致礼貌性词语。

（2）谈话和回答问题要实事求是，恰如其分。对客人提出的要求，没有把握不要给肯定的允诺，要留有一定余地，但已允诺的事则无论如何也要想办法做到。谈话中如非办理手续的必要，不要问及客人的私事。不要问女士年龄、婚姻、有无子女等，不打听客人的职业、履历、财产、收入、身着的服装质量和价格、所携带物品的有关情况等。不以客人的生理特点为话题，如胖、瘦、高、矮等。

（3）要给客人充分的说话机会。客人说话时不要随便打断和插话；如果出现了误会，有必要插话解释，但一定要注意礼貌，先征得客人允许才能讲。对弄不清、拿不准的问题.和同事简单商量一下是可以的，但不要只顾商量，而长时间地让客人等待。谈话时尽量少打手势，需要打手势时动作也不可太大。说话的声音以对方能听清为准，与客人之间的距离应在1～4米之间。工作时间不要和同事交头接耳、私语窃笑，不要使用客人听不懂的语言，不要议论他人。如果谈话内容不适宜他人听，应寻找适当机会和地点。客人之间谈笑，不可靠近旁听。

采用电话交谈方式时，要注意的事项主要有：

（1）选择适当的通话时间。早上应在8点以后，假日最好在9点以后，晚上则在10点以前，以免干扰受话人及其家人的休息。有午睡习惯的地区，也不要在中午打电话。与国外通话还要注意时差和生活习惯。

（2）在打电话拨号前，应先考虑一下讲话的内容和表达方式。电话接通后，应通报姓名、单位，然后再确认对方的号码或单位，报出受话人的姓名；当确定为自己的受话人后，即可阐述自己的电话内容。在表述、交谈过程中，应力求音调自然、简明扼要、口齿清晰、条理性强。

（3）接电话的礼节是：电话铃响起后，应马上去接，主动报出单位名称，并友善亲切地询问对方的名称及其所要的受话人。听电话的时候，应根据公众的具体内容作出正确的反应：若是上级主管部门的通知，作好记录并复述一次；若是顾客公众的投诉电话，应马上表示歉意，询问受害情况，然后耐心、友善地听公众倾诉，并提相应的解决办法。电话结束时，不宜先把电话挂上，应先等公众挂上电话后再轻轻放下听筒。如果接听以后，自己不是受话人，且要求的受话人不在时，应迅速按下列要领做好记录：对方单位名称、姓名，具体内容，来电话的日期和时间，是否需要回电话等。记录完毕后应复述一次，以检查是否有遗漏和错误之处。

（三）社交馈赠礼节

馈赠一般用于喜庆、节日、感谢、探视病人、送行、拜访作客、还礼等时间与场合。选择恰当的时间和时机送礼，礼品就会更有意义。如受礼者在生日的当天收到生日礼物、新年前夕收到新年贺卡、婚礼之时收到贺电或贺礼等，会留下最深刻的印象。

馈赠之前，要对礼品进行认真的选择。赠礼者要考虑受礼者的性别、年龄、教养和嗜好，挑选有特色、实用、恰当的礼品，并为受礼者所喜爱。

礼品不可太贵重。太贵重的礼品容易造成受礼者的心理负担，有行贿之嫌。礼物的轻重要根据送礼者的经济情况和双方感情深度决定。赠送的礼品一定要带包装、而且包装要精美，切不可把一堆乱七八糟的礼品放在一起，这是对受礼者不尊重的行为。

馈赠禁忌。除特产外，食品不宜保存，故不送为佳。正式的场合尤其不要送食品；容易引起受礼者家庭不和的物品，如烟、酒、麻将等，也最好不送；不要以钟、鞋、药、白布为礼。在涉外交往中，要特别注意外国的禁忌；否则，馈赠的效果会适得其反。

第二节　旅游公共关系礼貌与礼仪

一、旅游公共关系中的礼貌修养

在旅游公共关系工作过程中，除了要遵循日常交际和公共关系活动中所要遵循的礼仪准则外，由于旅游服务工作自身的特点，还必须严格执行旅游业的礼仪规范。

(一)旅游公共关系服务礼仪

旅游公共关系人员必须具有良好的礼貌修养,掌握主要客源国家和地区的风俗习惯和礼仪知识。在接待服务过程中,区别不同时间、场所、情景、接待对象和客人所在地的风俗,正确运用问候礼节、称呼礼节、应答礼节、迎送礼节、操作礼节,体现旅游服务的水平。

(1)接待客人。接待客人谦虚有礼、落落大方,表情自然、不卑不亢,既不低三下四,也不过分拘谨。见到客人,主动问好,用词准确,说话得体,语言亲切,态度和蔼,面带微笑。

(2)日常服务。日常服务尊重客人风俗习惯和宗教信仰。对客人服饰、面貌、形体、不同习惯和不同宗教信仰的动作、语言,不讥笑,不品头评足。称呼客人得体,服务操作规范,不大声喧哗、聚众说笑。动作轻稳,不随意打扰客人。进入客房应先敲门,服务操作时不乱翻、乱动客人物品。客人用餐主动领位、拉椅让座。操作过程中处处体现礼貌。

(3)遵守时间。约请宾客或按宾客提出的时间提供某种服务,均应严格遵守时间,提前1~2分钟到达,不随意拖拉、延误,更不能有失约现象的发生。

(4)尊重老弱妇女。对老弱病残、行动不便的宾客,礼貌尊重、照顾耐心、服务周到。接待服务中,尊重西方客人"女士优先"的习惯。对带小孩的客人特别照顾,未经客人允许,不随意抱玩客人小孩,不随意摸小孩的头部,以免引起宾客的不满。

(5)需要忌讳的不礼貌行为:不打听外国客人的年龄、私事、收入、婚姻状况、志向等。注意客人对数字、颜色、花卉等方面的忌讳。

(二)旅游公共关系礼貌修养的特点

在旅游公共关系工作中,礼节礼貌有助于改善人际关系、提高人员素质、改善旅游组织的形象、扩大组织影响。旅游公共关系工作接触面广,不同国家、不同民族甚至不同个人的信仰和生活习惯各不相同,在旅游公共关系工作过程中,处理纠纷事件是不可避免的,礼貌修养在处理纠纷时显得比平时更重要。

旅游公共关系工作礼节礼貌的特点是:

(1)平等性。公共关系礼貌的核心和最基本的特征是尊重他人、平等待人。只有思想上尊重别人，才会在行动上注意礼貌。在旅游公共关系工作中，不能因生活习惯和价值观念的不同而看不起某些公众，更不能有不礼貌的言行。

(2)差异性。旅游公众来自不同的国家和地区，其礼节和礼仪形式有很大的差异，在公共关系工作过程中，要注意礼貌礼节表现形式的差异性，不致发生失礼行为。

(3)直接性。在旅游公共关系工作过程中，公共关系工作者的举止、仪态、语言等都直接展示在对方的面前，无论好坏公众马上就能感受到；如果礼节礼貌不周，甚至出现失礼言行，一般很难挽回当时给公众造成的心理影响。

(4)感受性。旅游者在旅游过程中有社交、尊重、审美和自我发展等高层次的精神需求，因此，旅游服务不仅向旅游者提供物质性的需求，而且提供高层次的精神需求。实际上旅游者在接受服务时，需要物质上的享受和精神上的感受同时存在；从这个意义上讲，旅游服务是一种交流情感的活动。精神上的需求、情感的需要、审美的需要，都具有感受性。旅游者精神上的感受来自对旅游工作者的举止、态度、作风、语言、仪表仪态等礼貌修养方面的评价与认同。

旅游公共关系工作中的礼节礼貌要求是：

(1)仪表端庄。旅游公共关系工作者的容貌姿态和服饰要讲究，发型要大方，面容要清洁。上岗时按规定着装，衣服干净、平整，表情自然，站立挺直，行走要稳重、轻快，给人以美好的印象。

(2)态度和蔼。在公共关系工作过程中要平等待人，态度亲切热情、说话和气、言辞文明礼貌、有耐心，对公众的问题尽量给予满意的回答。对公众的合理要求，尽力给予满足。发生矛盾时，要克制、冷静对待，耐心向客人解释，不可顶撞、反唇相讥。

(3)言行节制。说话和行为要适合身份、合乎情理、符合规范。对公众说话要用尊称和尊敬的语言，说话办事要讲文明、讲礼貌，符合旅游职业道德要求，符合工作规范。

(4)遵守秩序。要遵守社会秩序，维护社会公德；特别要注意遵守交通规则和公共场所秩序，遵守职业纪律，遵守涉外纪律和保密规定。

(5)尊老爱幼。尊重、关心老年游客，帮助他们解决旅游过程中所碰到的困难；爱护儿童，在旅游服务中尽量给予携带小孩的游客方便，尊重妇女也是旅游礼貌服务的重要方面，特别是对欧美国家的旅游者更应加以注意。

在旅游公共关系工作中，良好的礼仪风范有利于改善人际关系、提高人员素质、改善经营管理。旅游组织必须加强对旅游公共关系及服务人员礼貌修养的培养，通过教育培训、制度约束和群众性道德评估活动，形成讲究文明礼貌的良好风尚，促使员工逐步提高礼貌素养，养成礼貌习惯。

二、旅游公共关系人员的仪表

仪表美是旅游公共关系人员形体美、容貌及服饰美、语言美、风度美、行为举止姿态美等各种因素的有机综合，是内在美和外在美的统一，是静态美和动态美的结合，是自然美和社会美的综合。

仪表美是以美的人体作为基础的，仪表美的本质属性是社会属性，自然美是通过社会美来体现的。仪表美存在于人与人的社会交往过程中，旅游公共关系工作者由于其工作性质、承当角色的要求，必然对其形体、穿着打扮、举止等都有相应的规定，并且在不同的工作场合分别具有不同的要求和规范。

仪表美必须符合整体性的原则。仪表的各个组成要素之间相互联系、相互影响，共同构成一个人的仪表。旅游公共关系工作者的仪表美是满足旅游者审美需求的要素，可以反映出旅游组织的管理水平、服务水平和整体形象。

(一)举止要求

(1)站立姿势。站姿优美文雅，体现个人气质、修养和风度。保持不同岗位的站姿规范。站立时，女子标准的站姿是双脚呈“V”字型，膝和脚后跟要靠紧，脚尖开度约45°；男子可以成“V”型，也可以双脚与肩同宽。站姿自然、轻松、优美、挺拔，身体一定要保持绝对的挺直。歪脖、探脖、斜肩、弓背、斜腰、挺腹、撅臀、曲腿等都是站姿的禁忌，都是必须纠正的。也不得两手交叉抱胸或插进衣兜，不东倒西歪，不靠墙、靠窗或靠门和家具。

(2)坐姿。与宾客交谈或其他活动需要坐下时，要保持上身挺直，坐姿优美端正。入座前轻移座椅、摆好位置，后脚后撤半步，平稳自然坐下。女性入座时两腿膝盖以上要并拢。面对客人入座，只坐椅子的三分之二；如座位方向与客人不同，应侧身面对客人。坐下后不能两脚尖朝内、脚跟朝外，形成内八字形；也不能两脚交叠而坐，悬空的脚尖朝天；不摇脚跷腿，不将腿放在椅子、沙发扶手或茶几上。坐在座位上不能前俯后仰、身体扭曲，要给客人以舒适的感觉。

(3)行走姿势。行走的步子要自然、稳健、轻便，不能走八字步、丁字步、时装步、小碎步。速度适中，不过快过慢。注意前方，防止与人冲撞。路遇客人，应面带微笑、主动问好，侧身礼让。引导客人行进，先问好，用手指引方向，走在客人左前方或稍稍侧身向客人，保持2～5步距离，一般不与客人并排行走。行进中同客人交谈时，应保持半步距离。在饭店里，除特殊情况外，一律不能走急步，更不能跑。走路时不能超越上司、长辈，万不得已要超越时，须寒暄道歉。在狭窄通道、走廊与长辈、妇女相遇，要马上站住让路。如和妇女同行，男性必须迁就女性的脚步，在马路上男子应走在女子的左边，上楼梯时男子应走在后面；而下楼梯时，男子则应走在女子的前面。出入走廊通道时，要先整好衣服，不能边走边扣纽扣，女性不能边梳头边化妆走出来。

(4)手势和动作。手势运用要正确、规范、优美、自然。手势要配合语言运用，手势不可太多，动作幅度不宜过大。手势要尊重宾客的风俗习惯，使客宾能够理解，并体现自己的个人修养。

(5)需要禁止的行为举止。不在服务过程中在客宾面前打哈欠、伸懒腰、抠鼻子、挖耳、揉眼。不在宾客面前剔牙、打饱嗝、抓头皮、修指甲、照镜子。不随地吐痰，不乱扔果皮、纸屑、烟头、杂物等。

(6)行的礼节。乘坐小汽车的次序和坐次是比较讲究的，如是四个座位的小汽车一般后排右侧靠窗的位置是上座，为主宾的座位；后排左边的位置次之；如果后排是三个座位，则中间位置为第三位；司机旁边的位置为低。乘主人自行驾驶的小轿车，以前座为尊，作为主客理应陪坐于前方；并且当前座客人中途下车而去，则后座之客人应即移坐前座，补其空缺，相陪主人，方不失礼。上车时打开车门应请客人或长辈先行上车，下车时最低位先下车。和女性一起坐车时。应先让女性上车。

坐飞机或火车，靠窗边的位置是上席，向着车辆前进的方向更好。在火车上，四人对坐的位置前进方向靠窗口的为第一位，对面为第二位，第一位旁边为第三位，对面为第四位。

个人礼貌习惯。旅游服务人员要有良好的礼貌习惯。不在工作时吸烟，不在客人面前吃东西、打喷嚏、挖耳、搔痒、脱鞋。上班前不吃葱、蒜等有异味的食品，不饮酒，以免引起客人不舒适的感觉。个人卫生方面的基本要求。头发要适时梳洗，发型要朴实大方。要经常修指甲，保持指甲清洁。要经常洗澡，身上不能有汗味。要养成经常漱口的好习惯，口里不能有异味。

（二）服饰要求

修饰方面的基本要求。对于旅游公共关系接待和服务人员来说，外貌修饰是很必要的。适当的外貌修饰，会使自己容光焕发、充满活力。但不可过分地打扮，浓妆艳抹是不合宜的。服务接待工作人员不该在宾客面前炫耀自己，在各种场合中都要注意自己的身份和装束。

服饰是构成仪表美的要素，正确的着装、协调的服装饰物使妆扮、容貌形成一个和谐的整体。服饰要适合自己的身材，整洁、自然、大方，穿在身上自我感觉舒服。服饰选择应合时、合礼。国外关于穿戴有所谓的“TPo”原则，T 代表时间，P 代表地点，O 代表目的；“TPO”原则要求穿戴与不同的时间、地点、目的相适应。不同场合有不同的着装，这是一条必须遵循的原则。

参加各种隆重的公共关系典礼仪式要着礼服或深色西服。男子的礼服可分为晨礼服、大礼服（燕尾服）、小礼服（便礼服），女子的礼服式样一般可分为常礼服和晚礼服。如果穿西服，要配好衬衫。衬衫领头要硬扎、挺括、干净，衬衫的下摆要塞在裤子里，衬衫长袖要略长于西装上装的衣袖。衬衫里面一般不要穿棉毛衫，如果天气较冷，衬衫外面可以穿羊毛衫，但不要一件套一件，破坏西装的线条美。穿西服套装必须系领带，领带的色彩、图纹可根据西装的色彩配置。穿羊毛衫时，领带应放在羊毛衫内，系领带时，衬衫的第一个纽扣要扣好。只穿衬衫打领带时一定要用领带夹，领带夹一般夹在第四、五个纽扣之间。穿西装必须穿皮鞋，不可穿旅游鞋、布鞋、水靴之类。男式西装左胸口袋里不可插钢笔、装钱包、放证件等，上衣的下面两个口袋里只可装一些软而薄的小件物品。双排扣西装应扣上纽扣，单排扣西装通常可以都不扣(参加重大活动时只需扣上面一个)。

女性着装应当体现出女士的职业特点、性格特征和女性魅力，并且与具体的场景相协调。女西装配西装裙时，西装应稍短些，以充分体现女性腰部、臀部的曲线美。如果配裤子，则可以将上装做得稍长些。西装配裙子或裤子，不论哪种形式，一般都应是同一面料的。穿着时可根据自己的年龄、体型、肤色、气质、职业等特点来选择适合自己的款式。同时要注意皮鞋、皮包、发型、化妆等与西装的配套。

穿着应保持清洁、整齐。衣服应熨平整，衣领袖口要干净，皮鞋上油擦亮，穿中山装要扣好领钩、裤扣。穿长袖衬衣要将前后摆塞在裤子内，袖口不要卷起。长裤不要卷起。任何情况下不应穿短裤、紧身裤、长筒靴参加礼仪活动。

参加各种公共关系礼仪活动，进入室内场所应脱掉帽子、大衣、风雨衣等。男子任何时候在室内不得戴帽子、手套、墨镜。

在旅游接待活动中，不要主动把他人的注意力吸引到自己的服饰上来。在赞美他人的服饰时，不要询问其新、旧、价格及购自地方，不要用手触摸对方的服饰。

旅游工作者的饰物应是大方得体，不过分夸张和华贵，少而简洁，恰到好处的。在旅游接待服务工作中，不可在宾客面前炫耀自己，应佩戴与自己角色及所处环境适宜的饰物。

(三)旅游公共关系语言礼仪

旅游公共关系语言是指在旅游公共关系活动中所有具有一定意义并能引起互动的语言符号，具体包括有声语言、书面语言、无声语言、类语言、时空语言等。旅游公共关系语言的传播是指旅游组织和旅游公共关系工作者利用各种语言符号，有目的地将信息与旅游者或其他与旅游活动相关的个体或群体、组织进行传递和交流的活动。

旅游公共关系语言的信息传播，必须精确、准确、清晰，所传播的信息要能引起最佳“心理效应”——即要引起公众的“愉悦”和“互动”，调谐与各类旅游公众的关系，树立良好的旅游组织形象，激发旅游公众的顺意行为。

旅游公共关系语言是一种特殊的语言，它具有一般语言的共性，同时也具有其自身的特性。旅游公共关系语言艺术具有心理效应和美学价值，它是信息和情感交流的结合，是实用性和艺术性的统一。旅游公共关系语言艺术的使用，必须与语言运用时所处的语言环境和空间相适应，必须适当、妥帖、恰到好处，与语言使用者的地位、身份、角色及所处的场合等相适应。

旅游公共关系语言艺术的对象是旅游者和其他公众，这些公众的差异极大。从旅游者来看，其年龄、性别、文化层次、文化背景、个人偏好不同，对其使用的公共关系语言也应有所不同。旅游公共关系活动的空间和场所也是多变的，在游览过程中，在餐厅、客房、舞会、酒吧、康乐场所、办公室、商场、电梯等各个场所，都必须有相应的公共关系语言。

旅游公共关系语言艺术的表现形式是多种多样的，一般可以分为两类：

(1)有声语言。有声语言注重语音语调和言辞的礼貌性。旅游公共关系用语的言辞礼貌性主要表现在敬语、谦语和委婉语的使用上。在旅游公共关系活动中，不管在什么场景，都应该使用敬语。谦语是谦虚、友善的语言，表示出充分地尊重对方，常用征询式、商量式的语气进行。委婉语是用好听、含蓄，使人少受刺激的代词代替所要禁忌的词语，用曲折的表达来提示双方都知道、但又不愿点破的话题。广泛使用谦语和委婉语是沟通与公众的思想感情，使交际活动顺利进行的重要途径。

(2)无声语言。无声语言主要有默语、体态语这两类。默语的寓意丰富、时效性强、语境效应快。体态语包括首语、手势语、目光语、微笑语、姿势语、界域语、服饰语和类语言(包括声音要素、功能性发音这两种)等，能有效地弥补言谈沟通的不足，传递信息。

旅游公共关系用语还应具有生动随意的特点。应针对不同的场合、不同的对象，使用生动幽默的语言，增强语言的应变力，形成生动、灵活、随机的语言特色。旅游公共关系人员应通过公众面部表情、语调、走姿、手势等去领略公众的心理状态，遇到语言激烈、情绪激动的公众就应特别使用温柔的语调和委婉的措辞，遇到情绪兴奋、欢悦的公众也应随之而语调轻快、热烈，遇到情绪不好的公众应用镇静、平稳、理解的语调尽量为他们排忧解难。例如旅行车在坑坑洼洼的道路上行驶，游客中有人抱怨。这时导游员说："请大家稍微放松一下，我们的汽车已在给大家作身体按摩运动，按摩时间大约10分钟，不另收费。"引得游客哄然大笑。这种幽默的语言化解了游客的抱怨情绪。

体现在语言上的公共关系礼节主要有：

(1)说好第一句话。首次同客人见面或接触，说第一句话要主动热情，使公共关系接待和服务工作一开始就在良好的气氛中进行，给公众留下愉快、亲切的感觉。具体要做到：称呼恰当、问候亲切、表情自然。

(2)使用简明扼要、自然流畅的语言。同公众交谈、回答公众问题、询问客人需要、处理公众投诉等应选择正确的词句，根据不同场所、情景的变化用词造句，使公众听了顺耳、舒适。对公众提出的问题要真正明白后再作适当的回答；对于一时回答不了或回答不清的问题，可先向公众致歉，待查询或请示后再向询者回答。

(3)注意语音语调和语气，说话清晰、声调温和。多用请求、建议、劝告式语调和语气。

(4)注意说话时的面部表情和举止。要坚持微笑服务，笑得自然、笑得真诚。同公众交谈，向客人询问、征求意见或处理投诉时，眼神要运用准确、得当。同公众作简短的交谈，应该注意保持适当距离。

第三节　主要旅游客源国礼仪禁忌

一、日本

在日常交往中，日本人大多彬彬有礼。见面时，互相致意问候，已成习惯。初次见面，互相鞠躬，交换名片，一般不握手。没有名片就自我介绍姓名、工作单位和职务。如果是老朋友或比较熟悉的人，就主动握手或鞠躬，甚至拥抱。妇女则以深深一躬表示敬意。男士对女士，只有女士主动先伸手时才握手,但时间不太长也不过分用力。在室外一般不作长时间谈话,只限于互致问候。

日本人最常用的“屈体礼”可分为“站礼”和“坐礼”。行“站礼”时,双手自然下垂,手指自然并拢,随着腰部的弯曲,身体自然向前倾。最庄重的站礼,腰要弯到脸面几乎与膝盖相平的程度。接受晚辈行礼时,背和脖颈要挺直;平辈之间,腰要稍弯,背要直,头不宜向下搭拉,上身向前倾。“坐礼”一般在日本式房间的“榻榻米”上进行,最常见的坐礼有三种:①指尖礼。行礼者端跪在“榻榻米”上,双手垂直在双膝的两侧,指尖着席、身体向前倾5°,多用于接受晚辈施礼和向对方问问题时使用。②屈手礼。行礼者双手着地,身体向前倾45°,脸面基本向下,多用于同辈之间以及向对方请教问题时使用。③双手礼。行礼者双手掌向前合拢着席地,脊椎与脖颈挺直,整个身子向前倾伏,几乎达到面额着席地的程度,这是日本的最高行礼方式之一,多用于下对上或对尊贵客人使用。另外,在以椅子作坐席时,也有三种不同的施礼方式:在上对下行礼时,可坐在椅子上稍将身子向前弯倾一下即可;在同辈之间行礼时,应从椅子上站起,行与站礼相同的礼节;在对尊贵客人或上级行礼时,应到对方座前去施礼,等对方就座后再回到自己的座位坐下。

日本人拜访他人时一般要避开清晨、深夜及用餐等时间。拜访要预先约定,突然访问是失礼的。在进日本式房屋时,要先脱鞋并鞋尖向门放整齐。日本人在拜访他人时时常带些礼物,礼品一般送奇数,表示“阳”、“吉”(偶数则表示“阴”、“凶”)。吉事礼品应为黄白色或红白色,不幸事送礼应为黑、白色或灰色。

日本人餐前餐后喜欢喝一杯茶,特别喜喝绿茶。早餐喜欢喝热牛奶,吃面包、稀饭等;晚餐一般吃米饭,副食以蔬菜和鱼类为主。日本人一般喜欢吃清淡、油腻少,味鲜带甜的菜肴,爱吃牛肉、鸡蛋、野鸡、清水蟹、海带、精猪肉、青菜和豆腐等,不喜欢吃羊肉、猪内脏和肥肉。日本人用筷有八忌,称为“忌八筷”,即舔筷、迷筷(持筷子在菜上游移,拿不定主意夹什么菜)、移筷(夹动了一个菜不吃饭,又去动另一个菜)、扭筷(扭动筷子)、插筷(把筷子插在饭菜中或用筷子插食吃)、掏筷(在菜中央用筷子掏着吃)、跨筷(筷子跨放于碗或盘上)、剔筷(用筷子剔牙)。

在通信交往中，日本人忌邮票倒贴，因为这表示绝交。

日本人还讨厌金银眼的猫，认为看了要倒霉。他们还忌三人并排合影，因为中间的人有受制于人之嫌，是不幸的预兆。菊花是日本皇族的标志，尤其是黄色的十六瓣的菊花，被认为是日本皇族的徽号，一般不能用来送礼。荷花，在日本人心目中象征宇宙精髓，有佛教的神圣含义，所以不可用作商标。探望病人忌送带根的花，因为"根"和"睡"字同音，以避免有卧床不起的恶兆。日本人忌讳绿色，认为是不祥的颜色。忌"九"、"四"等数字，因日语中"4"发音近"死"，"9"发音与"苦"相似，所以住饭店不要把他们安排在四号楼四层或第四餐桌等。日本商人忌 2 月和 8 月，因为这两个月是淡季。

二、美国

美国人生活比较随便，性格开朗，乐于与人交际，不太拘于礼节。美国人有晚睡晚起的习惯，但他们与人交往，时间观念强，很少迟到。美国人一般不送名片给别人，只是在想保持联系时才送。

美国人独立性强，充满信心，就是孩子也不例外。对美国妇女绝不可以使她们感到有男女区别的意思，但美国人也崇尚"女士优先"。美国人都忌讳"老"。因为美国是一个竞争激烈的社会，年老往往有"落伍"之意，所以怕老、讳老、不服老形成了一种独特的人生观，

在通常情况下，美国人一日三餐并不十分讲究，早餐一般是果汁、鸡蛋、牛奶、面包之类；午餐可以是三明治、水果、咖啡等；晚餐相对丰盛一些，最常吃的是牛排和猪排。快餐是典型的美国饮食文化。美国人不喜欢吃奇形怪状的东西，如鸡爪、猪蹄、海参等；不爱吃动物内脏；不爱吃肥肉、红烧和蒸的食物；口味上咸中带甜，比较喜欢清淡。烹调以煎、炸、炒、烤为主，菜的特点是生冷、清淡，就是热汤也不烫。他们喜爱的肉食有糖醋鱼、咕噜肉、炸牛肉、炸牛排、羊肉、炸猪排、烤鸡、炸仔鸡等。他们对所有带骨的肉类都要尽量剔去骨头，如鸡鸭要去骨，鱼要斩去头尾、剔除骨刺，虾要剥壳、蟹要去壳等。在素菜方面，喜欢吃菜心、豆苗、刀豆和蘑菇之类，喜欢吃我国北方的甜面酱、南方的蚝油、海鲜酱等。

美国人爱喝冰水和矿泉水、可口可乐、啤酒等。他们把威士忌、白兰

地等酒类当茶喝。喝饮料喜欢放冰块。餐前一般饮番茄汁、橙汁，吃饭时饮啤酒、葡萄酒和汽水，饭后喝咖啡，一般不喝烈性酒。

美国人忌讳13日与星期五重合的日子，忌用蝙蝠作图案的商品、包装品，因为他们认为这是凶神的象征。一般情况下送礼忌送厚礼，忌对妇女送香水、化妆品或衣物(头巾例外)。

三、英国

英国人比较矜持、庄重、含蓄、自谦，富幽默感。不少人追求绅士和淑女风度，重视礼节和自我修养，衣着比较讲究。英国人很少在公共场合表露自己的感情。英国人时间观念很强，赴约也十分准时。“女士优先”在英国比其他国家都明显。英国人特别是年长的英国人，喜欢别人称他们的世袭头衔或荣誉头衔，至少要用“先生”、“夫人”或“阁下”等称呼。

要避免称英国人为“英格兰人”，而要称“不列颠人”，因为他可能是爱尔兰人或苏格兰人。与英国人谈话不要将政治倾向或宗教作为话题，绝不要将皇家的事作为谈笑的资料。他们不喜欢谈私事，如职业、收入、婚姻等。英国人在下班后不谈公事，特别讨厌就餐时谈公事，也不喜欢邀请有公事交往的人来自己家中吃饭。若请英国人吃饭，必须提前通知，不可临时匆匆邀请。英国人若请你到家里赴宴，你可以晚到一会儿，提前赴宴是失礼的行为。

英国人每天分四餐，即早餐、午餐、午后茶点和晚餐。英国人爱吃牛羊肉、鸡、鸭、野味等，不爱吃带粘汁和辣味的菜。在斋戒日和星期五，英国人正餐吃炸鱼，不食肉，因为耶酥受难日是复活节前的那个星期五。英国人讲究就餐座次排列，对服饰、用餐方式等都有规定。他们每餐都吃水果，晚餐还喜欢喝咖啡，进餐时爱喝葡萄酒、香槟酒、冰过的威士忌苏打水等。英国人爱喝茶，一般在清早、每顿饭后、午茶时分和临睡前。英国人爱喝红茶，倒茶前，要先往杯子里倒人冷牛奶。

英国人除西方人普遍忌数字“13”外，还忌“3”，特别忌用打火机或同一根火柴同时为三个人点烟。他们相信这样做厄运一定会降临到被第三位点香烟的人身上。

英国人忌用人像作商品装潢，还忌用大象图案，认为大象是蠢笨的象征。还把孔雀看作淫鸟、祸鸟，连孔雀开屏也被视为是自我吹嘘。忌送百合花，认为百合花意味着死亡。

四、法国

法国人性格比较乐观、热情，谈问题不转弯抹角，爱滔滔不绝地讲话，说话时爱用手势加重语气。传统的法国公司职员习惯别人称呼其姓而不是名。不送人或接受有明显广告标记的礼品，喜欢有文化价值和美学价值的礼品。不喜欢听蹩脚的法语。

法国的烹调技术和菜肴居欧洲之首，烹调用料讲究、制作精细、品种繁多，享有“食在法国”之美誉。法国人讲究吃，口味喜欢肥嫩、鲜美、浓郁，不喜辣味，注重色、形的应用。喜食猪、牛、羊肉，香肠，家禽，蛋类，鱼虾，蜗牛，牡蛎和新鲜蔬菜，喜欢水果和酥食点心，不太喜欢吃汤菜。法国的干鲜奶酪世界闻名，它们是法国人午、晚餐必不可少的食品。法国人家家餐桌上都有葡萄酒，各人自选饮料，无劝酒的习惯。

法国人也有一般西方人的数字和礼节禁忌。法国人忌黄色的花，认为是不忠诚的象征；忌黑桃图案，认为不吉利；忌仙鹤图案，认为仙鹤是蠢汉和淫妇的象征；忌墨绿色，因为墨绿色是纳粹军服的颜色。一般在男女交往中，忌送香水给法国女士，如果这样就意味着求爱。

五、德国

德国人勤勉、矜持、守纪律、爱清洁、喜音乐。德国人重视交往，在交往中，时间观念十分强，准时赴约被看得很重。与德国人交谈，可谈有关德国的及个人业余爱好和体育足球之类的运动，不要多谈篮球、垒球和美式橄榄球等运动的话题。称呼德国人的姓名前最好加头衔。

德国人早餐比较简单，一般只吃面包，喝咖啡。午餐是他们的主餐，主食一般是面包、蛋糕，也吃面条和米饭；喜欢吃瘦猪肉、牛肉、鸡蛋、土豆、鸡、鸭、野味，不喜欢吃鱼虾等海味。不爱吃油腻、过辣的菜肴，口味喜清淡、酸甜。德国人特别爱喝啤酒，啤酒杯一般很大，一般情况下不碰杯；一旦碰杯，则需一口气将杯中酒喝光。他们也爱吃水果及各种甜点。

除西方人一般的禁忌外，德国人在颜色方面的禁忌较多，忌茶色、红色或深蓝色，忌吃核桃。服饰和其他商品包装上禁用类似纳粹标志的图案。

思考题

1. 旅游公共关系接待礼仪的基本原则是什么？
2. 旅游公共关系接待工作应坚持哪些策略？
3. 旅游公共关系工作礼节礼貌有哪些特点？
4. 良好的旅游公共关系礼仪风范有哪些作用？

案例

“3·24事故”发生以后

“3·24事故”是中国铁路史上罕见的重大事故。在两列火车相撞中，日本高知县中学生访华旅游团死27人、伤60余人。事故发生后的当日下午，有关部门决定：由上海新苑宾馆负责接待和安排日方受难者的亲属和其他人员。

在“3·24事故”消息还未被外界知道时，新苑宾馆全体员工已清醒地意识到这次接待工作的重要性。它将构成中国在“3·24事故”善后处理工作的一个有机环节，宾馆接待质量的好坏在一定程度上代表着中国的形象。由于新苑宾馆将成为中外新闻记者采访报道的“热点”，在这种知名度暴涨的情况下，做好公共关系工作，可以得到几十万元广告费都买不到的美誉。

从开展公共关系的角度来看，“新苑”此时的对象公众分成了四条线：第一条线是日本客人。这里包括当事者爱知县学生团师生、日本政府特派官员、日本各新闻媒介记者、受难者家属以及不断来电来函询问情况的日本国内公众。第二条线是为方便事故处理而借驻“新苑”的中国政府各有关部门代表，它涉及外事、旅游、铁路、交通、医务、保安、部队等众多关系。第三条线是闻讯来采访的中央和上海地方的新闻记者。第四条线是随着这次接待任务骤然加大了工作量的“新苑”内部员工。

根据每条线公众的不同特点，在严格按照岗位操作要求服务的前提下，“新苑”迅速确定了不同的公共关系方案：

对第一条线的日本客人，他们的公共关系重点是尽可能用优质服务减少对方的悲痛心情，安定他们的情绪。当日本学生刚被接到“新苑”，他们立即关闭所有娱乐设施，第一线服务员均以沉痛表情取代“微笑待客”。日本民族的风俗对于丧事的忌讳特别繁杂，他们请教了有关专家后，把有关注意事项打印成文，告知每一个员工。日本民族处理丧事时忌讳“4”、“7”这两个数字，宾馆员工在接待工作中就不上4个盘子的菜，不安排带“7”的房间。为方便受难者家属料理后事，他们还制定一条临时措施：只要日本客人需要，凡宾馆能做到的，均可破例。如日方家属提出在宾馆里就近购置寿衣、寿材，尽管宾馆原无这项服务内容，但他们还是代为办理、四处联系，直到对方看样满意为止。在服务之外，宾馆员工还利用一切机会向日方人员转达中国的普通民众对“3·24事故”受难者的同情和悲哀心情。一位长沙三年级小学生将自己省下的30元早点钱寄给“新苑”，要他们转交日方受难者家属以表心意。他们为此专门举行了一个仪式向日方转交。日本驻沪领事双手接过中国小朋友的赠款时，感动得连连鞠躬，在场的日方人员无不热泪盈眶。

对于第二条线和第三条线的公众——中国各政府部门代表和新闻媒介，“新苑”则以大力配合与积极协助开展公共关系工作。由于“3·24事故”是一起突发性事件，进驻“新苑”的政府各部门代表都是匆匆进来，他们互不熟悉。为减少周折，“新苑”担负起了联络人的角色，在住宿、通讯安排上尽可能兼顾各方需要，使他们满足。各个部门的工作方式、节奏不一。在用餐用人用车方面，“新苑”随叫随到、随叫随上，紧密配合，提高了各部门的工作效率。一位铁路部门的领导在握别时说：“领受了你们如此周到的服务，今后只要我们铁路能为你们出力的，尽管来找。”旅游系统的一位领导也对“新苑”的工作大加赞赏，并表示，像这样一流水平的宾馆，今后在客源上应优先考虑。

“3·24事故”见报后，新苑宾馆里发生的一切都引起了国内外新闻界的关注。具有强烈公共关系意识的“新苑”领导抓住这千载难逢的宣传机会，他们指定了一位熟悉报道业务的秘书为新闻撰稿人，积极为不同的报刊撰写各类有关“3·24事故”善后处理的稿件，有消息、特写、花絮等，仅从这条口子上寄发见报的稿件就达17条之多。

在“3·24事故”接待工作中，第四条线的公众——“新苑”内部员工同样是重要的公共关系对象，没有他们，所有的工作便无法谈起。在这个范畴内的公共关系重点主要体现在如何激励士气上。“新苑”领导层以身作则，与员工一样没日没夜地工作在第一线。这种无声的命令，充分调动了广大员工的积极性。送走了最后一批中外客人后，“新苑”领导层及时召开庆功会，慰问职工。总经理亲自动笔给每个职工写了感谢信并颁发了纪念品，使每个职工知道：他们的工作不仅为新苑宾馆争了光，还缓解了“3·24事故”以后的不安气氛。

“3·24事故”发生后，有人担心中国的国际旅游业将在海外声誉大跌、一蹶不振。但上半年的旅游情况表明，“3·24事故”之后，中国的海外游客不但没有减少，相反还比上年同期有所增加，其中日本游客又占了相当比例。这个成果是中国各有关部门努力的结果，新苑宾馆的公共关系工作也起到了应有的作用。

上海新苑宾馆在接待此次事故善后处理各方人员中的公共关系活动非常出色，是公共关系工作处理突发事件的一个成功范例。

处理重大突发事件，是公共关系职责和公共关系实务中的一项。公共关系工作的主题是缓解各方矛盾，变不利因素为有利因素，争取当事人和公众的谅解和信任，维护和恢复本组织的声誉。具体实施，应视当时、当地事故的具体情况，灵活应变，采取对策。新苑宾馆的领导和公共关系人员处理此次接待工作，其成功之处就在于临急不惊、临乱不慌，因势利导，灵活应变。在措手不及、一片忙乱的情况下，他们冷静地将公众分成四大类，很快拿出四套公共关系方案，分头付诸实施。四类公众中，关键是日本受难者家属，公共关系工作成败与否，取决于能否做好这一部分公众的工作。宾馆领导和公共关系人员将工作重心放在这里，且因事制宜，紧急应变，变“微笑”为“悲痛”，尊重日本习俗，破例办理各有关事宜。“变”中又有“不变”：将宾馆竭诚的服务和中国人民友好的心意，传达给了日本公众，从而取得了很好的效果。

（摘引自《中国公共关系大辞典》，中国国际广播出版社，1995）

第十章　旅游公共关系人员的素质

学习目的

●熟悉旅游公关工作的职业道德
●掌握旅游公关的相关知识与能力
●了解旅游公关人材的培养方式

基本内容

思想心理素质
●品德素养
职业道德
●心理素质
职业特质、认知素质、情感意志素质、个性心理
知识能力素质
●知识素质
知识构成、知识素质的特征
●能力素质
判断决策、组织能力、创造能力、交际能力、宣传表达能力、自控与应变
旅游公关人材的培养
●培养方式
专门性公关教育、普及性公关教育
●教育方法

个案教学法、模拟教学法、示范教学法、综合教学法

第一节　旅游公关人员的思想与心理素质

一、旅游公关人员的思想品德素养

旅游公关活动有着极强的公开性和极大的影响力，旅游公关人员若无良好的品德素养，就会危害旅游公关事业的声誉、失去公众的支持。所以旅游公关人员在从事公关活动时，从思想到行为都应遵循相应的道德原则。旅游公关人员应具有高尚的社会理想、强烈的社会责任感、公正廉洁和无私奉献的精神品德、热情诚实负责的工作态度、友善团结协作的工作精神。这些品德素养在旅游公关工作中至关重要，

（一）旅游公关职业道德的基本内容

旅游公关职业道德的内容包括对旅游公关职业道德的认识、感情的培养、意志的锻炼、理想的树立，以最终养成良好的旅游公关职业行为和习惯。旅游公关人员直接代表他们所服务的组织，他们的行为和品德被视为组织形象的缩影。因此，无论是在职业活动中还是在个人生活交往上，都要始终如一地表现出良好的品德。

诚实是旅游公共关系工作的核心，具体表现在：①对所服务的旅游组织忠诚、不谋私利，忠实地为实现组织目标工作、维护旅游组织的形象。为了维护旅游组织的正当权益，旅游公关人员应该道德地、有效地为旅游组织的行为进行正当辩护，但不应该遮掩或粉饰缺点或错误，不能文过饰非。②应对公众诚实，不向公众传播虚假信息。公关人员要站在公众利益的立场上阐明公众的意愿和要求，全心全意地维护公众的正当权益。③对同行业尤其是对同一公关组织的成员要实。这主要表现在对其他成员待公正态度，相互间要诚挚、坦率、通力合作，不能互相拆台。

旅游公关人员在公关工作中要公道正派，坚持原则。旅游公关人员

是旅游组织和社会公众的中介人，如果只考虑个人或本组织的利益，最终必将有损组织形象和声誉。旅游公关人员应不谋私利、不见利忘义，这样才能发挥自己的胆识和才能，勇敢地同各种形式的不正之风作斗争，赢得组织及公众的信任和支持。

旅游公关人员还应具备豁达大度的美德，集思广益，制定正确的适应各种条件变化的公共政策，最佳地实现组织的公关目标和整体目标。

世界各国都十分重视公关人员的职业道德建设，较著名的有《国际公共关系协会关于公共关系的行为准则》、《美国公共关系协会关于公共关系业务的职业道德准则》等。这些准则所规定的精神主要是：公关人员应认真地了解和遵守社会道德、法律、政策等基本规范，真实地进行信息收集、整理、分析和传播，公正地对待公关活动中的各方群体，持久地保持廉洁的作风，坚持公关的理想追求而不迎合社会中的某些低级趣味，保护组织和公众的有关秘密，不提供有损公众利益和组织信誉的服务，不同时为竞争双方服务，不屈服于不正当的压力，不在业务中谋取个人利益，不损害同行的业务信誉。

（二）旅游公关职业道德的特点

1.职业意识的自觉性

旅游公关职业道德既不具社会法律的强迫性，又不具组织规章制度的强制性，它是旅游公关人员自觉遵守的职业规范。只有道德意识强烈，并且自觉树立了旅游公关职业道德观念，具有职业道德品质，全心全意为公众服务，敢于同各种不道德的行为作斗争的人，才能成为一个职业道德高尚的人。

2.旅游公关职业行为的规范性

旅游公关职业行为的规范性是指在道德观念和道德意识的支配下所形成的职业道德标准，具有约束旅游公关人员的行为的作用。旅游公关职业道德的规范性，主要通过道德结论、道德信念、道德习惯和道德榜样的作用来调节旅游公关人员的行为。旅游公关职业道德和旅游组织的规章制度、劳动纪律、操作程序等融合在一起，共同发挥作用。旅游公关职业道德的这种特点，要求旅游组织必须十分重视道德舆论、道德信念和道德习惯的力量，树立先进典型、制定行为标准。要在旅游组织内部形成一种人人关心职业道德、人人遵守职业道德，自觉抵制和反对不道德行为的一种团体气氛。

3. 作用范围的广泛性

旅游公关职业道德基于社会上层建筑，是一种思想境界、信念、情感和道德愿望，可以发挥广泛的作用。

二、旅游公关人员的心理素质

（一）旅游公关人员的职业特质

旅游公关人员长期从事人际关系协调工作，形成了职业性的特殊品质。

1. 良好的心理素质

面对纷繁复杂的人际关系，旅游公关人员要自信、自强，勇于面对各种困难；要有较强的自制力，增强心理承受力，克制自己反击那些难以忍受的意见的冲动。

2. 较高的政策水平

旅游公关活动是在一定的社会规范之内进行的，除了道德和法律之外，政府制定的各种政策对公关活动影响甚大。一个优秀的公关人员必定具有较高的政策水平，以此来调动各方的积极性和协调各方的关系。

3. 娴熟的交际艺术

旅游公关人员应掌握各种交际艺术，为旅游公关目标服务。但在实践上应注意防止为交际而交际的倾向。

4. 敏锐的公众感觉

旅游公关工作与公众极为贴近，公众的心理、感想和行为应当成为旅游公关人员关注的热点。旅游公关人员应自觉地培养这种感觉，以便更好地适应公众、为公众服务。

（二）旅游公关人员的心理素质

旅游公关活动具有多样性、复杂性和高度创造性等特点，一位称职的旅游公关人员，必须具备良好的心理素质。这些素质主要包括：

1. 良好的认知素质

这一素质主要指观察、注意、记忆、想像等方面的能力。①观察力。观察力是有意知觉的能力，观察力直接影响旅游公关人员对客观事物认识的范围和程度。旅游公关人员的观察力应客观、全面、敏锐。旅游公关人员观察力的培养与锻炼，要依赖强烈的观察意志和正确的观察方法，有顺序、有系统、不间断地进行。②注意力。注意力是随意注意的能力，即按预定目标在特定时间将心理活动指向特定对象的能力。旅游公关人员为了适应复杂多变的公关活动，应具有稳定、广阔和转移性良好的注意力。③记忆力。记忆是过去经验过的事物在头脑中的重新反映，包括识记、保持、重现、再认识这四个基本环节。旅游公关人员应识记敏捷、保持持久、迅速回忆和再认识。

2.情感意志素质

旅游公关人员的情感意志素质主要包括情绪、意志。①情绪。旅游公关人员必须善于保持良好的情绪，保持积极的心境、控制消极的激情，在各种意外变故面前保持临危不乱、从容自如的良好应激状态。②意志。意志就是自觉确定目的，且根据目的来支配、调节行为，实现预定目的的心理过程。旅游公关人员应具备果断、顽强的意志品质，善于选择时机、把握时机、随机应变，坚持不懈地克服困难，圆满地实现和完成旅游公关的目标及任务。

3.个性心理特征

(1)气质。气质是人们出生时就具有的比较稳定的心理特点。一般分为多血质、胆汁质、粘液质这三种。作为旅游公关人员应善于调整自己的心理状况，根据不同的工作场景，对自身气质扬长避短。

(2)性格。性格是一个人表现在态度和行为上的比较稳定的心理特征和行为方式，心理学将人的性格分为理智型、意志型和情绪型这三类。从旅游公关工作的角度出发，旅游公关人员应用理智的分析和坚定的意志客观冷静地、实事求是地作出正确的判断决策。此外，还要有探索精神与热情、广泛的兴趣与较强的求知欲、善于诱发并倾听他人意见、对挫折具有较强的承受能力等等。

旅游公关人员在心理素质方面的主要要求是：

(1)对紧张心理的控制能力。旅游公关人员应能够很好地控制自己的急躁情绪，这样通过直接行动比对问题匆忙地进行抽象分析更容易得出较为客观的结论。

(2)好奇心与求知欲。由于在解决公共关系问题时要采用一系列的方法，所以旅游公关人员应具强烈的好奇心与求知欲，不能放松学习，并在关键形势下及时地“调出”平时储存的有益于解决问题的信息。

(3)过人的追求精神及雄心大志。成功的公共关系人员一般都具有过人的精力、追求精神及雄心大志。他们能够迅速地进行工作，不怕承担风险。这一点对于公共关系经理尤其是一种非常重要的内在素质。

(4)具有弹性的态度。旅游公共关系人员应具有从其他人的角度观察问题的能力，例如从管理经理、报社编辑或敌对公众的角度观察问题，这有助于找到协调双方利益与观点的“接合点”。

第二节　旅游公关人员的知识能力素质

一、旅游公关人员的知识素质

(一)旅游公关人员的知识构成

旅游公关工作涉及的知识面极广，要求旅游公关人员具备广博的知识。旅游公关人员的知识从其总体内容上来分，应包括专业知识、管理科学知识和一般知识这三部分；这三部分知识及其相互关系，构成旅游公关人员所应具有的知识结构。

1.旅游公关专业知识

旅游公关专业知识是指与旅游公关工作相关的理论和实践知识、技能。旅游公关理论知识包括旅游管理和公共关系这两个方面。旅游管理方面的知识范围主要包括旅游学、旅游管理学、旅游经济学、旅游市场营销学、旅游心理学、旅游文化学等，公共关系方面的知识主要包括公共关系学、组织公关学、公关心理学及公共关系实践及应用领域的知识技能。旅游公关人员必须有机地将这两个体系的知识技能结合起来，创造性地运用到旅游公关实际工作中去。

旅游公关人员必须熟知旅游组织各职能部门的一般情况、旅游组织的经营管理状况、旅游企业主要竞争对手和客户关系情况、国家有关旅游政策法规及对旅游组织的影响等,并有效地协调和管理来自各方面的信息和情报,为旅游组织的管理和经营工作当好参谋。旅游公关工作就其实质来说是一种组织协调和管理活动,因此旅游公关人员必须具有扎实的现代管理科学如识。

由于电子计算机等技术的介入和国际交往接触的增多,现代社会传播、交流发展迅猛。旅游公关人员要过硬地掌握外语、计算机操作和各种宣传技术技能。掌握外语是为了适应国际旅游发展的趋势,便于涉外公关工作中的交流,迅速了解国际旅游发展及相关的信息、拓展视野;掌握计算机应用知识和技能是信息载体的网络化趋势及办公自动化的要求。与此同时,旅游公关人员还应掌握与公关工作相关的录音、录像、广播和编辑技术,以及现代广告技术、通讯传播技术的知识技能。

2.相关知识与技能

旅游公关人员处理的是错综复杂的公关问题。旅游公关业务要求公关人员的知识构成具有多学科、多门类的优势,知识背景越丰厚,处事能力就越强。旅游公关人员在经济学和市场学方面的知识包括西方经济学、营销学、贸易学、工商管理、企业管理、会计学、统计学等方面的知识,人文科学方面的知识应包括社会学、国际关系学、管理学、社会心理学、政策学、行为科学、法学、大众传播学、新闻学等,此外还应较全面地学习文化史、社会生活史、民俗学等。所有这些知识都能帮助旅游公关人员建立较全面的社会知识体系,拓宽观察社会的视野,加深对社会的认识和理解,对旅游公关工作极为有益。

旅游公关工作所需的技能主要是写作、演讲,所以也应掌握相关的学科知识。

(二)旅游公关人员知识素质的特征

旅游公关人员的知识是理论与实践的结合体,其知识结构具备专业性、综合性、实践性和层次性的特点:

(1)专业性。旅游公关人员的知识与旅游公关工作的专业特点相联系,以旅游公关工作的需要为出发点和归结点。因此,专业知识是旅游公关人员知识结构的核心。

(2)综合性。旅游公共关系涉及社会的各个阶层、各个领域,旅游公关人员必须拥有多方面的知识并善于捕捉各方面的信息。一名出色的旅游公关人员应该是"通才"。

(3)实践性。旅游公关人员学习积累和更新相关的知识都是出自于公关实践,而且需要通过公关工作的实践经验,将理论知识进行进一步地上升、概括、提炼,再转而指导实践工作。

(4)层次性。构成旅游公关人员知识结构的各个部分的侧重程度不一样,旅游公关人员在学习的过程中,应根据工作的性质、特点,有重点地安排学习计划,并不断地更新原有的知识。

二、旅游公关人员的能力素质

旅游公关人员的角色身份要求是多重的,他们可能被看作是公共关系专家,多数情况下则被视为是沟通技术实施者、沟通的促进者和问题解决过程的推进者。但不管是什么角色,都要求旅游公关人员具备以下方面的能力和相应的素养。

1.判断决策能力

旅游公关人员应根据旅游组织的目标制定切实可行的达到公共关系目标的发展战略和策略,从战略的角度去策划目前的公关活动,保障旅游组织根本利益与目标的实现。旅游公关人员应在系统、全局观念的基础上,全面客观地考虑各种因素,善于在整体和全局中把握公关的时机和策略,综合考虑组织、公众、传播方式等各个环节因素,敏锐而又准确地判断工作主旨、要解决的问题、要研究的课题,制定出合理的公关计划方案。

2.组织能力

旅游公关人员的工作庞杂、繁琐,面临的公众千差万别,很难采取标准化、程序化、条理化的方式去开展工作。因此在旅游公关工作中,公关人员要能纵观全局制定出周密详尽的通盘计划,将不同职业、层次、特点的人按工作任务和相互作用机理组合成一个彼此协作的整体。在具体活动中,具有较强的指挥、协调、应变的能力。

3.创造能力

从事旅游公关工作要善于运用新方法、开拓新局面、走出新路子，哪怕是一次平凡的集会、一则报道、一次展览、一幅广告，公关人员都要充分发挥自己的创造力，刻意求新，这样才能使公关活动生动活泼、有感染力。旅游公关工作的多样性给旅游公关人员留有极大的创造余地，公关人员应时刻注意培养自己思维的开放、求异，积极观察动态环境，活跃自己的想像力和思维灵感，争取创造最佳公关业绩。

4.交际能力

旅游公关人员社交的过程就是向对方展现自我的过程，即表露自己的立场观点、价值观念、志趣爱好、生活事业信念的过程。旅游公关人员给人以热情、开朗、真诚、直率、豁达、坦荡、渊博、深邃的印象，交往中就容易启发对力、感染对方、吸引对方。旅游公关人员往往要接触大量的、形形色色的公众，他们必须学会与各行各业，各种不同层次、不同水平和素质的人友好相处，保持合作共事的稳定联系。在具体交往中要善于理解他人、尊重他人、信任他人、关心他人、帮助他人、容忍他人，要严于律己、宽以待人，并能及时为他人出谋划策、排忧解难。

5.宣传表达能力

旅游公共关系基本的工作内容就是向旅游组织内部和外部公众宣传自己，诱导公众改变态度，这就要求旅游公关人员具有较强的宣传表达能力。旅游公关人员要善于运用口头的、文字的、视觉的、体态的、行为的等多种方式传播信息，特别是口语表达能力、写作能力，实现最佳的宣传效果。

6.自控与应变能力

旅游公关人员需要与各种公众打交道，在与各方面联系、沟通中一定要抱着豁达、大度、宽厚、谦和的态度，有很强的自控能力。在解决公关问题时要十分耐心，充分容忍公众的误解和不恭，甚至特殊场景中的无理和蛮横的态度。对公众要细致地劝说、诱导，尊重对方意愿；要容忍要善于与不同性格、不同习惯、不同爱好、不同观点的人求大同存小异，合作共事。

旅游公共关系人员应能够适应不同的工作场景，具有一定的冒险精神并对许多事物具有广泛的兴趣，适应新的任务与新的要求。旅游公关人员所需具备的能力具有很强的实践性，必须在实践过程中加以培养和锻炼。

第三节 旅游公关人才的培养

一、旅游公关人才的培养方式

(一)专门性公关教育

20 世纪以来，公共关系作为一门职业的迅速发展，推动了专门性公关教育的成长。这种教育大致分为大学专业教育、短期公关培训机构教育和组织内部公关教育这三个层次。

大学是专门性公关教育与研究的重要基地。在现代公共关系发展最早的美国，多数大学都开设有公关专业或公关课程，许多公关专业设在与公关专业最为接近的社会学、传播学、新闻学等院系内，大学公关教育层次从专科、本科、硕士直至博士，已形成了比较完备的教育体系。

自从爱德华·伯纳斯 1923 年在纽约大学首次开设公共关系课程以来，美国的公共关系教育发展迅猛。1937 年，美国公共关系协会的创始人之一雷克斯·哈罗在斯坦福大学开设公共关系专业课程，比较系统地讲授公共关系学。1946 年，美国被调查的 59 个主要高等院校中有 30 个开设了公共关系课程。1947 年，美国波士顿大学创办了第一所公共关系学院，标志着美国的公共关系学教育已经达到了一个新的高度。到 1955 年，美国已有 28 所大学和学院开设了公共关系专业，另外还有 66 所高等学府讲授单科的公关知识。1970 年，美国有 100 所大学开设了集中的公关专业课，另有 300 所大学讲授单科公关知识。1978 年，美国已有 292 所大学开设公关专业，其中 10 所大学设有博士学位、23 所大学设有硕士学位、93 所大学设有学士学位。到 1985 年，美国讲授公共关系课程的学校至少在 400 所以上。有些大学在有关各系开设大量的公关课程供学生选修，为他们将来进入公关领域作知识和技能上的准备。大学还聚集了一大批从事公关理论和应用研究的专家。他们不断丰富公关的理论体系，整理公关的实践经验，编写各类公关教科书，为公关的科学化和系统化奠定了基础。欧美一些大学还开设高级公关人员培训课程，专门吸收已在公关机构中任职多年的高级职员，请公关专家和邻近学科的专家讲课，效果很显著。

尽管其他国家的公共关系教育的发展不平衡、专门化程度不如美国高，但教育的专门化程度总体也在提高。就以我国为例，从1986年深圳大学正式开设公共关系学课程，到目前几乎所有的高校都开设了公共关系必修或选修课程，并有50多所高校开设了公共关系专业。同时，全国性的公共关系组织机构（如中国公共关系协会等）和省市级的公共关系组织还进行各种层次和范围的公共关系培训教育。

短期公关培训机构专门从事非学历的技能性的公关教育，具有良好的发展势头。这类机构主要有：公共关系培训学校、礼仪学校、文化传播学校和公关咨询公司的培训部以及大学和社会团体举办的公关培训班等。这类培训机构一般少讲甚至不讲理论性课程，主要讲授公关活动过程中一些实用性和操作性技能课程。学员经过培训之后，能够很快熟悉公关工作，较快进入角色。这类培训机构能够迅速培养大批普通公关人员。

组织内部的公关人员专门教育，也是公关人员教育培训的一个重要方面。公关活动是一项实践性极强的活动。许多课程在课堂学习之后，若不到实践中去运用、熟悉、完善，就很难收到良好效果。因此，有些组织和单位在积极输送公关人员到高等院校进修的同时，还在组织内部对公关人员进行专门针对组织所从事的公关活动的公关技能教育。由公关负责人、高级公关职员和外聘公关专家结合实际讲授公关知识和技能。

旅游公共关系人才的专门性培养模式目前还未形成，其人才渠道主要有公共关系专业、旅游专业以及传播学专业等。公共关系专业主要从部门公共关系的角度培养旅游公关人才，旅游专业主要从旅游经营管理角度培养学生的专业公共关系知识技能。由于专业课程体系的规模限制，上述各专业对旅游公关人才培养的专门化水平都不是很高。

（二）普及性公关教育

普及性公关教育主要通过舆论宣传和行为示范这两个方面来实现，主要方式有：

1. 政府的公关行为及舆论宣传

在现代化进程中，政府越发注意加强与民众的沟通和联络，注意塑造政府的形象。政府公关行为的强化实际上起了极大的示范作用，有利于培养公众的公关意识。同时，政府通过大众传播媒介，大量宣传有助于社会和谐、理解和沟通的观念和行为，实际上也在大面积传播现代公关意识。

2. 学术机构在研究和教学中大量传播公关知识

高等院校和研究机构每年推出大量的有关公关理论和实践方面的出版物，每年为社会开办大量的公关讲座和学术演讲。这些做法使公关思想和观念源源不断地散发到社会各界，使更多的人认识到公关事务在社会生活中的作用和意义。

3. 旅游组织的公关行为及示范效应

在市场经济体制下，旅游组织特别是旅游企业更加注重用公关手段来塑造自身的形象。在对外方面，大量成功的公关活动起到了极好的示范效应，通过这些活动人们了解到大量的公关知识。在对内方面，旅游组织和旅游企业定期对广大职工进行公关意识和知识的教育。旅游组织和旅游企业强化职工公关教育的普及，推动了全民公关意识教育的发展。

二、旅游公关教育的内容与方法

（一）教育内容

在高等院校实施公关教育已有近一个世纪的历史，但其内容并未形成一个固定的模式。各国社会经济发展水平和文化传统的不同，对公关人员知识构成等方面的要求也有所不同。从公关实践中反馈出来的信息看，公关人员应具有较为宽泛的知识背景、深厚的专业学识和熟练的专业技能等。因此，公关教育内容应包括：

1. 基础性课程

一部分是与公关业务有直接联系的，如：社会学、社会心理学、传播学、新闻学、舆论学、法律学、经济学、工商管理学、贸易学、营销学、会计学、统计学、管理学等。另一部分是作为知识背景性质的学科，如：哲学、历史学、文学、人类学、政治学、美学、逻辑学、档案学、人事学、经济地理学等。

2. 专业性课程

这类课程涵盖了公关业务的各个环节，是公关人员必须努力掌握的。主要有：公共关系学原理、公关心理学、公关组织学、公关创意与设计、公关礼仪训练、公关管理学、公关传播学、公关宣传技术、公关调查与预测、公关广告设计、公关广告管理、公关文案写作、演讲学、编辑学等。当公关人员确定了工作岗位之后，还应对其中与本职工作关系更密切的课程予以重点深入的学习，融会贯通。

3. 技能性课程

这类课程主要包括：外语会话与阅读、计算机基础知识和操作技术、数据处理、摄像机使用、摄影及暗房技术、美术基础知识、印刷排版基础知识、内部报刊编辑技术、汽车驾驶技术等。

（二）教育方法

公关教育的方法与其他学科的方法有许多类似之处，但在教学方法方面特别注重以下四种：

1. 个案教学法

个案教学法在公关教育中大量使用，已成为一种基本趋势。现代公关教育已把重点从普遍性的讲授转移到个案分析上来，使课堂讲课更加贴进现实生活。在欧美许多大学的公关实务课程教学中，个案教学已占据相当大的比例。在大量分析个案的基础上，再总结出一般规律，避免教学流于空泛。

2. 模拟教学法

就是模仿日后真实的公关活动，营造一个仿真的环境和过程，使学员“身临其境”，学习和实习融为一体。这种教育方法缩短了教学和实际工作的距离。有些活动如新闻发布会、招待会等，无论在课堂上讲得怎样细致，总难以使学员真正掌握领会；而一经模拟，便可发现问题之所在，掌握其要领。

3.示范教学法

为了帮助学员真正掌握公关技巧，有时便让学员直接参与公关活动。优秀熟练的公关人员的工作对于学员来说就是一种最好的示范和榜样，这种教学方法最大的优点是能够使学员以最快的速度进入角色。

4.综合教学法

在公关教育中博采各家之长，凡有利于公关活动展开的各种理论、方法都采用，不固守一种观点和方法、固步自封。例如在一项公关广告创意中，需要运用社会调查、社会心理学、广告学、色彩学等多种学科的理论和方法，就应统统予以吸收并向学员介绍，有助于学员开拓思路、提高综合能力。

公共关系学教育从某种意义上来说它是一种终身教育。一个组织从创建之日起，只要这个组织打算持续不断地完善和发展，它就必须在组织内部和外部经常持久地展开公共关系学教育，不断地研究新问题、取得新理解、塑造新形象。这种源源不断的投入，对于现代人素质的提高无疑具有重要意义。国外许多著名的企业，尤其是一些涉外旅游业定期在职工中间组织公共关系学课程的培训，收到了良好的效果。

现代公共关系在教育方面愈来愈向专门化的方向发展。公共关系教育一方面强调自身的公关特点，另一方面也主张多学科兼容。因此，学习公关专业的学生就业面广、适应能力强，能符合社会的需求。

附录1

国际公共关系协会“公共关系教育——建议与标准”

（“金皮书”第七号，1990年9月）

“公共关系理论和实务”

专业公共关系所涉及的领域：

政府（中央、地方、国际组织）机关；工商业组织（小型、中型、国际）；地方社区、社团与社会事务机构和社会活动；教育机构、大专院校等；医疗卫生行业组织；慈善事业机构；国际事务机构。

公共关系实务：

基于对人类行为认识的有关咨询；分析未来趋势，预测后果；研究公众意愿、舆论、态度和期望，提出采取必要行动的建议；保持真实丰富信息的双向传播、交流；预防、避免冲突和误解；推动相互尊重及对社会承担义务；协调公私利益；促进组织与员工、供应商以及顾客的良好关系；改善企业界的关系；吸引优秀工作人员、减少人事变动；推销产品或服务；设计企业形象、拟定公司标；鼓励对国际事务的兴趣；促进对民主的了解。

传播领域的课程：

“传播原理和过程”；“大众传播的写作与编辑”；“媒介分析与研究”；“媒介法律和职业道德”；“广告”。

一般人文学科的课程：

“组织结构与行为”；“企业管理”；“经济学”；“政治学”；“公共管理”；“管理学”；“人事管理”；“人文学”；“自然科学”；“语言学”；“统计学”。

公关基础研究的课题：

传播网络研究；传播基本理论分析；公关教科书的语言分析；类型研究；组织文化和特征的文化人类学研究；对形象进行科学预测的研究；公关职业道德和伦理的研究。

公关应用研究的课题：

形象研究；读者调查；舆论研究；对公关材料的先期试验；效果研究；特征研究；环境分析；内容分析；后期测试；质量控制措施的研究。

附录 2

美国公共关系学会关于公共关系实践中的职业标准准则

（本准则经美国公共关系学会大会于 1988 年通过。它取代了一个自 1950 年起实施并且在 1954 年、1959 年、1963 年、1977 年和 1988 年相继得到修订的职业道德准则）

原则宣言

美国公共关系学会的会员在尊重个人的基本价值和尊严的基础上形成了他们的职业原则，坚信自由地行使人权，尤其是言论自由、集会自由和出版自由，对于公共关系的实践是必不可少的。在为客户和雇主利益服务的过程中，我们的目标是致力于在各种各样的个人、团体、社会机构之间，建立更好的传播、了解和合作，以及在公共关系行业里的平等雇用机会。

我们发誓：

我们的行为要专业化，要以真实、准确、公正和责任感面向公众；

要通过继续研究和教育，改善我们的个人能力和增进专业的知识和熟练的程度；

坚持由学会的管理大会为公共关系实践通过的职业标准准则的各项条款。

关于公共关系实践的职业标准准则

为了在会员中促进和维持高标准的公共服务和讲究职业道德的行为，美国公共关系学会业已通过以下条款：

1. 会员在他或她的职业生活中言行应该与公共利益一致。

2. 当会员对客户或雇主和民主进程履行双重义务的时候，将以自己的实际行动来证明高标准的诚实和正直。

3. 会员将公平地对待公众、对待过去的或是现在的客户或者雇主、对待同行业人员，对于自由询问的理想和别人的意见应该给予应有的尊重。

4. 会员将坚持最高标准的准确性和真实性，避免提出过分的主张或是进行不公平的比较，对于从别人那里借用来的观念和词语要指明出处。

5. 会员不得故意扩散虚假的或者使人误解的信息，并且将尽快地采取行动一边纠正他或她所负有责任的错误传播。

6. 会员不得从事任何以腐蚀诚实传播的渠道或是政府进程为目的的实践。

7. 会员将要随时准备公开地指认客户或者雇主的名字，会员正是代表他们做出了有关的公共传播。

8. 会员不得利用任何个人或组织自称是服务或代表一个冠冕堂皇的事业;或是自称独立或者公平,但是实际上服务于另一个或是未透露身份的利益集团。

9. 会员不得允诺可以完成超出会员直接控制能力的制定绩效。

10. 在充分披露了有关事实以后,在相关各方没有明白无误地表示同意的情况下,会员不得代表那些相互矛盾冲突的或是相互竞争的利益集团。

11. 会员不得将他自己或是她自己置于这样一种境地——这个会员的个人利益是或者可能与一个雇主或者客户或是别人的义务相冲突,而没有向所有相关的各方充分披露这样的利益关系。

12. 考虑到充分披露了有关事实以后,除了会员为之服务的客户或雇主以外,在没有他们明白无误地表示同意的情况下,会员不得接受来自其他任何人的酬金、代理费、礼品或是任何别的酬劳。

13. 会员将严格认真地保护现在的、过去的和潜在的客户或是雇主的机密和隐私权。

14. 会员不得故意地损害另一个专业从业人员的声誉或实践。

15. 如果会员有证据表明,另一个会员在实践中犯有不道德、不合法、或是不公正的过失,包括那些违反本准则的人们,该会员有义务尽快地向适当的学会当局出示信息,以便按照附则第12款中确定的程序采取行动。

16. 在执行这一准则的程序过程中,被称为目击者的会员有义务到场作证,除非司法小组能够提供足够的缺席理由。

17. 一个会员将尽快断绝与任何组织或个人的关系,如果这样的相互关系要求从业人员的言行与本准则的相关条款背道而驰的话。

思考题

1. 旅游公关人员应具备怎样的职业道德?
2. 旅游公关人员如何克服自己的性格缺陷?
3. 为何说旅游公关人员应是"通才"?

4. 旅游公关人员应具备哪些技能？

案例

你好！APEC 小姐——记上海移动公关部副经理刘帆

她叫刘帆，是上海移动综合管理部公关宣传部的副经理。由于她以自己独有的风范与娴熟的外交礼仪在 APEC 会议期间担任过布什总统的通信官员，我们都亲切地叫她“APEC 小姐”。

每每提及曾经历过的 APEC 会议，刘帆都会显得紧张而兴奋，仿佛那数十个奋战的日日夜夜就在眼前。时值“9·11”事件发生不久，全世界都陷于极度的恐慌之中。中国政府在此期间要把 APEC 会议办成一个安全、成功的盛会具有深远的意义。

最疲倦的一晚要数 2001 年 10 月 6 日 21 时开始的演练之夜。刘帆扮演美国团的高官，一会儿跟随总统车队，一会儿又随同部长车队，不停地穿梭于宾馆、国际会议中心、科技馆之间。次日凌晨 4 时左右，当刘帆按照顺序，于第 17 位来到科技馆高官视听室时，一开始还以为自己走错了门：室内鸦雀无声，先期抵达的其他 16 位“高官”全都累得歪在椅子上睡着了！不过，大家的辛苦没有白费。经过 15 次演练，各路车队的车辆实现了依次间隔 1 分钟抵达的圆满结果。

最遗憾的莫过于焰火之夜。江泽民总书记请首脑欣赏以外滩胜景为背景的焰火晚会，规模宏大，盛况空前。美国国家安全顾问赖斯当晚在市西某花园饭店参加晚宴，刘帆作为联络员必须坚守岗位、随同前往。当隆隆的焰火声响起时，赖斯的警卫建议他们到饭店 2 楼登高远望，赖斯哪里知道饭店和外滩相距甚远呢！这时有两个戴白帽子的烧饭师傅路过，冲着美国警卫热情地大声说：“Welcome to shanghai（欢迎来上海）！”原先一直笔直站着且神情严峻的警卫顿时放松地笑了起来。刘帆想，此时他一定发自内心地认为：中国的确是世界上最安全的国家。

最特别的礼物是为布什夫人挑选的。2001 年 10 月 21 日下午，刘帆突然接到一个特殊的任务——为江泽民总书记挑选一件赠送给布什夫人的礼物。由于布什总统当晚就要离沪返美，时间非常紧迫。刘帆凭着平时为公司购买宣传品的经验，陪外交部的同志分别去了东方商厦和友谊商店，最后选定了一件玲珑剔透的水晶内画宫瓶。商店工作人员听说刘帆的来意后，立刻竭尽全力进行了精美的包装。虽然布什夫人劳拉由于众所周知的原因取消了上海之行，但她相信，这份精心挑选的礼品一定会让劳拉感受到中国人民的真情厚意。营业员还告诉刘帆，上午金大中总统夫人一行刚来过店里购物。正说着，几名戴着胸卡的韩国代表向柜台走来。营业员小声说：他们上午来过的，肯定买了觉得好就又来了。看来，会展业为拉动上海的经济作出了不小的贡献，从长远来看，它带来的潜在商机更是不容忽视。

最紧张的一幕是在完全没有思想准备的情况下出现的。那天下午，正是白宫通信部为迎接总统抵达而紧张准备的时候。刘帆突然接到紧急通知，APEC 筹备办安保组和上海无线电管理委员会办公室的有关人员正在贵都大酒店恭候美国团通信官员。当白宫通信官从各个工作点匆匆赶到会场时，甚至来不及换下运动短裤和工作装，样子显得颇为狼狈。接下来，安保和无委办人员关于频率干扰、基站设置、卫星参数的问题一个接一个地“抛”了过来，并要求美方立刻作出书面承诺，弄得“衣冠不整”的美国通信官应接不暇，室内气氛随之紧张起来。此时，临时充当翻译的刘帆借助自己与双方都比较熟悉的优势，义不容辞地担负起疏导与解释的工作。刘帆一面请中方人员理清头绪、将要美方回答的问题一一列明，一面在翻译时向美方反复强调当前特殊的安全保卫形势需要对方的理解和配合。最后，美方通信官将有关书面说明当场呈送中方负责人员，还幽默地说：“这可是我第一次递交外交照会。”在场的人都笑了起来，刘帆这才暗自舒了一口气，再一次体会到：外事接待最重要的就是沉着冷静、临阵不乱。

最幽默的故事发生在普京和布什双边会谈前夜。为了落实两国会谈所需的通信专线事宜，刘帆打电话到俄罗斯代表团所在饭店，请总机转俄罗斯接待组。接电话的男士绕着舌头说话，半天也没明白。刘帆猛然反应过来：总机把电话错接到俄罗斯代表团办公室了！俄罗斯先生着急地说：“你要想让我明白，就说得慢一点。好，现在开始！”刘帆忍住笑，尽量一字一句："请问你知道接待你们的中国办公室在哪个房间吗？"对方恍然大悟，大叫道："啊，原来你要找的是中国接待我们的司令部啊！"在这个可爱的俄罗斯人的帮助下，刘帆终于接通了俄罗斯接待组"司令部"的电话。第二天晚上，两国元首的会谈顺利结束后，普京总统在酒店内外人群的掌声和欢呼声中驱车驶向机场。刘帆站在目送的人群中，想到的是：他的"司令部"大概也撤退了吧？

最难忘的情景当推在西郊宾馆举行的新闻发布会。由于担负着为白宫通信部安装通信设备的任务，一大早刘帆就来到了西郊宾馆。这一天，风和日丽，丹桂飘香。当中、美两国领导人神采奕奕地走出睦和居时，在外等候多时的国内外各大媒体记者纷纷抢占有利位置、按动快门，有的外国记者甚至爬上了门前的大石头。布什总统在讲话中动情地提到了25年前他曾来到上海，而今天的上海已经变得让他认不出来了。近两年来，在接待中外来宾时这样的话听得太多了。但作为一个上海市民，刘帆总觉得百听不厌。环顾四周晃动着的标有"美联社"、"法新社"、"路透社"、"NHK"等字样的各式镜头，刘帆深深地感到：中国，是世界的焦点；上海，是中国的骄傲！

最欣慰的一刻莫过于白宫通信官向刘帆颁发"奖状"。考虑到刘帆是APEC百名联络员中惟一来自通信行业的，筹备办便让刘帆发挥特长，委以协调美国代表团通信的重任。从2001年8月底到10月18日布什总统抵达前，围绕美方的通信需求，刘帆处理的电子邮件就有近200封。更不用说为解决美方数倍于其他经济体的专线、频率、基站、卫星地球站等需求，与外交部、市无委办、信息办、电信公司、浦东机场及相关场馆之间大量的电话、传真联系了。布什总统抵达前一天，白宫通信官将一张白宫通信部签发的证书郑重地交给刘帆，上面写着"您的出色表现和优质的专业化服务使得我部能为总统、白宫工作人员以及美国保密部提供完善的服务"。并且说："To people who really care about us（给真正关心我们的人）"。刘帆还几次婉拒了白宫通信协调人吃饭的邀请。白宫通信部的负责人RAMSEY先生每次看到刘帆，都会夸张地翘起大拇指说："You are hero（你是英雄）！"会议期间，许多媒体都报道说：凭借着精干的队伍和先进的通信设备，布什总统把反恐战争的指挥部移到了中国上海。想到自己为代表团的通信保障出了力，为上海移动通信争了光，刘帆感到非常欣慰。

2002年5月29日至30日，作为APEC系列会议中最后一个在中国召开的重要会议，APEC第五次电信部长会议在上海隆重举行，会议筹备办指定刘帆给APEC电信工作组主席当联络官。在以后的工作中，刘帆给这位主席先生留下了深刻的印象。

APEC电信工作组主席RICHARDTHWAITES(李维辞)先生来自澳大利亚通信、信息技术和艺术部。5月24日晚抵达上海后，从虹桥机场到浦东香格里拉大酒店，一路上主席先生对虹桥开发区和浦东新区的璀璨夜景赞不绝口，连连说道："变化太大了！"从他的介绍中刘帆才知道，主席先生原来是个"中国通"。他曾于1978年到1983年在北京做过5年的记者工作，并与一位美丽的中国维族姑娘结为连理。早在1979年他就访问过上海。"那时候，虹桥和浦东除了农田什么都没有。"当天晚上在浦东香格里拉大酒店安顿下来以后，刘帆和主席先生互留了手机号码以便联系。"不过，您得用国际漫游来给我打电话了！""是啊！"主席先生耸了耸肩。

没想到，通信问题很快得到了解决。5月26日，上海移动通信有限责任公司代表吴基传部长向与会的21个APEC经济体贵宾赠送了东信888手机和全球通卡号。主席先生拿到那款东信EG888手机后爱不释手，立刻用上海移动提供的13818000026这一号码开始了通信联系。最有趣的是利用手机互发短信。5月27日上午主席正在主持高官会议，为了不影响开会，刘帆试着发了一条短信"请于会后到1楼滨江厅用工作午餐"。不久，刘帆便收到了主席先生的短信"DONE(搞定了)"。有时，他会对刘帆发的通知短信回一条"TKS(谢谢)"。6月1日晚在机场与他告别后，刘帆又收到了主席先生用上海移动的卡号发出的最后一条消息："你们对我的情谊，我将永远铭记在心。"

主席先生告诉刘帆，他会"玩"短信全靠女儿培训。据他介绍，他们一家4口就分别用了4个运营商的网络，可见澳大利亚移动通信运营商的竞争非常激烈。5月29日开幕式那天，当主席先生听说刘帆并没有使用过这款东信手机的GPRS业务时，立刻拿出手机，熟练地翻动菜单向刘帆“演示”。他告诉刘帆，虽然菜单上中文居多，但他还是很方便地上了英文 YAHOO 网，查到了澳大利亚的天气等信息。主席先生还说：“的确，你们上海移动提供的数据业务显然比澳大利亚的丰富、方便。”上海移动在此次 APEC 电信部长会议上为贵宾提供的通信服务和这款国产手机，确实受到了部长们的广泛欢迎。会后韩国一位部长表示下一次来中国，还要继续使用上海移动的网络；美国商务部副部长在会议发言中特别提到“无线通信极大地改变了上海人民的生活”，美国通信政策协调员表示，美国对中国的通信市场十分看好；泰国交通和通信部部长则通过泰国驻沪总领事找到刘帆，希望再配一块电池板以便使用。

紧张的会议之余，应主席先生的要求，刘帆还为他精心安排了游览古镇朱家角和参观深圳华为公司 3G 实验室等活动。主席先生多才多艺，能够演奏手风琴、黑管、萨克斯、吉他等多种乐器，在澳大利亚时就对中国制造的手风琴心仪已久。此次来沪，为了满足他的心愿，刘帆想方设法联系了多家琴行，甚至找到了远在天津的生产厂家，终于帮他买到了比预想的更满意的“鹦鹉”牌手风琴。

主席先生回国后，特意给刘帆发来一封 E－mail。他在信中幽默地说：我和手风琴都已平安到家了。我相信你被指派照顾我这个“VIP”时，肯定没想到要花这么多时间考察乐器商店。你的能力和热心给我留下了深刻的印象，再次感谢你对我的悉心照料。澳大利亚代表团对此次会议的周到安排深表谢意。

在上海移动通信有限责任公司和部门领导的大力支持下，经过市外办和 APEC 会议上海筹备工作办公室的层层选拔和培训，刘帆作为百名联络员助手中的一员，先后参加了五国峰会、APEC 中小企业部长会议、APEC 财长会议的接待工作。在 2001 年 10 月份的 APEC 会议高潮期间，刘帆又参加了对美国代表团的接待工作。在 APEC 第五次电信部长会议期间，她以优异的服务工作得到了外宾的肯定。回顾这段不平常的经历，刘帆说：“如果我的工作能够使来自世界各地的客人进一步了解上海、了解中国，我将倍感欣慰。”

（资料来源：http://www.cnii.com.cn/20021218/ca128480.htm）

参考文献

1.《公共关系教程》(第 8 版) [美]斯各特·卡特里普等著/华夏出版社 2001
2.《西方旅游业》[英]A. J. 伯卡特等著/同济大学出版社 1990
3.《现代公共关系战略》张建明著/中国人民大学出版社 1995
4.《企业公共关系国际化管理系统》中国企业国际化管理课题组著/中国财政经济出版社 2002
5.《企业公共关系国际化管理模式》中国企业国际化管理课题组著/中国财政经济出版社 2002
6.《企业公共关系国际化管理方法》中国企业国际化管理课题组著/中国财政经济出版社 2002
7.《当代国际公共关系》郭惠民主编/复旦大学出版社 1995
8.《公共关系设计学纲要》严兴福等编著/上海科学普及出版社 1991
9.《公共关系协调原理与实务》李道平等著/中国商业·复旦大学出版社 1996
10.《公共关系实务》[英]丹尼尔·莫斯主编/复旦大学出版社 1996
11.《最新公共关系技巧》[美]弗兰克林·杰弗金斯著/北京大学出版社 1992
12.《旅游纠纷与处理对策》梅均等主编/法律出版社 1993
13.《公共关系的基本理论与实用技巧》张钦主编/中国国际广播出版社 1990
14.《中国公共关系大辞典》张龙祥主编/中国国际广播出版社
《影响力》[美]罗伯特·B. 西奥迪尼著/中国社会科学出版社 2001
15.《服务营销》(第 2 版) [美]瓦拉瑞尔·A. 泽斯曼尔等著/机械工业出版社 2002
《组织危机管理》(第 2 版) [美]劳伦斯·巴顿著/清华大学出版社 2002
16.《公关实务教程》何修猛编著/复旦大学出版社 1996
17.《公关策划学》林汉川著/复旦大学出版社 1994
18.《饭店公共关系原理与实务》贺学良编著/上海人民出版社 1992
19.《成功·借鉴·思考——旅游与饭店管理案例研究》常殿元等编著/旅游教育出版社 1995
20.《中国优秀公关案例选评》朱传贤等主编/复旦大学出版社 1995
21.《公共关系技巧》姜广平等主编/山东人民出版社 1993
22.《名牌竞争的公共关系战略》翟向东主编/企业管理出版社 1997
23.《中国公关之路探索》中国公关协会编/中国商业出版社 1997

24.《当代市场调研》(第 4 版) [美]小卡尔·迈克丹尼尔等著/机械工业出版社 2000
25.《中国文化旅游》张国洪编著/南开大学出版社 2001
26.《旅游行业管理工作纲要》国家旅游局旅行社饭店管理司/旅游教育出版社 1996
27.《企业形象》许晨编著/中山大学出版社 1991
28.《国际商务谈判》[美]弗兰克·L. 阿库夫著/上海人民出版社 1995
29.《商务公关策划》谢俊贵主编/中南工业大学出版社 1996
30.《跨文化传通》[美]拉里·A. 萨姆瓦等著/生活·读书·新知三联书店 1988
31.《消费者行为学》(第 7 版) [美]德尔 I. 霍金斯等著/机械工业出版社 2000
32.《旅游心理学》薛群慧 田里主编/云南大学出版社 1996
33.《公关禁忌》李爱莲等编著/北京经济学院出版社 1997
34.《旅游公关礼仪》杨军等主编/云南大学出版社 1995
35.《公关示范》王孝哲主编/复旦大学出版社 1993
36.《对外贸易公共关系》李莉等著/世界知识出版社